남미 내 인생에 딱 한번

남미 내 인생에 딱 한번

온 가족과 함께한 30일간의 남미 여행일기

펴낸날	초판 1쇄 2023년 11월 25일

지은이	서대원
펴낸이	서용순
펴낸곳	이지출판

출판등록	1997년 9월 10일
등록번호	제300-2005-156호
주소	03131 서울시 종로구 율곡로6길 36 월드오피스텔 903호
대표전화	02-743-7661 팩스 02-743-7621
이메일	easy7661@naver.com
디자인	김민정
인쇄	ICAN
물류	(주)비앤북스

값 23,500원

ISBN 979-11-5555-210-0   03950

온 가족과 함께한 30일간의 남미 여행일기

남미

내 인생에
딱 한번

서대원 지음

Peru
Bolivia
chile
Argentina
Brasil

이지출판

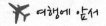

5년 전 이맘때부터 해외여행을 시작하게 되었다. 여행을 특별히 좋아해서도 아니고, 딱히 여행을 해야만 할 이유도 없었다. 단지 2018년 6월 30일, 26년간 몸담았던 공직(公職)을 명예퇴직하면서 느꼈던 심적 충격을 달래기 위해서였다. 좀 더 잘나갈 거라는 주변의 기대에 미치지 못했다는 자괴감과 그들의 동정 어린 시선에서 벗어나기 위해선 한국을 떠나 있어야만 마음이 편할 것 같았기 때문이다.

이때 처음 찾은 곳이 북유럽 4개국이다. 2018년 8월에 10일간 아내와 함께 노르웨이, 덴마크, 핀란드, 스웨덴을 다녀왔다. 하지만 노르웨이 등 북유럽의 대자연을 관람했다는 의미 이외엔 큰 감흥은 없었다. 북유럽을 다녀온 후 그해 10월에 다시 아내와 함께 크로아티아를 다녀왔다. 여의도에서 오신 부부와 대화가 잘되어 재미있게 일정을 보낸 일이 기억에 많이 남는다. 천혜의 비경을 자랑하는 플리트비체 호수, 진정한 지상낙원이라 불리는 성벽 도시 두브로브니크, 그리고 이를 둘러싼 아드리아해 연안의 아름다운 풍광이 아직도 눈에 선하게 그려진다.

그리고 두 달 후 12월에 두 아들과 함께 4인 가족이 15일 일정으로 포르투갈과 스페인을 다녀왔다. 성인이 된 두 아들과 해외여행을 한 건 처음이다. 생각보다 쉽지 않았다. 유럽 여행 경험이 많은 큰애가 직접 일정을 짜서 자유여행으로 다녀왔는데, 큰애와 매사에 부딪히게 되었다. 두 아들과의 의견 차이를 크게 절감한 계기였다. 다행히 바르셀로나에서 5일 머무는 동안 차량과 가이드 등 지인의 도움을 받아 여행이 편해졌다. 특히 가이드가 고급스러운 맛집과 가우디 건축물을 중심으로 관광지를 친절히 안내해 주어 재미있고 의미 있는 여행을 즐길 수 있었다. 여기서는 아들과의 의견 대립도 없었고 여행 분위기도 화기애애했다. 성가족성당의 형언할 수 없는 조형미와 아름다운 외형 모습. 그리고 수도원이 위치한 몬세라트산의 단층지괴와 깎아질 듯한 바위 풍경이 매우 인상적이었다.

2019년 5월에는 가까이 지내는 지인 부부와 함께 체코, 오스트리아, 헝가리 등 동유럽 3개국을 다녀왔다. 진주에서 단체로 온 여성 여섯 분과 지인 남편분이 개그를 연출해 여행 내내 즐거웠던 기억이 새롭다. 그런데 헝가리에 도착한 날 한국인 관광객 20명이 사망한 유람선 전복사건이 일어나, 우리가 다음 날 타기로 한 유람선이었기에 충격적이었다. 사건 당일 헝가리에 늦게 도착해 맥주 한잔 마시고 곤히 잠들었는데, 밤새 한국에서 가족들이 오히려 걱정이 많았다고 한다.

2020년 2월에는 다시 15일간 4인 가족이 이탈리아를 다녀왔다. 스페인 여행 때와는 달리 이번에는 여행사 패키지상품을 선택했다. 비용은 좀 더 들더라도 여행 계획을 짜는 데 노력과 시간 부담을 덜 수 있고, 여행하면서 의견 차이를 좁힐 수 있을 것으로 생각했기 때문이다. 다소 날씨가 쌀쌀했으나 여행하는 데는 큰 부담이 없었다. 일행들이 대부분 모녀 중심으로 왔기 때문에 분위기가 조용했고, 단체행사 없이 가족끼리 여행을 했다. 우리 가족도 의견 대립 없이 무난한 여행이었다. 이탈리아 고대 문명의 흔적과 르네상스 시대의 예술품들은 **005**

그야말로 장관이었다. 역시 맛의 나라 이탈리아답게 음식 맛도 더할 나위 없이 훌륭했다. 여행 막바지에 일행들이 떠나고 우리만 밀라노에 남아 3일간 더 체류하고 돌아왔는데, 그러고 나서 일주일 후 밀라노에 코로나가 창궐했다. 실로 아슬아슬한 순간이었다.

돌아오자마자 바로 10월에 출발하는 스위스 부부 여행을 예약했다. 스위스를 한 바퀴 돌고 프랑스 몽셸미셸을 다녀오는 코스라서 아내가 아주 마음에 들어했다. 하지만 그해 2월 말부터 코로나가 전 세계적으로 유행하기 시작해 스위스 여행이 불투명하게 되었다. 상황이 나아지기를 기대했으나 그해 8월 여행사로부터 여행을 취소한다는 연락을 받았다. 결국 2020년 2월 이탈리아 여행 이후 2023년 2월 남미 여행 때까지 만 3년간 코로나로 해외여행이 중단된 셈이다.

돌이켜보면 2018년 6월 공직 퇴직 이후 처음에는 심리적 충격이 있었으나 점차 안정을 되찾게 되었다. 이제는 다양한 사람들과 여행하면서 대화를 나누고, 유럽 대도시의 건축물과 거장들의 예술품, 그리고 대자연을 돌아보면서 새로운 인생의 활력소를 발견하게 된 것이다. 여행을 반복하면서 여행이 주는 재미와 의미라는 참된 가치를 깨닫게 되었고, 나아가 적극적으로 여행을 즐기게 되었다. 적절한 시기에 적절한 방향으로의 삶의 전환은 참으로 다행스러운 일이었다.

서울대학교 최인철 교수의 설문 결과에 따르면, 사람들이 느끼는 행복의 강도는 산책 또는 운동을 할 때, 봉사활동을 할 때, 그리고 말하거나 먹을 때 일반적으로 높아진다고 한다. 즉 사람들은 운동하면서 느끼는 쾌감 속에서, 봉사활동에서 오는 만족감 속에서, 그리고 함께 음식을 먹고 대화를 나누면서 안정감과 큰 행복감을 느끼게 된다. 특히, 여행에서는 많이 걷고, 많은 대화를 나누고, 맛있는 음식을 먹을 수 있어서 이를 통해 보다 깊은 행복감을 느낄 수 있다. 나아가 가족이나 친구와 함께하는 여행은 서로 공감대가 크기 때문에 행복의 강도가 훨씬 커진다. 아무리 비싼 옷도 옷장 속에서 일 년만 지나면 감동이 사라지지만 여행의 경험은 평생을 가는 재산이 된다. 죽는 순간까지 여행의 추억은 소중한 재산으로 남는 것이기 때문이다.

삶과 여행에 대한 가치관이 전환되는 과정에서 2022년 중순 코로나 환경이 팬데믹 상황으로 전환되었고, 이제 해외여행이 가능해지기 시작했다. 2년 6개월 가까이 해외여행이 중단되어 여행에 대한 갈증을 느껴오다 튀르키예 등 유럽 몇 군데 여행지를 물색하고 있었다. 남미 여행은 2024년 이후로 예정하고 있었다. 그런데 갑작스럽게 상황이 바뀌었다. 큰애가 한 로펌에서 취업 컨펌을 받아 로스쿨 공부에 여유가 생겼고, 작은애는 2023년 1월 군에서 제대하여 3월 복학 예정이라 그때까지 시간 여유가 생긴 것이다. 가족 모두 함께 한 달 동안 여행할 수 있는 기회가 마련되었고, 다시 없는 기회라는 생각에 이번 여행을 계획하게 되었다.

2022년 7월 말, 한 여행사를 통해 2023년 1월에 출발하는 한 달간의 남미 여행을 예약했다. 이 여행사는 동유럽 여행 때 이용한 곳으로, 동유럽을 여행하면서 시내 중심의 호텔, 맛있는 식당 선택, 인솔자의 헌신 등이 모두 인상 깊게 남아 있어 다시 찾은 것이다. 하지만 8월 말 여행사로부터 금년도 남미 여행은 진행하지 않기로 했다는 연락이 왔다. 남미에 있는 국가와 국가 사이의 비행 노선 일부가 코로나로 폐쇄된 이후 아직 재개되지 않아 여행 동선과 일정을 잡기가 너무 어렵다는 것이다. 고객에게 지나친 불편을 줄 수도 있어 진행이 어렵다고 했다.

하는 수 없이 남미 여행을 포기해야 하나 했는데, 큰애가 이번에 이용한 여행사를 찾아냈다. 이 여행사는 그동안 일반 패키지상품만 진행해 오다가 2023년 2월부터 프리미어급 패키지를 진행할 예정이라고 했다. 홈페이지를 확인해 보니, 주로 남미 여행을 진행해 오면서 실적도 꽤 있었다. 이 여행사의 프리미어급 패키지상품이 여건에 맞는 프로그램이라는 생각이 들어 신청했다. 여행 기간은 2월 15일부터 3월 14일까지 28일간이다.

하지만 좀 늦게 신청한 탓에 단체팀 자리는 여유가 있었으나 비행기 좌석이 이코노미석만 남았다고 한다. 30시간 가까이 걸리는 남미에 이것을 타고 갈 수는 없었다. 네이버를 통해 항공권을 조회하니 일정보다 한국에서 하루 먼저 출발하고, 남미에서 하루 늦게 돌아오는 비즈니스석이 비싸지 않게 나와 있다. 이 항공권을 구매하니 일정은 2월 14일부터 3월 15일까지 정확히 30일간이 되었다.

우리 가족은 일행보다 하루 먼저 출발하여 페루에서 1박하고 일행과 합류할 예정이며, 남미에서 한국에 하루 늦게 입국하기 때문에 일행과 헤어져 상 파울루에서 1박을 더하는 일정이었다. 예약을 마무리하고 남미 출발을 기다리던 중 한 가지 문제가 엉뚱한 곳에서 터졌다. 여행 출발 2개월도 남지 않은 2022년 12월 20일 즈음 첫 번째 여행지인 페루에서 대통령이 탄핵되었고, 이에 따른 시위가 확대되면서 페루 공항이 폐쇄되었다고 한다. 다행히 며칠 후 리마 공항은 재개되었으나 이번에는 페루 문화부에서 마추픽추 관광지를 폐쇄한다는 소식이 들렸다. 여행사에 문의하니 '걱정은 되지만 출발하기 전에 사태가 진정되기를 기다리는 수밖에 어쩔 수 없다'는 입장이었다. 결국 출국 하루 전까지 마추픽추의 재개장 여부는 불투명했다. 마추픽추 여행은 페루 입국 이후 6일째인 2월 20일에 예정되어 있어 그때까지 사태가 진정되기를 기대할 수밖에 달리 방법이 없었다.

극적인 반전은 출국 하루 전인 2월 13일 이루어졌다. 금주부터 마추픽추가 재개되었다는 연락이 왔다. 정말 다행스러운 일이었다. 우여곡절 끝에 우리 가족은 2월 14일 대한항공을 타고 남미 여행길에 올랐다. 먼저 서울을 출발해 독일 프랑크푸르트 공항에 도착했다. 프랑크푸르트 공항은 환승 절차가 복잡했다. 독일 입국과 출국 절차를 모두 거쳐야만 했다. 3시간을 기다려 이번에는 이베리아 항공을 타고 마드리드로 갔다. 이베리아 항공이 1시간 이상 연착하는 바람에 얼마 기다리지 않고 바로 라탐 항공에 탑승, 페루를 향해 출발했다. 그런데 이베리아 항공의 연착은 페루 리마 공항에서 수화물 분실을 초래하는 원인을 제공했다. 다행히 라탐 항공 비즈니스석은 공간이 넓어서 편하고 음식도 맛있었다.

다음 날 15일 아침 일찍 페루 리마 공항에 무사히 도착했다. 리마 공항에 무사히 입국했고 금주부터 마추픽추도 재개장했으니 남미 여행이 순조로운 듯 보였다. 하지만 리마 공항에서 엄청난 사건이 기다리고 있었다.

차례

페루 Peru

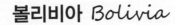

볼리비아 Bolivia

칠레 Chile

아르헨티나 Argentina

브라질 Brasil

파리를 거쳐 서울로

🌎 여행 동선

페루

리마

마추피추

피스코(와카치나)
나스카라인

쿠스코

라파스 볼리비아

유유니

산페드로 아타카마
깔라마

칠레

브라질

리우

이구아수폭포

아르헨티나

산티아고

부에노스
아이레스

엘 칼라파테

토레스 델 파이네
푸에르토 나탈레스
푼타아레나스

우수아이아

✈ 비행 일정

2/14	화	인천 11:35	▶	프랑크푸르트 17:20	KE 945
2/14	화	프랑크푸르트 19:30	▶	마드리드 22:20	IB 3131
2/15	수	마드리드 00:40	▶	리마 06:25	LA 2485
2/19	일	리마 10:30	▶	쿠스코 11:55	LA 2015
2/21	화	쿠스코 20:55	▶	리마 22:25	LA 2034
2/22	수	리마 00:20	▶	라파스 03:15	LA 2400
2/24	금	라파스 07:30 코차밤바 09:20	▶ ▶	코차밤바 08:15 우유니 10:10	CB 603 CB 306
2/27	월	칼라마 09:06	▶	산티아고 11:09	LA 147
3/1	수	산티아고 12:15	▶ 푸에르토 나탈레스 16:39		H2 421 (PMC경유)
3/5	일	엘 칼라파테 08:45	▶	우수아이아 10:05	AR 1862
3/7	화	우수아이아 08:45	▶	부에노스 12:15	AR 1851
3/9	목	부에노스 10:20	▶	이구아수 12:10	AR 1748
3/11	토	이구아수 14:50	▶	리우 16:45	LA 3761
3/12	일	리우 17:40	▶	상 파울루 18:50	LA 3323
3/13	월	상 파울루 22:50	▶	파리 14:05+1	LA 702
3/14	화	파리 21:00	▶	인천 17:05+1	KE 902

* 음영 처리된 부분(출입국)은 우리 가족 별도 이동

페루

Peru

1 _ 리마에서의 힘든 여정

2023년 2월 15일 아침, 긴 시간 비행 끝에 남미의 낯선 나라 페루 리마 국제공항(Aeropuerto International Jorge Chavez)에 도착했다. 비행 시간이 지루해서 그런지 도착했다는 사실이 우선 반가웠다.

간단한 입국 절차를 마치고 수화물 벨트에서 다소 설레는 마음으로 서울에서 대한항공 편으로 부친 짐을 기다렸다. 곧 나오겠지 했는데 수화물이 보이지 않았다. 시간이 흐를수록 초조감이 몰려왔다. 기다리기 시작한 후 30분 정도 흘렀을까. 수화물 벨트가 멈추었지만, 우리 짐은 끝내 보이지 않았다.

종종 항공 수화물을 잃어버려 고생했다는 얘기는 들었지만 남의 얘기로만 알았다. 이렇게 내 일이 될 줄은 꿈에도 생각지 못했다. 더구나 이역만리 남미에서 한 달간 지내야 하는 4인 가족의 짐을 분실했으니 눈앞이 캄캄했다. 이렇게 우리의 남미 여행은 어렵게 시작되었다.

아침 7시가 조금 지난 것 같은데 왜 그렇게 더운지. 2월 중순 여름인 페루 날씨 탓도 있지만 잃어버린 수화물로 긴장해서 더욱 더운 것 같았다. 수화물 분실센터에서 차례로 분실신고를 하고 각자 서명을 했다. 왜 그리 일처리가 더디고 느린지 모르겠다. 영어도 잘 통하지 않아 더욱 힘들었다. 6개의 수화물 분실신고를 끝내고 나니 오전 9시쯤 되었다. 처음 수화물 위탁 항공사인 대한항공엔 아무리 연락해도

공항에서 내려 수화물이 나오기를 기다리고 있는 승객들(구글)

근무시간이 아니라는 이유로 통화가 되지 않았다. 너무 답답해서 혹시나 하고 페루 영사관에 전화를 걸었다. 담당 직원이 알아보고 연락해 주겠다고 해 연락처를 가르쳐 주고 기다리기로 했다.

앞으로 어떻게 해야 할지 막막했다. 적지 않은 예산을 들여 준비한 평생 한 번도 하기 어려운 남미 여행인데 수화물 분실 때문에 여행을 망칠 수는 없었다. '그래, 수화물을 못 찾는다면 옷값이 얼마를 들더라도 사서 입으면서 여행하자. 그러면 아예 여행을 망치는 것보다 훨씬 이득이다' 싶어 가족들에게 이렇게 설명하고 나니 조금 마음의 여유가 생기는 것 같았다.

다른 일행은 내일(2월 16일) 리마 공항에서 합류하기로 했다. 오늘 하루는 가족 넷이 보내야 하니 공항을 나와 바로 앞에 있는 리마 공항 호텔(Hotel Costa Del Sol by Wyndham Lima Airport)로 갔다. 체크인은 오후 3시부터였다. 몸에 지니고 온 간단한 짐을 호텔에 맡기고 처음 가기로 했던 리마의 해안 도시 바랑꼬(Barranco)로 가기로 했다. 수화물을 잃어버려 이곳 날씨에 맞는 옷을 입을 수는 없지만, 한국에서 입고 온 겨울 복장으로라도 여행해야 하지 않겠는가?

리마윈덤호텔과 공항과 호텔 사이의 거리(구글)

그런데 최근 페루의 치안이 안 좋다고 해서 조심스러웠다. 공항과 근처 호텔은 경비가 삼엄했고, 주차장에서는 택시 기사들이 뒤섞여 호객행위를 하고 있었다. 공항 내 택시 기사는 모두 자격증을 가진 공인 기사라고 한다. 바랑꼬까지 공항 벽보에서 본 요금과 호객행위를 하는 택시 기사가 부르는 요금이 60솔(sol, 약 21,000원) 정도로 비슷했다. 택시를 타고 40~50분 지나 바랑꼬 지역에 도착했다. 택시 기사가 친절해 팁으로 10솔을 더 주니 고맙다는 인사를 했다.

바랑꼬 시청공원(Municipal de Barranco Park) 옆은 유럽의 지방 도시와 비슷한 풍경이었다. 작은 공원과 주변 풍경, 그리고 열대 식물들이 공원과 거리를 지나는 사람들에게 시원한 그늘을 제공해 준다. 잠시 공원을 걸으니 날씨가 무척 더웠다. 한국에서부터 입고 온 겨울옷 탓도 있다. 다행히 공원 옆길 건너 스타벅스가 눈에 들어왔다. 그곳에 가서 시원한 커피를 마시고 나니 더위는 가신 듯했지만, 분실한 수화물에 대한 걱정으로 여행을 계속하고 싶은 생각이 들지 않았다.

우선 더운 겨울옷이라도 벗어야 했다. 스타벅스에서 나와 백화점이 있는 미라플로레스(Miraflores District)로 가기로 했다. 여름 티셔츠와

바랑꼬 표식과 시청 앞 공원 주변

속옷은 사서 입자는 의견이었다. 미라플로레스는 4km 정도 떨어진 곳에 있었다. 이 정도 거리면 걸어가기에 별로 어려움이 없을 것 같고, 중간에 있는 리마 박물관을 보기로 했다. 박물관 이름은 리마의 현대박물관(Lima Museum of Contemporary Art)이다. 페루의 현대 미술작품을 볼 수 있고 작고 예쁜 야외 공원이 있어 휴식을 취하기도 좋아 보였다. 입장료는 어른 20솔(약 7,000원), 학생은 할인이 된다. 다양한 미술품과 공예품을 감상했으나 현대 미술에 조예가 깊지 않아서인지 별다른 기억은 남아 있지 않다.

현대미술관을 나와 해안도로를 따라 미라플로레스 지역을 향해 걸었다. 도로 안쪽에 들어선 주택들이 매우 아름답고 부유한 동네인

현대미술관 정문과 전시실 모습(구글)

듯했다. 바랑꼬에서 미라플로레스 지역으로 이어지는 해변도로를 따라 형성된 주택가는 페루의 최고 부촌 지역이란 얘기가 실감났다. 아파트와 주택들은 모두 바다를 향해 있고, 아파트 베란다에는 화초가 가득하고 주택 안쪽엔 식물들을 잘 가꿔 놓은 정원이 있다. 주택을 둘러싼 도로 환경도 조용하고 깨끗했으며, 잘 정비된 산책로를 이용하는 사람들도 부유해 보였다.

이렇게 아름다운 휴양도시에서 광활한 태평양을 바라보며 사는 것도 꽤 멋진 삶이란 생각이 들었다. 아내도 같은 생각이라고 한다.

10시 50분쯤 미라플로레스에 있는 쇼핑몰 라르꼬마르(Larcomar)에 도착했다. 이곳은 해안가 단층 지역을 이용해 지은 현대식 쇼핑몰이다.

미라플로레스 전경

또 다른 미라플로레스 전경과 해안가 풍경

주변 경관이 아름답고, 쇼핑하면서 태평양을 내려다보며 시원한 풍광을 즐길 수 있어 리마의 관광명소로 손꼽힌다. 가게 몇 군데를 돌면서 각각 여름 티셔츠 하나씩과 속옷, 양말을 샀다. 언제 수화물을 찾을 수 있을지 모르지만 그때까지는 입어야 하니 비싸지 않은 것으로 골랐다. 어느덧 12시가 지나고 배가 고팠다. 수화물을 잃어버린 공허함이 배고픔을 더 느끼게 하는 것 같다. 주변에 한국인이 있으면 실컷 하소연이라도 하고픈 심정이었다. 그러나 주변엔 눈을 씻고 봐도 한국인은 전혀 보이지 않았다.

그래서 찾아낸 곳이 리마의 한식당 노다지(NODAJI)다. 한국을 떠난 지 이틀밖에 안 되었지만 한식을 먹으며 한식당 주인이나 다른 한국 손님에게 잃어버린 수화물 얘기도 하고 싶었다. 노다지에 가기 위해 라르꼬마르 몰에서 층계를 따라 올라오니 멋진 시립공원(Parque Alfredo Slazar)이 눈에 들어왔다. 아름답게 꾸며 놓았지만 둘러볼 여유

라르꼬마르 쇼핑센터와 그 위에 있는 시립공원(구글)

는 없었다. 공원 옆을 지나면서 택시를 부르기로 했다. 큰애가 여기서는 우버 택시를 부르는 것이 안전하다고 하는데, 곧 공원 근처에 있는 메리어트 호텔(JW Marriott Lima) 앞에 도착했다.

　호텔 앞 큰 도로 옆에는 수많은 택시가 대기하면서 호객행위를 했다. 아내가 가격이 비슷하면 여기서 택시를 타자고 했다. 요금을 물으니 현지인 한 사람이 14솔을 불렀다. 좋다고 하자, 그는 그곳에 있는 택시 기사에게 무어라 속삭이더니 14솔에 가겠다고 했다. 택시는 넷이 타기에는 너무 좁고, 기사가 식당 가는 길을 잘 몰라 많이 돌아가는 듯했다. 택시를 타고 30~40분 정도 지나 산보르하(San Borja) 지역에 있는 한식당 노다지에 도착했다. 택시 기사는 처음 얘기한 요금보다 10솔 이상(25솔)을 더 요구했다. 자기는 14솔 얘기를 한 적이 없다면서. 속칭 바가지요금이다. 기분이 좋지 않았지만 외국 땅에서 어쩔 수 없어 25솔을 주고 내렸다.

12시 40분쯤 노다지식당으로 들어가니 한국인 주인이 방으로 안내했다. 배가 고파서 치킨, 김밥, 김치찌개 등 여러 종류를 넉넉히 주문했다. 1시가 지나도록 식사가 나오지 않아 한국인 주인에게 재촉했더니, 곧 주문한 식사를 페루인 종업원이 하나씩 가져왔다. 음식 맛은 괜찮았다. 아내와 함께 맥주도 한 잔씩 했다. 식사를 마치고 나니 배도 부르고 긴장도 다소 풀렸다.

하지만 식사가 끝날 때까지 한국인 주인은 보이지 않았다. 에어컨이 시원치 않아 식당 안은 후덥지근했다. 기대하고 찾아온 한식당에서 배는 부르게 먹었으나 더위로 짜증은 더했고, 기대했던 위안은 전혀 받지 못했다.

"이곳 역시 이역만리 남미다. 우리 문제는 우리가 해결해야 한다. 자! 실컷 먹었으니 일어나 호텔로 가자!" 하면서 식당을 나오니, 인근에 한국식 아씨마켓(Assi Market)이 있었다. 저녁에 먹을 라면과 과일 몇 개를 샀다. 마켓을 나와 호텔 가는 우버 택시를 호출한 지 10분쯤 지나 택시가 도착했다. 역시 네 명이 타기에는 좁았다. 리마 공항호텔로 돌아오는 길은 생각보다 멀어 1시간 이상 걸렸다.

돌아오는 길에 본 페루 리마는 오전에 바랑꼬와 미라플로레스에서 본 모습과는 너무나 판이했다. 도로 주변의 집들이 거의 폐허 상태

노다지 한식당과 아씨마켓 정문(구글)

같았다. 대부분 건물을 짓다가 중단한 것처럼 건물 모서리 위로 철근
이 삐죽 솟아 있고, 창문이 없는 집도 많고, 벽들은 검게 그을려 있
었다. 멀리 산비탈 모래 언덕에는 철거민들이 거주하는 무허가 판잣
집과 비슷한 주택들이 모여 있다. 리마 산 크리스토발 언덕(Cerro San
Cristoval)의 산동네다. 비가 오면 떠밀려 내려오지 않을까도 싶지만, 이
곳은 거의 비가 오지 않아 괜찮다고 한다. 페루 국민의 격심한 빈부격
차를 실감해 본다.

　　호텔로 가는 도중에 택시가 넓은 고속도로를 벗어나 폐허 상태나
다름없는 주택가를 잠시 우회했다. 그런데 주택가를 지나는 사람은
거의 보이지 않고 목줄 없는 개들이 길에 늘어져 자는 모습뿐이었다.
페루 서민들의 생활상을 가까이서 볼 수 있었지만, 한편 이런 곳에서
강도라도 만난다면 어쩌나? 잠시 더럭 겁이 나기도 했다.

　　리마 공항호텔 주차장에 도착하니 3시쯤 되었다. 경찰들이 공항과
호텔 주차장 입구에서 출입 차량을 검문했다. 허가받은 차량만 주차

리마 구 시가지 전경과 산크리스토발 언덕 마을(구글)

장으로 출입할 수 있단다. 그 덕분에 공항 주변은 최근 페루 대통령
(Pedro Castillo)의 탄핵에 따른 정치적 불안에도 불구하고 안전하다고
했다. 이 말을 들으니 택시를 타고 돌아오면서 느꼈던 리마의 치안에
대한 불안감이 차츰 사라졌다.

호텔 현관에 들어서자 한 무리의 한국인 단체 관광객이 체크인을 하
고 있었다. 반가운 마음에 대화를 나누면서 아내가 수화물을 분실한

얘기를 했다. 답답한 마음에 한 얘기인데 뜻밖에 기대하지 않은 응답이 돌아왔다. 그들 인솔자 한 분이 이렇게 말했다.

"종종 유럽에서 비행기 총중량이 오버되면 수화물을 싣지 않고 오는 경우가 있어요. 그 짐은 다음 날 같은 시간 비행기로 꼭 돌아옵니다."

갑자기 구원의 빛이 비치는 느낌이 들었다. 내일 비행기에 우리 수화물이 도착하리라는 믿음이 생겼다. 의구심이 없지는 않았지만 그리 믿고 싶었다. 하루 내내 혼란스럽고, 답답하고, 막막한 상황에서 해결의 실마리를 찾은 듯 가슴이 뻥 뚫리는 기분이 들었다.

그들이 체크인을 마치고 각자 방으로 올라간 후 데스크에 예약 서류를 건네며 체크인을 요청했다. 그런데 호텔 종업원이 "예약이 되어 있지 않다"고 했다. 참으로 웃기는 나라다. 아침에 예약을 확인하고 작은 짐까지 호텔에 맡기면서 체크인 시간이 되지 않아 오후에 다시 오겠다고 했는데 예약이 되어 있지 않다니, 4~5성급 호텔에서 가능한 얘기인가? 이번 여행은 처음부터 왜 이리 일이 풀리지 않는지 모르겠다. 분실한 수화물 때문에 온종일 머리가 아팠고 이제야 해결의 실마리를 찾았을 뿐인데, 낯선 외국 땅, 치안도 불안한 이 도시에서 호텔 예약도 되어 있지 않으면 지금 도대체 어디로 가란 말인가?

이번 여행은 사실 내가 호텔, 비행기, 여행사 패키지상품 예약을 직접 했기 때문에 더욱 마음이 쓰였다. 너무 쉽게 생각한 것인가, 아니면 치밀하게 준비하지 못했나? 별의별 생각이 다 들었다. 긴장의 순간을 몇 차례 넘기고 호텔 프런트와 실랑이하면서 다행히 방 2개를 배정받았다. 이 방이 처음에 예약한 것인지, 아니면 남아 있던 것인지는 모르겠다. 겨우 방으로 올라오니 오후 4시가 지나고 있었다. 간단히 샤워를

공항 식당가 맥도널드 햄버거집(구글)

하고 잠시 침대에 누워 휴식을 취했다. 5시 30분쯤 저녁 먹을 식당을 찾아보았으나 치안 문제가 있어 호텔 밖으로는 나갈 수 없는 상황이었다. 공항 안에 있는 식당으로 가기로 했다.

호텔 2층에서 공항으로 연결되어 있었다. 공항 식당가에 있는 맥도널드에 가서 햄버거와 감자튀김으로 저녁을 때우고 기념품 가게에 들렀다가 스타벅스에서 커피를 마셨다. 태연한 척 저녁을 먹고 커피를 마시면서 시간을 보내고 있지만, 마음 한구석은 여전히 혼란스럽기만 했다. 지금 뭘 하고 있는지도 모르겠다. 잃어버린 수화물에 대한 걱정과 앞으로 어떻게 대처하여야 할지에 대한 확신이 없었기 때문이다.

오후 7시쯤 호텔로 돌아와 주변 정리를 한 후 수화물 찾을 궁리를 했다. 대한항공 홈페이지에서 수화물 위치를 조회해 보니 '서울에서 유럽까지는 수화물이 도착한 것으로 확인된다'는 메시지가 떠 있고, 환승 공항인 유럽부터는 대한항공 책임이 아니니 해당 항공사에 알아보라고 했다. 지금 할 수 있는 건 거기까지였다. 이미 라탐 항공사에 공식적으로 서류 접수를 했고, 영사관에도 협조 요청을 해 놓았다. 내일 새벽 합류하기로 한 본진 인솔자에게도 연락을 취해 놨으니 더 이상 할 일은 없었다. 기다리는 수밖에 달리 방법이 없음을 알고 잠을 청했으나 도무지 잠이 오지 않았다. 밤낮이 정반대로 바뀌는 시차 문제도 있었지만, 이런저런 생각에 뒤척이며 잠을 이루지 못했다.

남미에서의 첫날 밤을 꼬박 새웠다. 새벽녘에 큰애가 우리 방으로 오더니, 라탐 항공으로부터 '우리 수화물을 스페인에서 확인했다'는 메시지를 받았다고 한다. 그제서야 안도감이 들었지만 아직 개운치 않은 점이 남아 있다. 수화물이 6개인지 아니면 아들 것만인지 확인이 안 되기 때문이다.

얼마 후 대한항공에서 드디어 지인을 통해 다시 연락이 왔다. 수화물 6개 모두 스페인 마드리드에서 비행기에 실리지 않았고, 다음 날 같은 비행기로 리마에 도착한다는 거였다.

수화물 문제는 이렇게 해결되었으나, 리마 공항을 통해 우리가 묵고 있는 호텔에 실제 배달된 것은 리마 도착 3일이 지난 후였다. 그동안 단벌 신사로 페루를 여행하면서 엄청난 불편을 겪었다. 그나마 다행인 것은 수화물을 찾게 되어 그 이후 여행은 차질 없이 마무리할

아래 승객 세분의 수하물 확인 결과, 마드리드 공항에서 이베리아 항공 - 라탐항공 연결 시에 짐이 실리지 않았고, 6개 모두 오늘 IB6659/16FEB 편에 실려 리마(19:30)에 도착 예정이라고 확인하였습니다.

6개 모두 오늘 저녁 7시 30분에 도착 예정이니 참고 부탁 드립니다!

분실 신고된 수화물 표식과 서울에서 받은 메시지

수 있었다는 사실이다. 지금 생각해도 아찔한 순간들이었다.

잠시 마드리드에서 짐이 실리지 않은 이유를 추론해 보았다. 마드리드에서 2시간 10분 정도 환승 시간이 있었으나 이베리아 항공이 1시간 이상 연착하는 바람에 환승 시간이 짧아지며 수화물 이송이 누락된 듯하다. 여기에 대해서 누구도 사과하지 않았고, 누구도 책임지지 않았다. 씁쓸했다.

2 _ 사막 도시, 이카와 나스카

사막을 질주하는 이카의 버기카를 타다

2월 16일 아침 8시 단벌 차림으로 일행 10명과 페루 공항 앞에서 합류했다. 처음에는 누가 누군지 분간하기 어려웠지만, 나중에 알고 보니 60대 초중반 부부 3팀(부산, 노원, 창원), 70대 초반 부부 1팀(전주), 그리고 혼자 오신 60대(인천), 70대(광주) 두 분, 이렇게 열 분이었다. 공항 정문에서 여행사 인솔자와 인사를 나눈 다음, 열 명 일행과도 가볍게 인사를 했다. 인솔자와 잃어버린 수화물에 대해 잠시 이야기를 하고, 라탐 항공 사무실은 아직 문을 열기 전이어서 나중에 연락하기로 했다. 곧 일행과 함께 주차장에 있는 버스에 올라 이카(Ica)를 향해 출발했다.

버스에서는 현지 가이드 호세가 영어로 설명을 하고 인솔자가 통역하는 순서로 진행했다. 수화물에 대해서도 호세가 라탐 항공 사무실에 전화를 하기로 해 마음이 놓였다. 페루 사람들끼리는 통할 테니 문제가 잘 해결되겠지 싶었다. 호세도 걱정하지 말라고 했다.

버스는 태평양을 따라 해안도로를 2시간 달린 후 한 주유소에 잠시 멈추었다. 주유소 입구엔 규모가 꽤 큰 아시아 마켓이 있다. 일행은 화장실에 다녀와서 20분쯤 휴식 시간을 가졌다. 우리 가족은 **033**

▲ 해안도로 주유소 인근 아시아 마켓(구글)
▼ 고속도로변 사막 모습과 휴양시설(blog 해파랑)

야외 테이블에 앉아 콜라 2병, 맥주 2병을 나눠 마셨다. 날씨는 섭씨 27~28도로 여전히 더웠다. 시원한 맥주를 마시면서 광활한 해안도로 주변과 어우러져 있음을 느꼈다. 이제야 본격적인 남미 여행이 시작되었음을 실감했다. 잃어버린 짐에 대한 걱정도 희미해져 갔다.

　잠시 휴식 후 버스는 이카를 향해 다시 달렸다. 고속도로 주변은 온통 사막이고, 산도 모두 모래고 도로 옆엔 사막 풀들만 간간이 눈에 띄었다. 해안선 쪽으로 콘도처럼 보이는 휴양시설과 주변에 주차된 차들을 잠시 스쳐 지나갔다.

　이카로 달리는 버스 안에서 호세가, 우리 수화물이 오늘 오후 5시쯤 마드리드에서 페루에 도착할 예정이며, 도착한 수화물은 내일 오전 중으로 우리가 묵게 될 호텔로 보내 줄 거라고 전했다. 이번 수화물 분실 사고를 겪으면서 남미 사람과 항공사에 대한 불신이 생겨 공항에서 다시 잘못 배송되면 어쩌나 하는 걱정이 들었다. 공항에 직접 가서 받아오는 것도 생각해 보았지만, 수화물 6개를 택시 한 대로 옮기기가 어려워 일단 믿고 맡기기로 했다. 이제 수화물 문제는 잊고 내일까지 여행에 열중하자고 생각하자 마음이 가벼워졌다.

남쪽으로 2시간 30분 정도를 더 달려 이카 지역의 한 작은 마을에 도착했다. 시간은 이미 오후 1시를 지나고 있었다. 좁은 골목길을 돌고 돌아 숲이 우거진 작은 공원 같은 야외식당으로 갔다. 호텔과 포도밭을 겸한 농장 호텔(Fundo-Hotel El Arrabal)에 있는 통나무 가든 형태의 식당이다. 여기서 점심을 먹고 잠시 휴식을 취한 다음 오늘 묵을 호텔로 간다고 한다.

일행은 더위를 막아주는 등나무(?) 아래 놓인 테이블에 자리를 잡았다. 잠시 기다리니 고기 요리가 나왔다. 주요리는 소고기 안심볶음인 로모쌀타도(Lomo Saltado)라고 한다. 반주로 피스코 사워(Pisco Sour)를 한 잔씩 돌렸다. 남자들은 배가 고팠는지 고기를 남기지 않고 먹었는데, 여자들은 대부분 남겼다. 나도 피스코 사워를 마시면서 고기를 남기지 않고 먹었는데, 이상한 냄새가 나는 듯했다.

식당 가까이에 있는 풀밭에서 몇 마리의 말이 풀을 뜯고 있었다. 일행들은 그 말을 보면서 소소한 대화를 나눴다. 얼마 후 식당 주인이 농장에서 직접 수확한 망고가 매우 맛있다고 자랑하면서 망고를 가져왔다. 방금 따온 것이라 그런지 주인 말대로 달고 신선했다.

잠시 주변을 산책했다. 농장에는 큰 나무들이 그늘을 만들어 주어

호텔 등나무 식당(구글)과 로모쌀타도

더위를 피할 수 있었다. 그리고 반주로 마신 피스코 사워 제조 공정을 직접 보기로 했다.

식당에서 400~500m 떨어진 큰 나무숲 옆에 작은 포도 농장이 있었다. 그 옆에 포도주 제조시설이 있었지만 지금은 문을 닫아 관광 코스로만 이용되고 있는 듯했다. 오던 길로 조금 뒤돌아가니, 다른 일행이 야외 강의장에서 와인 제조 설명을 듣고 있었다. 그 옆 강의실에 자리를 잡자, 인상이 서글서글한 페루 아저씨가 익살스럽게 피스코 사워 제조 방법을 설명했다. 그런 다음 와인을 종류별로 한 모금씩 시음했다. 몇 분이 취기가 오르는지 농담을 하면서 분위기를 돋우기도 했다.

여기서 멀지 않은 곳에 피스코(Pisco)라는 항구도시가 있다. 처음 이 도시에 양조장이 세워지고 이곳에서 재배되는 포도를 이용해 무색의 증류주를 제조하게 되었는데, 그 증류주 이름이 지역명을 따서 피스코다. 피스코 사워는 피스코에 라임, 설탕, 계란흰자 등을 넣어 만든 칵테일로 페루의 대표 와인이 되었다. 통상의 와인에 비해 훨씬 높은

▲ 풀을 뜯고 있는 말(blog 해파랑)과 주변 산책로(구글)
▼ 포도밭과 피스코 사워 제조 설명(구글)

40도가 넘는 피스코 사워도 있다고 하여 다소 의외였다.

　식당에서 2시 30분에 출발하여 15분쯤 버스를 타고 가자 오늘 숙박 예정인 라스 듀나스 호텔(Las Dunas Hotel)에 도착했다. 호텔은 넓은 숲속에 잘 꾸며진 정원과 몇 개의 수영장을 갖춘 고급스러운 리조트 호텔이었다. 체크인을 하고 우리 가족은 1층과 2층에 방을 하나씩 배정받았다. 아들 둘은 1층, 우리 부부는 2층에 짐을 풀고 30분 정도 휴식을 취했다. 피로가 몰려왔다. 더 쉬고 싶었으나 곧 와카치나 사막에서의 버기 투어(Buggy tour)가 예정되어 있어 다시 버스에 올랐다.
　호텔에서 15분쯤 달려 와카치나(Huacachina) 마을 입구에 도착했다. **037**

라스 듀나스 호텔 입구 정면과 측면(구글)

와카치나 사막 한복판에 있는 이 자그마한 오아시스 마을은 신기하고 아름다웠다. 걸어서 한 바퀴 도는 데 20분밖에 걸리지 않는 작은 도시지만, 주변은 매우 분주했다. 호객 행위를 하는 가게 주인, 택시 기사, 관광객들, 그리고 주변 사진을 찍는 사람들로 매우 붐볐다. 버스에서 내려 마을 옆을 돌아 버기카를 탑승할 수 있는 사막 언덕 위로 이동했다. 이전에는 마을 입구에서 직접 버기카 운행을 했는데, 이제는 마을에서 1km 떨어진 사막 언덕에서 시작한다고 한다.

언덕까지 오르는 길은 멀지 않았지만, 모래에 발이 빠지고 경사가 심해서 애를 먹었다. 중간중간에 여행객들이 사진을 찍으며 여러 자세를 취하고, 일부는 미끄럼을 타면서 떠들고, 일부는 뛰어다니면서 장난을 치는 등 떠들썩했다. 남미라서 가능한 풍경들이 아닌가. 뭐하러 여기까지 왔나 하는 후회가 사라지고, 그래도 잘 왔다는 생각이 들었다. 리마에서 수화물을 분실하고 더위에 고생하면서 느꼈던 답답한 마음이 후련해지면서 다행이라 생각했다.

버기카를 타는 곳으로 오르는 일행과 와카치나 마을 전경

　버기카(Buggy Car) 운행을 시작하는 언덕 위에 올라 간단한 절차를
마치고 7~8명씩 나누어 버기카에 올랐다. 처음에는 버기카가 천천히
사막 위로 이동했다. 별로 신기한 것도 없었다. 짜릿한 기대에 미치지
못한다고 생각했다. 그러나 10분쯤 지나자 속도를 내기 시작했다. 울
퉁불퉁한 사막 위를 질주하는 버기카의 속도가 예상보다 훨씬 빨랐
고, 경사면을 돌 때는 롤러코스터를 타는 것처럼 아찔했다. 주변에서
탄성과 환호가 계속해서 흘러나왔다. 곁을 지나가는 다른 버기카의
질주를 보면서 손을 흔들고 소리를 질렀다. 사막 모래 산봉우리 몇 개

039

를 질주하면서 가슴이 활짝 열리는 기분이 들었다. 평생 잊기 어려운 색다른 경험이었다. 약 30분을 질주한 후 한 모래 산봉우리 근처에서 버기카가 멈췄다.

사막을 배경으로

버기카 위에 올라서서

　내려서 사진을 찍으라고 한다. 조금 떨어진 봉우리 근처에 다른 일
행들이 멈춰 있었다. 사막을 배경으로 사진을 찍었다. 다시는 경험하
기 어려운 풍경이었기에 모두 다양한 자세를 취하면서 사진을 찍었다.
먼저 개인사진을 찍고, 이어서 부부사진과 가족사진을 찍었다.
　오랜만에 객기를 부려 버기카 지붕 위에 올라가 자세를 취했다. 나
이 때문인지 내려오는 데 힘들었다. 이전에는 크게 부담이 없는 높이
였는데 나이가 든 모양이다. 큰애도 버기카 위로 올라갔다. 큰애는 나
처럼 부자연스럽지 않고 자연스럽게 누운 모습, 천장 끝에 앉은 모습

등 위험한 자세까지 취했다. 큰애는 젊어 인지능력에서 나오는 차이
를 보이는 것 같다.

  사진 촬영이 끝나자 샌드보딩 시승이 이어졌다. 두 번 시승이 있었
는데, 첫 번째는 연습 수준으로 크게 어렵지 않았다. 문제는 내려간
다음 보드를 들고 올라오는 길이 경사도 심하고 모래에 발이 파묻혀
고생했다. 두 번째 시승은 더 가파르고 긴 코스였다. 코스도 어렵고
올라올 일이 걱정돼 타지 않으려 했으나, 이번에는 버기카가 내려가니
올라올 필요가 없다고 한다. 두 번째 보드를 타면서 경사가 매우 가
팔라 두려운 마음도 들었으나, 두 발로 끌면서 조정하며 내려가니 생각
보다 빠르거나 무섭지 않았다. 시승 자체는 큰 의미를 부여하기는 어렵
지만, 이것 역시 남미가 아니면 경험할 수 없는 색다른 경험이라는 데
의미가 있었다. 난이도 때문인지 두 번째 시승에는 4명만 참여했다.

샌드보드를 타는 모습

가족사진과 일행 단체사진

샌드보딩을 끝내고 다시 버기카에 올라 몇 차례 모래산을 질주한 후 출발점으로 돌아왔다. 버기카 여행을 마무리하면서 일행은 처음으로 단체사진을 찍는다. 오늘 아침 처음 만나 낯설었지만, 이제 서먹서먹한 분위기는 다소 풀린 느낌이 든다.

와카치나에서 버기 투어를 마치고 나니 5시 20분이다. 호텔로 돌아간다고 하자 모두 피곤해서 그런지 좋아했다. 지금 생각해 보면 오아시스와 사막, 석양이 어우러진 멋진 풍경을 놓친 것이 아쉽기만 하다.

와카치나의 석양(구글)

　5시 40분 호텔에 도착했다. 아침부터 5시간 버스로 이동해 버기
카 투어를 하고 나니 몸은 녹초가 되었다. 한국에서 유럽을 통해 오
늘 페루에 입국한 일행들은 얼마나 피곤할까 싶은 생각이 들었다. 모
래 범벅인 몸을 씻고 단벌 티셔츠를 빨아서 베란다에 걸어 두었다. 그
리고 저녁을 먹으러 호텔 식당에 갔다. 뷔페식과 주문식이 있어 간단
히 주문해서 식사를 마치자 아내와 큰애가 바에 가서 한잔하자고 했
다. 작은애는 먼저 들어가고 셋이서 피스코 사워를 한잔 마시니 이내
피로가 몰려왔다. 잠이 쏟아져 큰애와 아내를 바에 두고 먼저 방으로
들어와 잠자리에 들었다. 오랜만에 걱정을 잊고 숙면한 하룻밤이었다.

　2월 17일, 지난밤 일찍 잠자리에 들어 숙면한 때문인지 이른 새벽에
눈을 떴다. 한두 시간 뒤척이다가 6시쯤 방을 나와 호텔 주위를 한 바퀴

돌았다. 어제 체크인할 때 언뜻 느꼈지만 호텔 주변을 참 잘 가꿔놓았다. 사막에 둘러싸여 있는데도 정원 안쪽은 정원수들로 잘 꾸며져 있고, 담장 너머엔 모래사막이 펼쳐져 있어 묘한 대조를 이뤘다.

　건물 뒤로 가니 한쪽에 작은 농장이 있고, 거기서 말, 닭, 오리 등 가축들을 키우고 있었다. 그런데도 주변이 깨끗했다. 조금 더 나가자 작은 인공호수와 함께 잘 정돈된 열대 나무들이 도열해 있어 사막 지역의 풍경을 한껏 느낄 수 있었다. 그리고 호텔 건물 사이 넓은 공간에 있는 잔디 구장은 단체 투숙객들이 체육활동을 할 수 있는 훌륭한 시설이었다.

　호텔 주변을 한 바퀴 돌아오니 안내표지판이 보인다. 멋진 풍경 몇 곳을 골라 사진을 찍고 나니 아내가 밖에 나와 있었다. 광주에서 혼자

동물들이 평화롭게 노닐고 있다(blog 해파랑)

오신 분도 나와 있어 호텔 주변에 대해 얘기하면서 잠시 함께 걸었다. 그리고 7시쯤 아침 식사를 하러 호텔 입구에 있는 식당으로 갔다.

전설의 지상화, 나스카 라인을 공중에서 보다

아침 식사를 마치고 8시 버스에 올라 나스카(Nazca)를 향해 출발했다. 당초 계획은 이카 공항(Aeropureto Ica)에서 헬기를 타고 다녀오는 나스카 라인 투어(Nazca Line Tour)를 할 예정이었다. 이 경우 1시간 30분이면 가능한 일정이었다. 그런데 이카 공항이 코로나 이후 폐쇄되어 헬기 투어 대신 버스 투어로 대신하게 되었다. 나스카 라인 30분 투어를 위해 버스로 이카에서 나스카까지 왕복 6시간 걸리는 일정이다. 그래서 오늘은 나스카까지 3시간, 다시 나스카에서 리마로 돌아가는데 6시간 이상, 거의 10시간을 버스로 이동해야만 했다.

호텔을 출발한 버스가 두 시간쯤 지나 팔파(Palpa) 지역에 닿았다. 멀리 산자락 끝으로 각종 동물 모양의 지상화가 눈에 들어왔다. 나스카 인근에 수많은 지상화가 존재하며 이곳도 그중 하나로 팔파 지상화(Geoglifos de Palpa)라고 소개했다. 버스가 멈춘 곳 조금 앞에 높이 10m 되는 전망대가 세워져 있었다.

버스에서 내려 지상화를 배경으로 기념사진을 찍었다. 햇볕이 강해 걷기에 더웠지만, 전망대에 올라가서 지상화를 바라보니 좀 더 선명하게 보였다. 크기가 40~50m 되는 원숭이 모양의 동물화처럼 보였다. 나스카 지상화에는 미치지 못하지만, 이곳 지상화도 크기나 형태가 꽤 유명하고 오랜 역사를 갖고 있다고 한다. 하지만 누가 언제 왜 지상화를 그렸는지는 정확히 알려져 있지 않다. 그저 신비로울 뿐이다.

팔파 전망대(구글)와 지상화

　팔파 지상화를 뒤로하고 다시 1시간쯤 달리자 좀 더 큰 전망대가
나타났다. 나스카 시내에서 20km 떨어진 곳에 있는 높이 약 13m의
나스카 라인 전망대(Mirador de Las Lineas de Nazca)다. 이 지역부터가
나스카 라인 지상화가 있는 사막지대다. 지금 막 달려온 도로가 나스
카 지상화 중 하나를 잘라 놓았는데, 전망대에서 이 지상화를 선명히
확인할 수 있었다. 전망대에 올라가서 자세히 보니 허리가 잘린 도마
뱀 형태를 하고 있다(p.54 사진). 다른 쪽에 있는 또 하나의 나무 지상
화를 배경으로, 잘 보이지는 않지만 지상화가 존재한다는 광활한 나
스카 지역을 조망하면서 여러 장 기념사진을 찍었다.

047

▲ 나스카 지상화 전망대와 나무 지상화
▼ 유네스코 지정문화재 표시판

전망대에서 20~30분을 더 달려 오늘의 최종 목적지 나스카 공항
(Aerodromo Maiche)에 도착했다. 시간은 정오에 가까워지고 있었다. 입
구에 들어서자 잉카 콜라(Inka Cola)를 외치는 소녀의 목소리가 들렸
다. 더위를 식히기 위해 잉카 콜라 한 병을 사서 마셨다. 코카콜라보
다 인기가 좋아 페루 사람들이 즐겨 마신다고 한다. 맛은 우리나라의
환타에 가까운 단맛이 났다.

전망대 위에서 지상화를 보면서

　공항 대기실에 작고 귀여운 애완견 한 마리가 분주히 돌아다니고 있었다. 집에 두고 온 제니 생각이 났다. 제니는 전에 키우던 라라를 10년 만에 떠나보내고 4년 전 새로 입양한 말티푸(말티+푸들)다. 아직 대소변을 제대로 가리지 못하고 가끔 입질을 하지만 귀여운 녀석이다. 이번 남미 여행에 동행할 수 없어서 처남 집에 맡기고 왔다. 가끔 처남이 데리고 대모산에도 가고 주변 산책을 하면서 사진을 보내 준다. 이곳에서 귀여운 애완견을 보니 제니와의 기억이 새롭기만 하다.

나스카 공항 입구와 내부(구글)

　　나스카 지상화 헬기 투어를 위해서는 체중을 측정해서 균형을 잡아야 하고, 여권 확인도 필수다. 모든 절차를 마치고 드디어 헬기에 올랐다. 생각보다 헬기가 작고 소음도 심했다. 5~6인승 헬기는 굉음을 내면서 공항을 이륙했다. 40여 분간 인근 나스카 지역을 돌고 오는데, 비행 중 아래로 보이는 지상화를 차례로 설명하면서 잘 보이도록 좌우로 경사를 이루면서 날았다. 나는 별다른 이상이 없었는데 일행 중 몇 분은, 특히 여성분들이 심하게 멀미를 했다고 한다.

　　헬기가 날고 있는 사막 아래에는 고래(Whale), 삼각형(Trapezoids), 외계인(Astronaut), 원숭이(Monkey), 개(Dog), 벌새(Hummingbird), 해초(Seaweed), 나선형(Spiral), 개미(Spider), 콘도르(Condor), 꽃(Flower), 왜가리(Heron Bird), 펠리컨(Pelican), 앵무새(Parrot), 손(Hands), 도마뱀(Lizzard), 나무(Tree) 등 17개 모양의 다양한 동식물을 그린 신비한 지상화들이 줄지어 누워 있다. 특히 왜가리 모양의 지상화는 길이가 약 300m에 이른다. 그 당시에 이 그림을 어떻게 그렸는지 놀랍고 신비롭기까지 하다. 지상화를 그린 목적이나 방법에 대해서는 설만 구구할 뿐, 정설이 없다고 한다. 지상화 제작 방법은 물론 현재까지 크게

▲ 헬기를 타고 투어 시작 전의 모습
▼ 지상화 배치도와 방문증서

훼손되지 않고 잘 보존될 수 있었던 것도 역시 수수께끼다. 이곳에는 비가 거의 오지 않기 때문에 오랜 세월 원형을 유지해 왔다는 설명이 설득력 있게 들렸다.

한 가지 안타까운 점은 오전에 본 전망대 옆에 있는 도마뱀 형상의 지상화가 인근을 지나는 고속도로에 의해 절단된 것이다. 앞으로는 오랜 세월 보존되어 온 문화재가 인간의 사려 깊지 못한 개발행위로 훼손되는 일은 없어야 할 것이다.

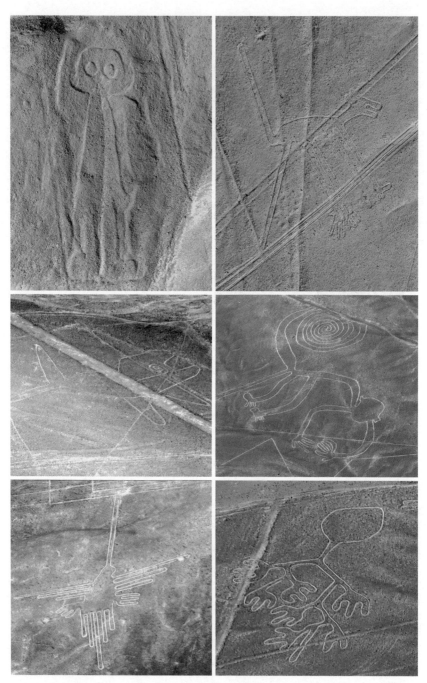

나스카 지상화 : 외계인, 개, 고래, 원숭이, 벌새, 해초(m.blog.naver.com)

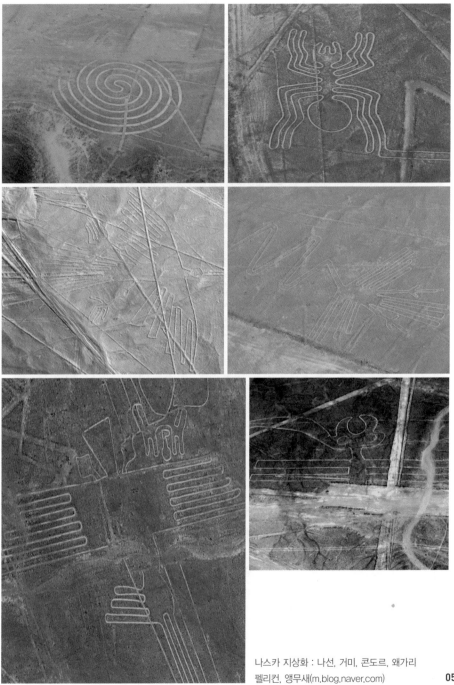

나스카 지상화 : 나선, 거미, 콘도르, 왜가리
펠리컨, 앵무새(m.blog.naver.com)

나스카 지상화 : 나무, 도마뱀, 도마뱀이 도로에 의해 끊겨 있다(m.blog.naver.com)

　지상화를 좀 더 가까이에서 자세히 보지 못하고 흔들리는 헬기 안에서 지나치듯 관람한 것이 다소 아쉽지만, 그 유명한 나스카 지상화를 직접 눈으로 확인한 것에 큰 의미를 두고 싶다. 투어가 끝나고 헬기에서 내리자 멀미에 대한 불평이 쏟아졌다. 40분 비행 시간이 너무 길고 헬기가 심하게 흔들려 지상화를 전혀 보지 못했다고도 한다. 그러나 어찌하겠는가? 다른 대안이 없어 보였다.

　나스카 지상화 투어를 마치니 점심때가 지나 근처에 있는 식당(El Porton)으로 갔다. 깔끔하고 분위기도 좋았다. 스테이크와 감자튀김을 곁들여 먹고 나니 오후 2시가 넘었다.

　다시 출발이다. 적어도 6시간 이상 리마까지 이동하는 일정이었다. 6시간을 예상하고 출발했으나 1시간 정도 지나자 교통체증이 시작되었다. 예상 시간의 절반인 3시간이 지난 오후 5시 휴게소에 도착했다.

거리로는 1/3 정도밖에 오지 못했다. 결국 5시간 이상을 더 달려 리마에 도착하니 밤 10시가 지나고 있었다. 오후 2시부터 8시간 이상 걸려 리마에 도착한 일행은 몹시 피곤해했고, 여기저기서 불평의 소리가 나오기 시작했다. 정말 고단한 하루였다.

힘든 여정 속에서도 힘이 나는 소식이 들려왔다. 이틀 전에 잃어버렸던, 그렇게 머리 아프게 했던 수화물이 오늘 숙박할 리마 호텔에 도착해 보관 중이라고 한다. 이 소식을 전하자 일행 모두 박수를 치고, 우리는 '이제 살았구나!'라는 탄성이 저절로 나왔다.

15일 아침 6시 리마에 도착한 이후 17일 밤 10시까지 꼬박 3일을 단벌 신사로 버텨왔다. 혹시 수화물이 다시 도중에 분실되면 어떡하나 하는 걱정이 머리를 떠나지 않았었다. 내일부터는 옷 걱정 없이 여행을 할수 있겠다는 생각이 들어 마음이 홀가분했다. 한 가지 다행스러웠던 점은 여행 일정이 이카 지역을 먼저 가고 리마에 다시 돌아오는 것이어서 리마에서 수화물을 받을 수 있었다는 사실이다. 만일 리마를 떠난 후 수화물이 도착했다면 어디서 수화물을 받아야 하는가 하는 문제가 더욱 어려웠을 것이다. 불행 중 다행이라는 말이 꼭 맞았다.

나스카에서 리마 호텔까지 일정은 밤 10시 20분이 되어서야 끝났다. 일행 모두 피곤한 가운데 도착한 호텔(Iberostar Selection Miraflores Hotel)은 5성급 현대식 건물로 깨끗하게 정돈되어 있고, 현관을 가득 메운 손님들도 품위가 있어 보였다. 또한 리마에서 부촌으로 알려진 미라플로레스 중심에 있었다.

호텔에 들어서자마자 수화물 도착 여부를 확인했다. 수화물 6개가 모두 안전하게 현관 한쪽에 잘 보관되어 있었다. 얼마나 기쁘던지!

미라플로레스에 있는 호텔(구글)

몸은 피곤했지만 그토록 속 썩이던 수화물 문제가 해결되어 기분이 좋았다. 체크인을 마치고 방으로 올라가 수화물을 풀었다. 정말 오늘만큼은 마음 편하게 달콤한 잠을 청할 수 있을 것 같다.

3 _ 다시 찾은 리마, 그리고 관광

 2월 18일, 남미에 온 지 4일째 되는 아침이다. 오늘은 9시부터 리마 시내 투어가 예정되어 있다. 어제 강행군을 했지만, 깨끗한 호텔에서 숙면한 덕택에 아침 일찍 잠이 깼고, 피로도 말끔하게 가신 듯했다. 아침 7시 1층 식당에서 식사를 하고, 9시까지는 1시간 이상 남아 아내와 함께 호텔 앞 도로를 걸어 해변으로 나갔다. 광활한 태평양이 한눈에 들어오고, 시원하게 확 트인 풍경이 눈앞에 펼쳐져 있었다.

 큰 도로를 건너 5분쯤 걸어가자 해안 절벽 위에 공원이 나타났다. 사랑공원(Parque del Amor)이다. 공원 가운데 이 공원의 랜드마크인 두 남녀가 포옹하고 키스하는 동상이 있어 사랑공원이라고 이름을 붙인 것 같다. 해안 쪽에 타일로 만든 벽은 가우디(Antoni Gaudi)의 곡선을 따온 듯하다. 스페인 바르셀로나에 있는 구엘공원을 떠오르게 한다.
 이 동상을 배경으로 기념사진을 찍고 미라플로레스 해변과 멀리 태평양을 배경으로도 몇 컷 찍었다. 이 모습을 보고 한 젊은이가 "굿!"이라고 외치면서 엄지척을 하더니 찍어 준다고 카메라를 달라는 신호를 보냈다. 아내가 "노!" 하니 그는 그대로 돌아갔다. 출국 전부터 사진을 찍어 준다고 핸드폰을 건네받은 후 가지고 도망치는 사람이 있다는 말을 들은 적이 있다. 핸드폰을 건네지 않은 것이 다행이지만, 그가 정말로 핸드폰을 노린 소매치기였는지는 잘 모르겠다. 그의 표정이

사랑공원의 랜드마크인 동상

친절하고 밝아 보였기 때문이다. 멀쩡한 남의 나라 사람 괜히 카메라 도둑으로 본 것은 아닐까 하는 생각이 들기도 했다.

　사랑공원 주변을 산책하고 돌아와 오늘 투어를 위해 버스에 올랐다. 버스는 오전 투어 예정지인 구시가지를 향해 출발했다. 페루 수도 리마는 구시가지인 센트로(Centro) 지역과 신시가지인 미라플로레스(Miraflores) 지역으로 나뉘는데, 오전에는 구시가지를 관광할 예정이다. 버스를 타고 30분 정도 지나자 고풍스러운 건축물들이 광장 주위를 둘러싸고 있는 모습이 보였다. 스페인, 이탈리아에서 보던 건물들과 유사해 유럽에 온 느낌이 들었다.

▲ 구엘공원을 닮은 벤치　▼ 사랑공원과 주변을 배경으로

리마 아르마스 광장

페루 대통령궁(구글)

센트로 지역은 1535년경 스페인 정복자 피사로(Francisco Pizarro)가 이곳 아르마스 광장(Plaza de Armas)을 중심으로 건설했다. 광장 주변에 대통령궁(Palacio de Gobierno), 대성당(Catedral), 몇 블록 떨어진 곳에 샌프란시스코 성당((Iglesia San Francisco) 등 스페인 정복기에 건설된 건축물이 그대로 남아 있다. 대통령궁 앞에서는 매일 근위병 교대식이 이루어지며, 이를 보기 위해서 많은 관광객이 몰려드는 장소로 알려져 있다.

하지만 최근 페루 대통령 탄핵에 따른 각종 시위와 계엄령 선포 등으로 정국이 불안하고, 특히 마추픽추(Machu Picchu)마저 한동안 폐쇄되면서 페루를 찾는 관광객이 급감하여 광장은 한산했다. 이번 주부터 마추픽추 여행이 재개되었지만, 아직도 아르마스 광장 주변은 썰렁하기만 했다.

아르마스 광장 주변 거리와 일행들

먼저 대통령 관저 앞에서 설명을 듣고 사진을 찍었다. 강한 햇볕이 내리쬐는 가운데 현지 가이드의 긴 설명을 들은 뒤 아르마스 광장에서 몇 블록을 걸어 샌프란시스코 성당에 도착했다. 성당 내부에는 수도원과 카타콤(Catacombs)이라는 지하무덤이 있었다. 수도원에서 '꾸이를 먹는 최후의 만찬' 등 그림과 고서, 초상화를 관람하고 카타콤으로 향했다.

카타콤은 선교사, 대주교, 부자 등 상류층들의 유골이 안장된 무덤이다. 당시 권력자 혹은 부자들은 죽어서도 천국에 가겠다는 목적으로 돈을 내고서 카타콤에 자기 시신을 묻어 달라고 요청했다는데, 지금 이곳에 2만 5천여 구의 유골이 묻혀 있다고 한다. 지하에는 좁은 미로를 따라 수많은 무덤과 인골이 진열되어 있었다. 옛날 성직자나 교인들의 무덤을 정비하여 관광 코스로 일반에게 유료로 개방하고 있다. 시신과 유골을 터부시하는 유교 문화권에서는 잘 이해되지 않는 문화 풍습이다.

12시쯤 구시가지 투어를 마치고 신시가지 호텔로 돌아오는 길에 인솔자가 "오늘 점심은 유명한 현지 횟집에 예약했다"면서 "원래는 예약이 되지 않는 집인데 특별 예약을 했다"고 생색을 냈다. 횟집이라는 말에 유명하다는 말도 싫고 생색을 내는 것도 듣기 싫었다. 회를 먹지 못하는 내 식성 때문이다.

사랑공원을 둘러본 후 점심을 먹고 신시가지 투어를 진행할 예정이라고 한다. 나는 아침에 사랑공원에 갔었고 신시가지 라르꼬마르(Larcomar) 쇼핑몰도 페루에 온 첫날 갔었기 때문에 신시가지 투어는 생략하기로 했다. 사랑공원 앞에서 일행과 헤어져 혼자 호텔로 돌아와 점심은 컵라면으로 때우고 쉬기로 마음먹었다.

▲ 샌프란시스코 성당 외부와 수도원 내부(구글)
▼ 카타콤에 안치된 유골(구글)

    호텔 계산대 옆 식당에서 맥주를 한 병 사가지고 방에 들어와 한국에서 가져온 컵라면으로 점심을 해결했다. 전날 수화물을 찾았기 때문에 컵라면을 먹을 수 있어서 다행이었다. 한가로이 호텔방에 누워 두어 시간을 보낸 후 커튼을 여니 아직 밖은 햇볕이 쨍쨍했다. 일행들이 돌아오길 기다리며, 멍을 때리며 시간을 보냈다.

5시쯤 오후 투어를 끝내고 아내가 방으로 들어왔다. 저녁은 한국 유튜브에서 찾은 판치타(Panchita)라는 식당에 가기로 했다. 리마에서 매우 인기가 있지만 다소 비싼 대중음식점으로 소개되어 있다. 부산 부부가 함께 가고 싶다고 해 같이 가기로 했다. 작은애는 가지 않겠다고 해서 빠지고, 우리 부부, 부산 부부, 큰애 다섯 명이 호텔을 나와 도로 몇 개를 가로질러 판치타 식당에 도착했다.

실내장식과 테이블 배치 등은 전통 유럽 식당을 연상케 했다. 식사 중인 손님들도 고급스러워 보였다. 다만, 옆 테이블에서 생일파티를 하는지 좀 시끄러웠다. 영어가 가능한 종업원이 오자 큰애가 소고기, 닭고기 등 5인분을 넉넉히 주문했다. 맥주도 5병이나 시켰다. 주문한 지 20~30분쯤 지나 여러 가지 모듬요리가 나왔다. 기대했던 것보다 맛있었다. 다섯 사람은 모두 허겁지겁 요리를 먹었다. 남미에 온 후 처음으로 맛있는 식사를 한 것 같다. 부산 남편과 건배를 거듭하다가 맥주를 10병이나 마셨다.

이때 부산 부부와 함께 30년 전 부산에서의 신혼생활 추억담을 나누었다. 부산 부부와 나이도 비슷하고, 비슷한 취향에 대화 수준도 맞아 앞으로 남은 여행 동안 친하게 지낼 수 있기를 기대했다. 하지만 그건 희망으로만 끝나고 여행 내내 더 친해질 기회는 없었다. 아쉬움이 남는 대목이었다.

식사 비용은 인원수에 맞게 나눠서 내고 호텔로 돌아오는 길에 잠시 스타벅스에 들러 커피를 마셨다. 아직 술기운이 남아서 그런지 커피를

판치타 식당에서

마시면서 잠시 한국의 커피숍에 앉아 있다는 착각이 들기도 했다. 여기서도 부산 부부와 소소한 잡담을 나눴다.

호텔에 돌아오니 8시가 조금 넘었다. 내일은 쿠스코행 비행기를 타기 위해 호텔에서 7시 30분 출발 예정이다. 그전에 아침 식사를 마쳐야 하니 일찍 자야 할 것 같다.

4 _ 잉카의 옛 수도, 쿠스코

쿠스코의 역사 지구를 방문하다

2월 19일 새벽 4시쯤 눈을 떴다. 2시간 더 뒤척이다가 식당에 내려가 아침을 먹고 짐을 챙겼다. 쿠스코행 항공권은 일반석이어서 수화물 허용 중량이 23kg 이하다. 7시 30분 호텔을 출발하여 리마 공항에 도착하니 8시가 조금 지났다. 4일 전 15일 아침 한국에서 처음 남미에 도착하여 수화물 때문에 속을 썩였던 바로 그 공항이다. 이것도 인연이라고 왠지 낯설지 않았다. 며칠 전 근처 호텔에 숙박하면서 공항식당에 드나들던 기억이 떠오르면서 오래전부터 알던 장소 같은 느낌이 들었다.

쿠스코행 비행기가 10시 30분 출발 예정이어서 2시간 30분 정도 여유가 있었다. 남미는 절차가 늦고 이중으로 예약되는 경우가 많아 국내선도 최소 3시간의 여유를 갖고 탑승 절차를 거쳐야 안심이 된다고 한다. 일행은 발권과 수화물 발송, 그리고 보안 검색을 마치고 2시간 이상 공항 안에서 기다렸다. 공항은 사람들로 어수선했다.

10시 넘어 쿠스코행 비행기에 올랐다. 좌석은 비좁고 게다가 승객들이 짐을 가지고 탑승하는 바람에 선반이 부족해 여기저기 빈 곳을 찾아야만 했다. 남미 승객들은 대부분 짐이 많은데, 위탁 수화물 중

쿠스코 공항(구글)

허용한도 초과 부분에 대해서는 별도 요금을 받기 때문에 이를 피하려고 짐을 많이 가지고 탄다고 한다. 남미 여행 내내 긴 대기시간, 짐을 둘러싼 자리싸움, 비좁은 이코노미석의 불편함은 계속되었다.

리마를 떠난 비행기는 11시 50분쯤 쿠스코 공항에 도착했다. 쿠스코 공항(Aeropuerto Alejandro Velasco Astete)은 역사 지구(Centro Histórico)에서 남동쪽으로 6km 정도 떨어져 있다. 공항 도착 절차와 수화물 픽업을 마치고 공항을 나와 버스에 올랐다. 버스는 30분 정도 달려 쿠스코 아르마스 광장에 우리를 내려놓았다.

광장은 울긋불긋 페루 고유 복장을 한 사람들로 인산인해였다. 아이들은 물총과 버블스프레이를 쏘아대며 즐겁게 뛰어놀았다. 어른들도 광장을 꽉 메우고 혼잡스럽게 오고갔다. 광장 전체가 축제 분위기였다. 무슨 축제인지는 몰라도 옛 잉카 수도인 쿠스코에서 잉카의 후예들이 축제를 벌이는 모습은 자연스럽게 잉카인의 생활 속으로 우리를 인도했다. 일행은 광장을 벗어나 옛 잉카인들의 삶을 음미하며 옛 골목길을 20분 정도 걸었다. 언덕을 오를 때 숨이 답답하고 피로감이 느껴지는 등 고산증세가 나타나기 시작했다.

아르마스 광장. 축제 인파로 광장이 가득차 있다

1시쯤 점심을 먹으러 광장 바로 옆에 있는 모레나(Morena Peruvian Kitchen) 식당으로 향했다. 분위기가 깨끗하고 정갈했다. 리조또와 해산물, 햄버거를 주문했다. 페루 퓨전 음식점이지만 음식이 입맛에 잘 맞았다. 일행 모두 음식 맛이 좋다고 한마디씩 했다.

식당 위치가 아르마스 광장 바로 옆 2층이어서 광장 쪽으로 얼굴을 돌리자 광장이 한눈에 내려다보였다. 축제로 분주한 아르마스 광장 전경을 카메라에 담았다. 여행 중에 나는 분위기만 느끼고 사진은 찍지 않기로 마음먹었었다. 사진은 나중에 아들과 아내의 사진을 보면 된다는 생각이었는데, 여기서 처음 직접 찍었다. 식당은 음식 맛도 좋고, 분위기도 깨끗하고, 종업원도 친절했다. 다만, 다른 팀 일행 여성

▲ 쿠스코 광장 주변 골목길 ▼ 광장 근처 모레나 식당

세 분이 나중에 식당에 들어왔는데, 남긴 음식 접시를 들고 다니면서 종업원에게 음식 주문을 하는 바람에 분위기에 찬물을 끼얹었다. '옥에 티'라고나 할까?!

점심을 먹으면서 고산증을 대비해 일부는 한국에서 조제해 온 약을 먹기도 했는데, 아르마스 광장 투어 중 고산증에 대한 우려가 현실로 나타났다. 전주에서 온 부인이 고산증세로 구토를 하고, 노원에서 온 남편은 리마에서 먹은 세비체 음식이 소화가 안 돼 힘들어했다. 작은애도 머리가 많이 아프다면서 전주 부인과 함께 투어를 중단하고

로레토 거리 12각 돌과 설명을 듣고 있는 일행들

예약된 숙소 우르밤바(Urbamba) 강변의 호텔로 먼저 출발했다. 다행히 차량 두 대로 투어를 시작했기 때문에 한 대에 짐과 두 사람을 싣고 호텔로 먼저 출발할 수 있었다. 나머지 일행은 고산증세를 참아가며 쿠스코 시내를 관광했다.

우선 광장 사이로 보이는 좁은 골목길, 로레토 거리(Calle Loreto)로

▲ 퓨마상 실제 석벽과 설명 화보 ▼ 인근 석벽을 둘러보면서

우리를 안내했다. 골목으로 들어서면서 마치 잉카시대로 돌아간 듯한 착각에 빠져들었다. 골목 양쪽으로 들어선 잉카시대의 석벽, 섬세한 자갈 바닥, 그리고 전통의상을 입은 원주민들이 걷고 있는 이 거리에는 특별한 볼거리가 숨어 있다.

잉카제국의 위대한 석조기술을 엿볼 수 있는 골목 안을 잠시 서성이자, 곧 축대 가운데 그 유명한 12각 돌이 눈에 들어왔다. 촘촘하고 정교하게 잘 맞춰져 있어 바늘 하나도 들어가지 않을 정도로 바위 모서리를 갈아 쌓아올린 듯했다. 12각 돌은 잉카인들의 돌 가공문화를 엿볼 수 있는 좋은 이정표란 생각이 들었다. 그뿐만 아니라 성벽을

071

기념품 가게와 어린 쿠스코 소녀

둘러싼 석축 기술은 현대 기술에 비춰 보아 전혀 뒤지지 않을 정도로
훌륭했다.

 골목을 지나 기념품 가게에 가까워지자 뜻밖의 친숙한 소리가 들려
왔다. "언니, 싸게 줄게 사세요. 선물이에요. 이따가 꼭 오세요." 페루
현지인 기념품 가게 주인이었다. 한국인들이 많이 오는지 유창한 한
국어로 호객행위를 하고 있었다. 그러면서 작은 선물까지 서비스라며
건넸다. 바가지를 쓰지 않을까 우려했지만, 나중에 시간이 되면 들러
야지 하고 그냥 지나쳤다. 돌이켜보면 공짜로 서비스까지 받았고 필요
한 물건도 있었는데, 다시 갈 기회가 없어 아쉬웠다.
 로레토 거리를 지나 코리칸차를 찾아가는 길에 예쁜 페루 전통옷
을 입은 어린 아가씨를 만났다. 알록달록한 모자, 색동저고리, 아래
로 넓게 퍼지는 치마, 속바지까지 전통옷을 갖춰 입었다. 우리를 보자
수줍은 표정을 지으면서도 호기심 어린 눈으로 바라보았다. 볼수록

예쁘고 귀여운 모습이 지금도 눈에 선하다.

    다음에 찾은 곳은 코리칸차(Qorikancha)다. 본래 이곳은 잉카의 태양신을 모시는 신전이었는데, 스페인 군인들이 헐어 버리고 산토도밍고 성당(Iglesia de Santo Domingo)을 지었다. 그 후 성당 옆에 박물관을 지어 잉카시대의 유적을 잘 보존하고 있는데, 이곳이 코리칸차 박물관(Museo de Sitio del Qorikancha)이다. 현지 가이드가 각방을 돌면서 잉카시대의 문화와 유적에 대해서 자세히 설명해 주었다.

    옛날 잉카인들은 코리칸차 방 하나에 금을 가득 채우면 체포된 그들의 왕을 풀어주겠다는 스페인군의 약속을 믿고 방에 금을 가득 채웠다고 한다. 그러나 약속은 이행되지 않았고, 금만 스페인으로 반출되고 말았다는 얘기가 가슴을 아프게 했다. 나라 잃은 순박한 원주민들의 왕에 대한 충성심과 당시 유럽 식민지 정복자들의 무정함이 대비되는 대목이다. 스페인은 자국의 이익을 위해 수단과 방법을 가리지 않고 금을 강탈하고, 종국에는 코리칸차의 건축재료로 쓰였던 금장식마저도 가져갔다고 한다. 이런 금 반출로 훗날 유럽에 인플레이션이 유발되었다고 하니, 얼마나 많은 금이 유럽으로 유입되었는지 짐작이 된다.

    유서 깊은 전설을 품은 코리칸차의 유적지를 돌아보는데 정신 집중이 잘 안 되었다. 고산증 때문이었다. 무기력했다. 머리가 띵했다. 소화도 잘 되지 않았다. 점심을 먹고 두 번이나 화장실에 다녀왔는데도 시원하지 않았다. 다른 사람들도 약간의 차이는 있으나 증세는 비슷했다. 그러니 일행 모두 코리칸차 설명에 집중하기가 어려웠다. 빨리 관광을 마치고 돌아갈 시간만 기다리는 상황이었다.

    오후 4시쯤 코리칸차 투어가 끝나자 밖에 비가 내리기 시작했다.

코리칸차 정문, 수도원(구글), 그리고 휴식하는 모습

쿠스코는 하루에 한두 차례 꼭 비가 내린다고 한다. 오전에 그리 맑던 하늘에 먹구름이 끼고 비가 내리는 것이 신기했다. 빠른 걸음으로 버스에 올라 숙소인 우르밤바 호텔을 향해 출발했다. 호텔로 가는 길은 좁고 사막길의 연속이었다. 오늘 새벽 리마를 출발, 비행기를 타고 쿠스코에 도착해서 내내 고산증에 시달리며 관광했다.

투어를 마친 일행들은 달리는 버스 안에서 모두 피로감을 느끼며 힘들어했다. 길도 비포장도로여서 많이 흔들리고 버스 좌석도 비좁아 불편했다. 1시간 30분 정도를 달리니 큰 도로에서 갈라진 좁은 사막

강변에 있는 성스런 숙박호텔(blog 해파랑)

길로 들어섰다. 그 길을 10분쯤 돌고 돌아 나오니 시원스럽게 흐르는 우르밤바 강변에 예쁜 호텔이 눈에 들어왔다.

호텔(Taypikala Valle Sagrado Deluxe)에는 고산증이 심해 먼저 온 전주 부인과 작은애가 기다리고 있었다. 호텔 주변은 아늑하고 경치도 좋았다. 지대가 낮아서 그런지 고산병도 거의 느껴지지 않았다. 이곳은 여름이고 아직 6시도 채 안 되어 저녁 시간에 여유가 있었다. 그러나 쿠스코에서 고산증으로 고생했고 이곳으로 오는 버스가 너무 불편했기 때문에 일행 대부분이 방에서 나오지 않았다. 모두 간단히 저녁을 해결하고 쉬는 듯했다.

우리 가족도 체크인 후 짐을 풀고 일찍 잠자리에 들기로 했다. 호텔 주변에 마땅한 식당도 없는 외진 지역이어서 외식은 어렵다고 한다. 호텔 식당에서 먹을 수도 있지만, 한국에서 가져온 라면과 햇반, 그리고 청국장으로 저녁을 때웠다. 저녁을 먹고 나니 8시가 조금 지났다. 아직 초저녁인데도 피로가 몰려오면서 저절로 눈이 감겼다.

잉카인의 공중도시 마추픽추에 오르다

2월 20일 오늘은 잉카의 전설이 살아 있는 마추픽추(Machu Picchu)를 방문하는 역사적인 날이다. 페루 관광객 중 80~90%는 이곳을 보기 위해 온다. 우리도 마추픽추에 가기 위해 페루에 왔다. 그런데 남미에 오기 전부터 문제가 있었다. 지난해 12월 페루 대통령이 의회에서 탄핵이 이루어지고, 이에 반대하는 시위가 전국으로 확산되어 국가비상사태가 선포되기에 이른 것이다. 그 여파로 마추픽추 관광객들이 한동안 고립되었다가 사태가 진정되면서 풀리기를 반복했다.

이즈음 한 여행사에서 올해 남미 여행은 어려울 것이란 연락이 왔다. 곧 미주여행사들도 남미 패키지상품을 취소했다는 신문기사가 났다. 다만, 예약한 여행사는 일정을 그대로 소화하고 있다고 한다. 이 여행사도 페루사태가 걱정은 되지만, 여행 출발일이 두 달도 남지 않은 상황에서 사태 추이를 지켜볼 수밖에 달리 방법이 없다는 얘기였다. 남은 기간 사태가 진정되기를 고대하며 운에 맡기는 수밖에 없었다.

가슴 졸이며 지켜보던 중 최악의 상황은 1월 21일에 터졌다. 페루 문화부에서 사회적 상황과 방문객의 안전을 위해 역사적인 잉카유적 폐쇄를 명령했다고 발표한 것이다. 출발이 채 한 달도 남지 않았는데 이번 여행에서 마추픽추 관광은 포기하라는 의미로 다가왔다. 더 문제는 최초 여행지인 페루 입국조차 장담할 수 없는 상황이었다. 점차 시간이 흐르면서 사태가 다소 진정되어 페루 입국은 가능할 듯했으나, 출국 이틀 전 주말(2월 12일)까지도 마추픽추 여행은 불가능한 것으로 보였다.

그런데 출국하기 하루 전인 2월 13일 극적으로 상황이 바뀌었다.

오얀타이탐보 역 앞 풍경과 순찰하는 페루 군인

'금주 월요일부터 마추픽추 관광을 재개장한다'는 소식이 여행사로부터 왔다. 우리 가족은 2월 15일 페루에 입국하여 수화물 분실로 고초를 겪은 후 와카치나, 나스카, 리마 등 5일간의 일정을 마치고 오늘 드디어 마추픽추에 가게 된 것이다. 우여곡절 끝에 이루어진 마추픽추 여행이 현실로 이루어진 날이니 감회가 남다를 수밖에 없었다.

아침 6시 40분, 호텔에서 버스를 타고 마추픽추를 향해 출발했다. 40분 정도 지나 기차로 갈아타기 위해 오얀타이탐보(Ollantaytambo) 역에 내렸다. 여기는 내일 다시 올 거니까 오늘은 그냥 지나쳐 가도 된다고 한다. 마추픽추로 가는 기차 플랫폼에는 아직도 시위에 대비해 군인들이 삼삼오오 떼를 지어 이동하고 있었다.

7시 50분쯤 기차에 올랐다. 이 기차는 페루 레일(Peru Rail)로 주로 서민들이 타는 잉카 레일(Inka Rail)보다 한 단계 위다. 그 윗 단계는 고급 열차 하이럼 빙엄 열차(Hiram Bignham Rail)다. 기차 안은 깨끗하고

　페루 레일 안에서

역 대합실에서 잠시 기다리면서

분위기도 쾌적했다. 유리천장을 통해 청명한 하늘을 볼 수 있어 참
좋았다. 이 기차는 8시 10분 마추픽추를 향해 출발했다.

차창 밖 건너편으로 보이는 황량한 사막 모습과 그 사이를 흐르는
우르밤바강의 시원한 물소리가 묘한 대조를 이루었다. 맨 앞 좌석에서
는 우리나라 옛날 홍익회 직원들이 삶은 계란과 간식을 팔던 것처럼
종업원이 맥주와 음료수를 팔고 있었다. 아들과 아내의 만류를 뿌리
치고 맥주 한 병을 주문했다. 아뿔싸! 여기도 고산지대인가? 맥주병
을 열자 거품이 넘쳐흘러 몇 모금 마시기도 어려웠다. 고산증세 때문
에 술은 마시지 않는 것이 좋다는데, 오히려 잘되었다고 생각했다. 기
차는 약 1시간 20분을 달려 중간역에 잠시 정차한 후 9시 30분 작은
마을 역에 도착했다.

이 작은 마을은 마추픽추 입구에 있는 아구아스 칼리엔테스(Aguas
Calientes)다. 버스를 타고 마추픽추에 갈 수 있는 유일한 장소여서 **079**

아구아스 칼리엔테스 마을(구글)

항상 많은 관광객으로 붐비고 물가도 꽤 비싼 곳이다. 마을 중앙으로 좁은 개천이 급한 경사를 이루면서 흐르고 좌우로 작은 마을이 형성되어 있다. 마을 대부분은 기념품 가게와 호텔, 식당 등으로 이루어져 관광 수입에 크게 의존해 살고 있다.

얼마 전 페루 정부가 마추픽추까지 폐쇄하고 관광객 출입을 막았으니 이곳 주민들의 생활이 어떠했을지 짐작이 간다. 관광 수입이 끊긴 주민들의 불평불만이 커지면서 페루 정부도 어쩔 수 없이 마추픽추 관광을 재개했을 것이다. 그래서 오늘 마추픽추 여행이 가능해지고 지금 여기에 와 있게 되었다. 하지만 마을 주변과 상가들은 예상외로 한산했다. 지난주부터 문을 열었으나 관광객이 예전보다 훨씬 줄었기 때문이다. 그들에게는 불행한 일이었으나 우린 혼잡하지 않아서 다행이란 생각이 들었다.

일행은 기차역을 빠져나와 기념품 가게가 즐비한 시장통을 통과해 마을 광장으로 갔다. 작은 마을 광장 중앙에 돌칼을 든 용사의 동상이 우뚝 서 있다. 이는 잉카(Inka) 9대 왕 파차쿠티(Pacha Kutea)로 페루, 볼리비아, 칠레에 이르는 거대 잉카제국을 건설한 전설적인 인물이다. 마추픽추 유적지를 돌아보는 동안 현지 가이드의 설명에서 빠지지 않고 등장하는 이름이 '파차쿠티'였다. 그는 페루인의 영원한 우상이자 자존심으로 그들의 가슴에 간직되어 있는 듯하다. 현지 가이드 요르단(Jordan)이 아주 성실하게 역사를 설명해 줘 퍽 인상적이었다. 파차쿠티 동상 앞에서 개인과 단체사진을 찍고 마추픽추행 버스정류장으로 발길을 옮겼다.

셔틀버스는 5~10분 간격으로 출발한다. 일행은 10시 셔틀버스를 타고 가파른 바위산을 나선형 도로를 따라 돌고 돌아 20분 후 마추픽추

입구에 도착했다. 정상에 오르면서 내려다본 산 아래 풍경과 멀리 병풍처럼 보이는 가파른 산세가 조화를 이뤄 한 폭의 산수화처럼 느껴졌다. 실로 보기 어려운 장관이었다.

버스에서 내려 좁은 돌길을 따라 10분쯤 오르자 평평한 전망대가 나왔다. 거친 호흡을 몰아쉬면서 전방을 응시하자 고대하던 마추픽추 전경이 눈앞에 한 폭의 그림으로 다가왔다. 깎아질 듯 가파른 산 정상에 어떻게 저런 풍경을 만들어 냈을까? 그림이라면 가능하겠지만, 저렇게 돌을 깎고 갈아서 도시를 축조하는 것이 과연 가능한가? 잉카제국 당시에 기중기나 건설기계도 변변찮았을 텐데, 그때 건설된 마추픽추를 보면 당시 잉카인들의 돌을 다루는 솜씨가 얼마나 우수했는지 짐작이 간다.

전망대에서 바라본 마추픽추 뒤편에는 와이나픽추(Huayna Picchu)라는 좀 더 높고 가파른 산봉우리가 있다. 와이나픽추는 '젊은 봉우리'란 뜻으로 해발 2,700m다. 그곳에 올라서 내려다보는 마추픽추 모습은 탄성이 절로 나올 만큼 아름답다고 한다. 하지만 2시간 이상의 등산과 아슬아슬한 위험을 감수해야 하므로 산악전문인들이나 오를 수 있다. 그래서 우리 일정에는 와이나픽추 관광이 빠져 있다.

일행은 전망대 부근에서 개인, 가족, 단체사진을 찍었다. 여행에서 남는 것은 사진밖에 없다면서. 나는 직접 사진을 찍지 않고 다른 사람이 찍은 사진을 받아서 보관하는 것이 습관이 되었다. 이번에도 아내나 두 아들이 찍은 것을 받아서 보관하기로 마음먹었기 때문에 셔터를 누를 필요가 없었다.

◀ 마을 중앙광장에 있는 잉카의 9대 왕 파차쿠티 동상 앞에서

▲ 마추픽추에 오르면서 본 풍경(구글)

▶ 마추픽추 입장문(구글)

▼ 입구 계단을 오르니 망지기 전망대가 보인다

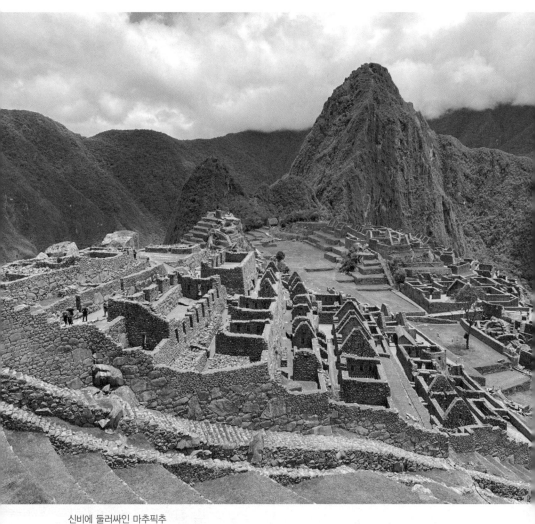

신비에 둘러싸인 마추픽추

    여행사에서 준비해 온 잉카 복장을 걸치고 잉카인을 흉내 내는 포즈를 취해 봤다. 아내와 함께 두 팔을 올린 뒷모습을 담았는데, 와이나픽추와 마추픽추 배경과 어울리는 잉카인의 뒷모습이 그럴듯하다. 일행들도 잉카 복장을 하고 마추픽추를 배경으로 다양한 포즈를 취했다. 그리고 단체사진도 몇 컷 남겼다.

▲ 전망대 입구에서 ▼ 잉카 복장을 입은 뒷모습

마추픽추 전망대에서 촬영한 가족사진과 단체사진

마추픽추 전경이 보이는 돌담에서

마추픽추 전망대 좌측 계단 위쪽에 망지기 전망대(Recinto del Guardian)가 있다. 이 전망대보다 높은 데 있어 마추픽추와 와이나픽추의 멋진 경관을 내려다볼 수 있는 곳이다. 그런데 현재는 위쪽으로 연결된 등산로를 걸어 올라온 여행객에게만 개방되어 있다. 버스를 타고 전망대를 찾은 관광객이 갈 수 있는 통로를 차단한 것이다. 할 수 없이 그곳은 포기하고 좁은 돌담길을 따라 유적지를 돌아보았다.

전망대에서 아래로 이어진 계단을 내려오니 마추픽추 전경이 좀 더 가까이 보였다. 계단 앞에서 일행들이 사진을 찍었다. 계단 우측으로는 높이 2m 정도로 돌을 쌓은 계단식 녹지가 층층이 조성되어 있어 계단식 밭과 비슷했다. 큰애가 계단 우측에 걸터앉아 포즈를 취하는데 아무래도 위험해 보였다.

이어서 아내도 걸터앉았다. 사진을 찍기 위해 핸드폰 카메라를 앞으로 내미는 순간 핸드폰을 놓치고 말았다. 아내는 무심코 밑으로

후방(서쪽)의 가파른 모습

내려가는 자세를 취했다. 깜짝 놀란 인솔자가 잡아끌었다. 아찔한 순간은 면했지만, 아래로 내려가지도 못하고 핸드폰은 찾아야 하고 답답한 상황이 되었다. 이제까지 찍은 사진이 모두 거기에 보관되어 있어 문제가 심각했다. 다행히 저만치 아래 단에서 녹지를 정리하고 있는 관리인이 보였다. 현지 가이드를 통해 연락을 취하니 그가 다가와서 핸드폰을 집어 올려 주었다. 단순한 해프닝으로 끝났지만 긴 여행 기간에 소홀해지기 쉬운 안전의식에 대한 경각심을 심어 준 사건이었다.

해프닝을 뒤로하고 뒤쪽 위로 난 돌계단을 다시 올랐다. 마추픽추 뒤편 절벽 위에 올라 발아래를 내려다보니, 바위를 깎아서 세운 것처럼 매우 가팔랐다. 늘 마추픽추 전방 동쪽 사진만 보아 왔기에 가파른 후방 서쪽 경치는 또 다른 느낌으로 다가왔다.

안쪽으로 들어가자 좀 넓은 공터가 나왔다. 여기서 현지 가이드 요르단은 사진첩까지 준비해 와 한 장씩 한 장씩 넘겨 가면서 마추픽추 발견 과정을 설명했다. 그의 설명에 의하면 1900년대 초 근처 산 아래 한 마을에 부자(父子)가 살고 있었는데, 예일대 교수 하이럼 빙엄(Hiram Bingham)이 잉카유적을 탐사하던 중 그 마을에 살던 꼬마한테서 산꼭대기에 옛날 도시유적이 있다는 말을 듣게 되었다. 1911년 하이럼 교수는 그 말에 힌트를 얻어 꼬마를 앞세우고 산 정상에 올라 마추픽추를 발견하게 됐다고 한다.

옛 잉카인들은 돌을 산 위로 옮겨 신전과 집을 만들고, 수로와 계단식 밭과 배수시설, 무덤까지도 완벽하게 만들었다. 무슨 이유로 이 도시를 건설하게 되었는지 정확한 설명이 어렵고 단지 실재만이 원형대로 보존되어 있을 뿐이다. 혹자에 따라서 스페인 침략이 있은 후 스페인군에 쫓기던 잉카인이 건설한 최후의 도시였다는 설과 종교적 목적의 도시였다는 설 등 다양한 이야기가 전해져 오고 있다.

나 나름대로는 잉카인들의 신전으로 건립된 것이 아닌가 추측해 본다. 원시인들에게 왕의 권위는 모두 신으로부터 부여받았기 때문에 왕으로서는 신을 모시는 것이 권력 유지의 핵심이라고 생각했을 것이다. 마추픽추도 잉카 왕과 잉카인들이 신을 모시는 신전 역할을 하는 동시에 잉카 왕에게 권위를 부여하는 상징적 역할을 했으리란 생각이다. 당시 잉카인들에게 절대적이고 신비로운 힘을 지닌 태양신을 모시는 신전을 짓는 데 어떤 희생도 감수하면서 건설한 도시가 바로 마추픽추가 아닐까 추정해 본다.

가이드의 안내에 따라 돌계단을 잠시 내려온 후 돌로 만든 정문을 통해 마추픽추로 입장했다. 유적지를 돌면서 현지 가이드의 설명이 이어졌다. 세 개의 신전이 모여 있는 '신성한 광장과 세 창문의 신전',

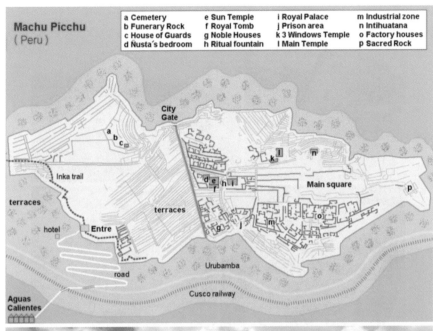

Machu Picchu
(Peru)

a Cemetery	e Sun Temple	i Royal Palace	m Industrial zone
b Funerary Rock	f Royal Tomb	j Prison area	n Intihuatana
c House of Guards	g Noble Houses	k 3 Windows Temple	o Factory houses
d Nusta´s bedroom	h Ritual fountain	l Main Temple	p Sacred Rock

City Gate

Inka trail

terraces

hotel

Entre

terraces

Main square

road

Urubamba

Aguas Calientes

Cusco railway

마추픽추 안내도와 정문을 통해 입장하는 모습

▲ 망지기의 집과 제례용 바위(구글)　▼ 왕궁, 왕녀의 집과 태양의 신전(구글)

기둥 그림자를 이용한 '해시계 인티와타나', 북쪽 끝에 자리 잡고 있는 거대한 '성스러운 바위', 마추픽추의 중앙광장인 '대광장(Plaza Principal)', 유일하게 2층으로 설계된 '왕녀의 궁전(Aposento del la Nusta)', 자연석 위에 탑 형태로 쌓아 올린 '태양의 신전', 천연석으로 이루어진 '콘도르의 신전' 외에도 귀족들과 서민들의 주거지, 채석장, 수로, 계단식 밭 등에 대한 설명을 들었다.

▶ 마추픽추 유적들 : 능묘, 콘도르의 신전, 거주지, 신성한 광장과 세 창문의 신전, 성스런 바위, 해시계 인티와타나(구글)

마추픽추 유물에 대해 가이드가 1시간쯤 설명한 내용을 토대로 각종 자료를 더해 정리해 본다.

먼저 '신성한 광장(Plaza Sagrada)'에는 신전들이 모여 있으며 의식이 진행되던 장소다. 정교한 석조기술이 한눈에 들어오는 건축물로, 특히 하지나 동지 때 창문을 통해 정확하게 햇빛이 들게 설계되어 있어 천문학적 기능까지 갖춘 것으로 보인다. 광장 동쪽에는 세 창문의 신전, 남쪽에는 제사장의 집이 있다.

'태양의 신전((El Templo del Sol)'은 자연석 위에 탑 형태로 정교하게 쌓아 올린 유명한 석벽이다. 잉카제국의 새해인 6월 21일에 열리는 태양 축제일에 태양빛이 신전 중앙 창문으로 들어오게 설계되었다고 한다. 태양의 신전 아래에는 왕의 무덤인 능묘가 있다.

'콘도르의 신전(Templo del Condor)'은 말 그대로 콘도르(독수리) 모양의 신전이다. 자연석과 잉카인의 석조기술을 조합하여 날개를 편 콘도르의 형상을 만들었다. 돌바닥에는 콘도르의 머리와 부리를 새겨 넣었고, 이를 중심으로 양편에 거대한 콘도르가 날개를 편 형상을 조각하여 세웠다. 신전 밑 지하에는 좁은 통로가 있는데 감옥으로 사용했다는 설이 있다. 고고학자들은 콘도르 신전에서 산 사람을 신에게 제물로 바치는 제사의식이 행해졌다는 추정을 하기도 한다.

'성스러운 바위(Roca Sagrada)'는 마추픽추 북쪽 끝 와이나픽추로 가는 기슭에 있는 높이 3m, 폭 6m의 거대한 바위다. 신기하게도 뒤로 보이는 산맥의 윤곽과 비슷해 보인다. 지금도 많은 여행객이 성스러운 바위의 기를 받고자 양손을 바위에 대고 기원을 한다.

이외에도 마추픽추의 생활상으로 흥미로운 점은 주거지, 해시계, 수로, 그리고 계단식 밭이다. 고대 잉카인들은 계급사회에서 살았던 모습이 여기서도 엿보인다. 왕과 귀족들이 주로 햇볕이 잘 드는 남쪽

계단식 밭과 수로(구글)

에 거주(Las Tres Portadas)했고, 서민들은 북쪽에 거주했다. 왕과 귀족 그리고 신들을 모셨던 곳은 정교하고 고르게 돌을 쌓아 올린 주거지인 데 반해, 서민들의 주거지는 돌의 짜임새가 고르지 않고 엉성하게 쌓아져 있다.

'해시계 인티와타나(Intihuatana)'는 마추픽추 유적지 중 가장 높은 곳에 있다. 중앙부가 돌출되어 있어 기둥 그림자를 통해 잉카인들은 이를 해시계로 이용했다.

또 잉카인들은 높은 산에서 물을 사용하기 위해 수로(Fuenter)를 만들었다. 물이 자연스럽게 흐를 수 있도록 돌을 깎아서 홈을 만들어 물길을 정비했으며, 수로 마지막에는 흘러내린 물이 고이도록 공간을 만들어 그 물을 다시 쓸 수 있게 설계했다.

'계단식 밭(Zona Agricola)'은 마추픽추 동쪽 1/3 이상과 서쪽 일부를 차지하는 지역이다. 1.5~2m의 돌을 쌓아 만든 계단 위에 있는 밭으로,

평지가 없는 지형 조건을 극복한 잉카인들의 지혜가 엿보인다. 그들은 이곳에 고산기후 조건에 적합한 옥수수, 감자, 코카 등을 재배한 것으로 전해진다.

요르단이 전반부를 설명하고 동행한 다른 가이드가 이어서 열심히 설명했다. 두 명 모두 설명 내용도 깊이가 있었다. 하지만 무덥고 햇볕이 강해 관람 시간이 길어지면서 설명이 지루하게 느껴졌다. 일행들이 피로감을 호소했다. 마추픽추가 쿠스코의 다른 지역에 비해 아주 높지는 않지만 2,280m 고산지역이기 때문이다.

한두 사람씩 대열에서 벗어나더니 나중엔 대부분 설명에 귀를 기울이지 않고 그늘을 찾아 쉬고 있었다. 특히 성스러운 바위를 설명할 때는 두세 사람만 가이드의 설명을 들었다. 지루하긴 했지만 가이드 요르단의 성실함과 깊이 있는 설명은 인상적이었다. 그는 일행들이 집중하지 않아도 본인이 준비한 설명을 다 하는 것이 기본 임무라고 생각하는 듯했다. 미안한 생각이 들기도 했다.

요르단 대신 다른 가이드가 설명을 이어갈 때 우리 가족은 요르단과 마추픽추의 역사 등에 관해 여러 대화를 주고받았다. 아내와 큰애는 요르단에게 상당히 호의적이었다. 요르단이 내려오면서 가족사진도 찍어 주었다. 나중에 리마를 떠나면서 리마 공항 앞에서 함께 기념사진도 찍었다. 그 뒤로도 아내와 큰애는 요르단 얘기를 하곤 했다. 성실하고 귀여운 모습이 기억에 많이 남은 모양이다.

2시간 30분에 걸친 유적지 관람을 마치고 돌계단을 내려오자 계단식 밭에서 라마 몇 마리가 한가로이 풀을 뜯고 있었다. 다시 보기도, 잊기도 어려운 평화로운 광경이었다.

요르단이 찍어 준 가족사진들

마추픽추 유적지 관람을 마치면서 다소 아쉬운 점이 있다. 피곤하다는 핑계로 설명을 집중해서 듣지 않았기 때문이다. 마추픽추 내부에서는 아무것도 먹을 수 없고, 심지어 화장실도 갈 수 없어 더욱 지루하고 힘들었던 것 같다. 그 결과 개별 유적에 대한 기억이 별로 남아 있지 않다.

그냥 보면서 느낀 것이 중요하다고 위안을 삼아 보지만, 현장에서 스토리를 모르고 느끼는 건 한계가 있을 수밖에 없다. 더욱이 느낌은 곧 기억 속에서 지워진다. 통상적인 관광 시즌이었다면 너무 혼잡해서 많은 유적을 보기도 어려웠을 것이다. 그런데 이번은 여유 있게

한가로이 풀을 뜯고 있는 라마들

가까이서 유적에 대한 설명을 듣고 관람할 수 있는 아주 좋은 기회였다. 이 좋은 기회를 놓친 것이 아쉽기만 하다.

오후 1시경 버스를 타고 굽이굽이 산길을 내려오니 점심 시간이 지나고 있었다. 철로 길을 따라 10분쯤 걸어가자 좌측 언덕 위 숲속에 산장호텔(Inkaterra Machu Picchu Pueblo Hotel)이 나왔다. 이곳은 숙박 예약이 힘든 유명한 호텔이라고 한다. 점심만 먹기 위해서는 예약이 아예 불가능한 곳이지만, 최근 관광객이 급감하면서 다행히 점심 예약이 가능했다.

호텔에 들어서자 종업원이 1층에 있는 식당으로 안내했다. 식당 안은 조금 어둡지만 좌석은 편안했다. 넓은 식당에 손님은 우리 일행뿐이었다. 자리에 앉자 미리 준비해 놓은 음식이 나왔다. 기대가 컸던 탓인지 음식은 크게 인상적이지 않았다. 다만, 호텔 주변 환경이 아름답고 종업원들이 무척 친절했다. 식사하고 디저트로 차 한잔까지 여유 있게 마시자

산장호텔 입구 모습과 호텔식당(구글)

오후 3시가 되어 간다. 숙박호텔로 돌아가는 기차 시간이 6시 10분이어서 3시간 정도 자유시간이 주어졌다.

밖에 비가 조금 내리고 있었지만 모두 호텔을 나와 10분 정도 걸어서 파차쿠티 동상이 있는 마을 광장으로 갔다. 광장 근처 성당 앞에서 일행들과 헤어져 커피숍에서 잠시 쉬기로 했으나 대부분 문을 닫고, 연 곳은 음식점뿐이었다.

마을을 위아래로 오가다가 우르밤바 강변에 있는 전망 좋은 카페를 발견했다. 토토스 하우스(Toto's House)라는 차와 음식을 파는 카페였다. 우르밤바강 바로 옆에 있어 시원한 물소리를 들으면서 시간을 보내기에 안성맞춤이었다. 강 방향 창가에 앉아 맥주와 햄버거, 아이스크림을 주문했다. 그런데 그 카페는 최악의 장소였다. 전망은 좋은데 그것이 다였다. 의자와 테이블은 불편하고, 음식은 맛이 없고, 안은 후덥지근했다. 이 마을 가게들이 물건값은 비싸고 서비스는 안 좋다는 말을 실감했다.

가까스로 1시간을 버티다가 점심을 먹은 호텔에 들어서니 입구 좌측에 작은 카페가 있었다. 소파도 아늑하고 편했다. 시원한 냉커피를 주문하고 여기서 기차 시간까지 기다리기로 했다.

그런데 얼마쯤 쉬다 보니 지루했다. 혼자 카페를 나와 호텔 주변을 돌아보았다. 호텔은 숲속 산장 형태로 들어서 있고, 여기저기 거리를 두고 독립된 숙소가 많이 있었다. 숙소를 둘러싼 산책로도 아름답게 조성되어 있고, 호텔과 인접한 앞쪽 계곡에는 우르밤바강이 흘렀다.

넓은 호텔에 여행객은 거의 보이지 않고 직원들만 오가는 모습이 간혹 눈에 띄었다. 최근 페루 사태로 관광객이 크게 줄면서 호텔 경영에 어려움이 많겠다는 생각이 들었다. 한편으론 고급스러운 산장호텔을 바라보면서 대다수 페루인의 일상생활 모습과는 이질적인 문화가 공존하는 데 대해 과연 페루인들은 어떻게 생각할까 궁금하기도 했다.

오후 5시 30분 카페를 나와 기차역으로 향했다. 파차쿠티 광장에서 헤어진 일행과 기차역에서 다시 만나 6시쯤 페루 레일에 올랐다. 새벽에 출발해서 긴 시간 마추픽추를 관람하느라 피곤한데, 점심 식사 후에도 3시간가량 마땅히 쉴 곳이 없어 제대로 쉬지 못한 탓인지 일행 모두 무척 피곤한 모습이다. 기차로 오얀타이탐보 역까지 1시간 20분, 거기서 숙박 호텔까지 버스로 1시간 정도 걸린다. 호텔에 가서 쉬려면 아직도 2시간 이상 지나야 했다.

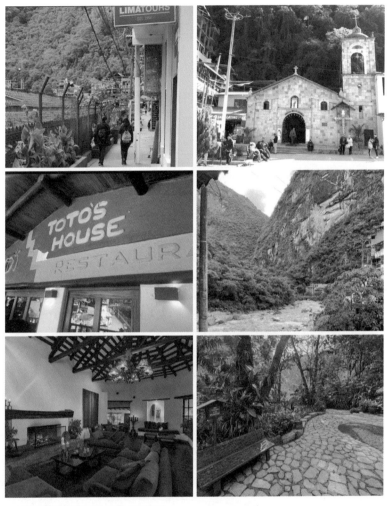

▲ 마을 입구로 향하는 길, 마을 성당(구글)
▶ 토토스 하우스, 우르밤바강(구글)
▼ 호텔 카페와 외부 통로(구글)

　호텔에 돌아오니 밤 9시가 다 되었다. 피로에 지쳐 있는데 인솔자가 내일 일정을 전했다. 아침 8시 호텔을 출발해 성스러운 계곡과 쿠스코 투어를 마치고, 쿠스코에서 비행기를 타고 리마로 이동한 다음 리마에서 다시 비행기로 라파스로 이동할 예정이라고 한다. 모레 새벽 3시쯤 라파스 호텔에 도착한다는 말이다. 오늘도 이렇게 피곤한데 내일 아침 일찍 출발해 모레 새벽까지 계속 이동해야 한다니 말이 되지 않는 일정이었다. 거의 21시간을 유적지를 관람하고 이동해야 한다. 그동안 여행 일정에 대한 불만이 불쑥 치밀어 올랐다.

좀 늦었지만 인솔자에게 전화를 했다.

"우리 일행들이 나이가 많은 편이고, 여행 일정도 이를 고려하여 계획한 프로그램으로 알고 있는데, 그렇게 무리하게 진행하면 어떻게 합니까?"

"일행 모두 동의하면 일정을 단축하더라도 여유를 갖고 진행하는 것이 좋을 것 같습니다."

그러고 나서 인솔자의 입장이 곤란하다면 본사와 협의하면 되지 않겠느냐고도 했다. 그러나 인솔자의 대답은 완고했다. "모든 사람이 동의하더라도 분위기 때문에 어쩔 수 없이 동의한 사람이 있을 수 있고, 현장에서는 말을 하지 않더라도 나중에 이견을 제시할 수 있어서 주어진 일정대로 소화할 수밖에 없다"고 했다. 그리고 자기가 본사 대표로 왔기 때문에 자기 입장이 곧 본사 입장이며, 본사에 물어도 같은 입장일 것이라고도 했다. 그렇다면 내일 아침만이라도 9시에 출발하면 좀 여유가 있지 않겠느냐고 하자, 현지 가이드와 의논해 보겠다고 했다. '무슨 놈의 의논이야! 우리가 가이드 눈치를 보면서 여행해야 하나?'라는 생각이 들었다. 주객이 전도된 느낌이었다. 인솔자에게 "알아서 하세요"라고 퉁명스럽게 말하고 전화를 끊었다.

그 후 곰곰이 생각해 보았다. 이번 남미 여행 패키지상품은 종전 패키지와 달리 고급형으로 비용도 종전의 거의 두 배다. 일행들도 우리 가족을 제외하면 비용 부담과 여행 일정에 크게 구애받지 않는

60~70대로 구성되어 있다. 사정이 그러하다면 일행 연령대에 맞게 일정을 사전에 조정했어야 했다. 종전 패키지에서 호텔 등급과 식사 가격만 업그레이드해 프로그램을 편성하고, 일정은 종전 패키지 그대로 진행하고 있으니 이렇게 무리한 일정이 된 것이다. 종전 패키지로다른 팀이 우리와 똑같은 일정으로 이동하는 것을 보면, 일정 조정이 없었던 것은 확실해 보였다.

여행 일정에 대해 불만을 털어놓자 아내가 더 이상 불평하지 말라고 한다. 큰애도 말하지 말라고 한마디했다. 지금은 어쩔 수 없으니 분위기 어색하게 만들지 말라는 말이다. 내 편이 되어 줄 줄 알았던 아내와 큰애가 입을 다물라고 하니 한편 서운했다. 한 달간 남미 여행을 하면서 무슨 일이 있더라도 웃겠다고 다짐했는데, 쉽지 않았다. 짜증 섞인 목소리로 아내와 아들에게 "알았다" 하면서 '다시는 일정에 대해 불만을 말하지 않겠다'고 마음속으로 다짐했다. 아내와 큰애와 짜증 섞인 대화를 나눈 후 라면 물을 끓이는데, 호텔 커피포트를 이용할 것인가를 놓고 아내와 다시 한번 논쟁을 벌이다가 결국 분위기가 서먹서먹해지고 말았다.

잉카인의 삶의 흔적을 쫓아 성스러운 계곡을 찾다

2월 21일 화요일. 오늘은 호텔이 있는 우르밤바강 유역에서 출발하여 버스를 타고 오얀타이탐보(Ollantaytambo), 살리나스 염전(Salinas de Maras), 모라이(Moray) 밭 등 성스러운 계곡을 투어하고 저녁에 쿠스코로 돌아갈 예정이다. 쿠스코에서 북동쪽으로 15km 정도 떨어진 우르밤바강 유역을 따라 이어진 피삭(Pisaq), 우르밤바, 오얀타이탐보 지역을 성스러운 계곡(Valle Sagrado)이라고 한다.

▲ 모라이 밭을 본뜬 호텔 앞 전경(www.booking.com) ▼ 잘 가꿔 놓은 호텔 앞 정원(구글)

인솔자로부터 아침 8시 출발 일정이 9시로 늦춰졌다는 연락이 왔다. 내가 어젯밤에 얘기한 때문인지, 스스로 그리했는지는 설명이 없었다. 9시에 출발한다고 하니 아침 시간에 여유가 있었다.

7시 30분쯤 아침을 먹고 호텔 주변을 산책하려고 정문 앞쪽으로 걸어 나왔다. 호텔 앞마당에는 커다랗게 원형으로 파고 그 안에 캠프파이어 시설을 해 놓았다. 오늘 찾을 예정인 모라이 밭을 본뜬 모습이다. 지난밤 연인들이 캠프파이어를 한 듯 의자와 담요가 그대로

호텔 마구간과 정원 초지에 있는 라마들

남아 있다. 호텔 정원에는 푸르른 잔디와 아름다운 꽃밭이 잘 정돈되어 있었다.

정문 좌측으로 조금 돌자 마구간이 있고 그 안에서 라마 한 쌍이 풀을 뜯어 먹다가 나를 쳐다보았다. 아내와 큰애가 라마를 좋아해 전화를 걸어 내려오라고 했지만, 마구간을 지날 때까지 내려오지 않았다.

호텔 뒤쪽으로 좀 더 내려가 우르밤바 강변을 거닐었다. 잠시 후 내려온 아내와 함께 강변을 거슬러 오르면서 우르밤바강을 배경으로 사진을 한 컷 남겼다. 강 건너 잡풀만 드문드문 보이는 사막, 강 양쪽으로 푸른 나무들이 경계를 지으면서 그 사이로 깨끗한 강물이 흘렀다. 청명한 아침 햇살에 주변 풍경이 더 밝고 깨끗해 보였다.

다시 호텔 방향으로 올라오자 다양한 꽃이 피어 있는 아름다운 정원에서 관리인이 일을 하고 있고, 한쪽 풀밭에서는 라마 서너 마리가 풀을 뜯고 있었다. 아름답고도 평화로운 풍경이었다. 아내와 함께 풀을

호텔 뒤편 우르밤바 강변에서

뜯고 있는 라마를 배경으로 사진을 찍었다. 그리고 근처를 산책하고 있던 창원 부부와 이런저런 얘기를 나누면서 호텔로 돌아오니 9시 가까이 되었다.

호텔 현관에서 일행들과 담소를 나누며 실내를 돌아보니, 한쪽에 마테차가 준비되어 있다. 고산증에 효능이 있다고 해 몇 잔씩 마셨다. 나중에 합류한 노원 부부, 광주 분에게도 권했다. 1시간 늦게 출발하니 아침 시간이 퍽 여유로웠다. 처음 일정대로 8시에 출발했다면 우리가 묵은 호텔이 어떻게 생겼고 주변 경관이 어떠했는지 전혀 경험할 수 없었을 것이다.

9시 버스에 올라 드디어 20여 시간에 걸친 대장정이 시작되었다. 과연 쉬지 않고 내일 새벽 3시까지 일정을 잘 마칠 수 있을지 걱정이 앞섰다. 그러나 어찌하랴! 주어진 일정을 소화할 수밖에 다른 방법이 없는데. 무리한 일정 진행에 대한 불만이 가득한 채 달리는 버스 안에서

마테차가 준비된 호텔 현관(www.hotels.com)

이런저런 생각에 잠겼다.

　오늘 아침처럼 여유롭게 주변의 사소한 것들에 젖어보는 것도 여행의 즐거움이 아닐까? 지난밤에 묵은 호텔 주변을 돌아보고, 유적지 식당에서 현지 음식을 먹어보고, 현지 시장과 주변 마을을 방문해 그들의 생활상을 체험해 보는 것도 중요한 여행의 목적 중 하나라는 생각이 들었다. 단순히 유명한 유적지의 설명을 많이 듣고, 더 많은 유적지를 방문하기 위해 무리한 일정을 진행하는 것만이 여행의 참된 목적이 아니라는 뜻이다. 하지만 이번 남미 여행에서는 아쉽게도 여유 있는 일정 진행이 어려울 것 같다.

　남미라는 지역적 특수성도 있지만, 여행사와 인솔자가의 여행 콘셉트가 우리와 전혀 맞지 않았다. 그들은 무엇보다 사전에 예정된 일정, 그것도 전부터 운영해 오던 일정을 차질 없이, 사고 없이 진행하는 것에 최우선 목표를 두고 있는 듯했다. 우리 가족만이라도 일부 일정을 선택해서 여유를 갖고 별도로 일정을 진행하는 것이 최선이란 생각이 들었다.

앞으로 남은 일정 중 비교적 인지도가 약한 것을 골라 따로 진행하기로 의견을 모았다. 가족끼리라도 취향에 맞는 여행지를 골라 여유 있게 여행을 즐기자는 취지였다. 이럴 경우는 여행사가 부담하는 식사 등 비용을 회사가 내지 않아도 되므로 여행사도 반대할 이유가 없는 옵션이었다.

아침에 호텔을 출발한 버스는 첫 번째 여행지 오얀타이탐보 역 부근에서 정차했다. 오얀타이탐보 역은 어제 마추픽추에 갈 때 기차를 탔던 곳이어서 그리 낯설지 않았다. 오늘은 버스에서 내려 역 반대쪽에 있는 주택가 사이를 걸었다. 좁은 골목으로 이어진 작은 마을이지만 돌담을 따라 돌로 만든 수로가 잘 정비되어 있었다. 강한 햇볕 속을 걷는 우리에게 무더위를 중화시키듯 수로를 흐르는 물줄기 소리가 시원함을 안겨 주었다. 이곳을 오얀타이탐보(Ollantaytambo) 마을이라 부른다고 한다.

이 마을의 집과 거리 그리고 수로는 옛날 잉카시대에 만들어져 지금까지도 잘 보존되어 있다. 당시 잉카인이 걷던 그 길을 걷고 있다고 생각하니 미묘한 생각이 들었다. 골목길 끝에서 잠시 일행을 멈추게 한 가이드가 어느 한 집의 대문을 보면서 설명했다. 이곳 집들의 대문은 지진을 대비해 '사다리꼴'로 이루어져 있단다. 얼핏 보아서는 분간이 되지 않으나, 자세히 보니 아래는 넓고 위로 올라가면서 좁아지는 형태의 문이다. 옛 잉카인의 삶에 지혜가 엿보인다.

좁은 돌담길을 지나 마을 뒷산 쪽으로 오르자, 작지만 마추픽추와 닮은 산성 유적이 눈앞에 펼쳐졌다. 중앙에 돌로 만든 등산로가 사선 형태를 보이면서 산성 정상 끝까지 이어져 있고, 도로 우측에는 돌 축대를

오얀타이탐보 마을 골목길과 골목길을 걷고 있는 일행들

층층이 쌓아 올린 계단 모양의 밭들이 연속해서 보였다. 도로 좌측에는 가파른 절벽 위로 흐릿하게 몇몇 건축물들이 보였다.

돌계단 길을 따라 올라가면서 이곳 산성 유적지를 제대로 볼 수 있고, 정상에 올라가면 오얀타이탐보 마을의 멋진 전경도 볼 수 있다고 한다. 하지만 일행은 어제 마추픽추에서 고생한 이유도 있고, 오늘 날씨도 무덥고 햇볕이 강해 등산로를 오르지 않기로 했다. 대신 유적지가 비교적 잘 보이는 그늘진 장소에서 현지 가이드의 설명을 들었다.

109

오얀타이탐보 유적지 전경

오얀타이탐보 마을 전경

이곳 산성의 용도에 대해서도 분명하지 않지만 잉카제국의 전사들이 스페인군을 피해 마지막까지 저항했던 격전지였다고 한다. 이것이 가파른 산에 유적지들이 요새 형태로 만들어진 이유였다.

산성 정면에서 보아 좌측 절벽 끝에는 신에게 제사를 지내는 신전 유적이 있다. 이 태양의 신전(Templo del Sol)은 잉카제국시대에 신의 권위가 바로 제국의 권위로 이어지기 때문에 제국의 권위와 신성함을 표시하는 동시에 신에게 제사를 올리기 위해 건립했을 것으로 생각된다.

현지 가이드의 설명을 옮겨 본다. 잉카시대에 오엔타이라는 용감한 무장이 살고 있었는데, 제국의 공주를 사랑했다. 하지만 신분상의 이유로 사랑을 이루지 못하자, 공주를 데리고 피신했던 곳이 이 산성이라고 한다. 제국의 군인들이 공격하자 최후까지 가파른 신전에서 공격을 막아냈으며, 그 후 이곳 지명이 오얀타이 장군의 '휴식처(tambo)'라는 의미의 오얀타이탐보(Ollantaytámbo)로 불리게 되었다고 한다.

신전 반대편인 산성 유적지 우측으로는 계단식 밭이 조성되어 있다. 마추픽추와 유사했다. 계단식 밭으로 이어진 상단 끝 산중턱에 건축물이 있었다. 계단식 밭에서 수확한 곡물을 저장했던 창고라고 한다. 산성 유적이 있는 마을 맞은편으로 눈을 돌리자, 뾰족하게 솟은 산중턱에 방공호 모양의 시설물이 일렬로 서 있는데, 이것 역시 농산물 저장창고 시설로 신선한 온도를 유지하기 위해 산중턱 높은 위치에 만들었다고 한다.

산성 유적지 입구 평지에는 잉카인들이 쌓아 올린 석축물 흔적이 그대로 남아 있다. 아마도 잉카인의 제2도시 건축물로 추정된다. 산성 유적지를 돌아서 유적지 출구 쪽으로 나오자 작은 샘물이 나타났다.

▲ 성벽 좌측 꼭대기의 태양의 신전 ▼ 유적지 우측과 마을 뒷산 곡식 창고(blog 여행과 인생)

지금도 돌벽과 수로를 따라 작은 물줄기가 흘러나오고 있다. 샘물 근처에 제국의 공주 목욕탕이 있었고, 이 샘물이 목욕물로 쓰였다고 한다.

산성 유적지를 나서자 지금은 텅 비었지만 넓은 시장터가 보였다. 평소 시장이 열리던 곳 같은데, 최근의 사태로 관광객이 줄면서 폐장

▲ 석축물 유적과 샘물 ▼ 산성 유적지를 나오면서

한 듯하다. 시장 가판대가 천막 안으로 모두 치워져 있고 주변은 썰렁했다. 버스를 타고 오면서 인솔자가 "이곳 시장에서 파는 옥수수 알이 크고 맛있다"면서 선물로 사 주겠다고 약속했었다. 그런데 "시장이 문을 닫아서 옥수수를 사 드릴 수 없다"고 한다. 실제로 시장이 열렸으면 좋은 구경거리가 되었을 텐데, 아쉬운 생각이 들었다.

115

페루 전통 복장의 여인들

장터를 빠져나와 기차역 주변에 이르자 도로는 차량과 노점상으로 혼잡했다. 버스를 한가한 도로변으로 옮겨 주차하더니 인솔자와 가이드가 내리면서 잠시 기다리라고 했다. 기다리는 동안 차창 밖을 내다보니 화사한 전통 복장을 한 원주민 여자가 걸어가고 있었다. 잘사는 원주민일수록 원색 치마를 겹겹이 입고 다닌다고 한다. 이 두 여자도 겹겹이 치마를 입었다. 아내와 일행 여성분들이 신기한 듯 원주민 여자를 사진에 담았다. 아내는 "이런 풍경을 보는 것이 여행 아니냐? 내려서 역 주변의 작은 시장이라도 구경했으면 좋겠다"는 말을 덧붙였다.

20분쯤 지나 인솔자가 옥수수가 든 봉지를 들고 버스에 올라왔다. 약속을 지키기 위해 역 근처의 시장에 다녀온 모양이다. 14명에게 2개씩 돌리고 남았으니 30개는 넘을 듯하다. 진짜 옥수수알이 커서 '슈퍼 옥수수'라는 표현이 맞지만, 맛은 그저 그랬다. 어느 정도 먹다가 알을 따서 봉지에 담았다. 출출하거나 심심할 때 먹기 위해서다. 그런데 한참 후에 이때 먹는 옥수수가 문제를 일으켰다. 소화가 안 돼 속이 거북했다.

10시 30분쯤 버스는 다음 목적지를 향해 출발했다. 잠시 졸고 있는 사이에 계곡을 벗어나 산 위 평지를 달리고 있었다. 그야말로 널찍한 평야지대였다. 3,000m 이상 높이에 위치한 고원지대라고 한다. 20~30분을 더 달리자 도로변에 작은 정류소가 나타났다. 인솔자가 내리면서 마라스 살리나스 마을(Salineras de Maras) 입구라고 한다. 이 마을에 들어가려면 표를 끊어야 했다. 이제 염전마을이 유명한 관광지가 되어 입장료를 받는다는 설명이다.

이곳을 지나 10분 정도 산길을 타고 내려오자 하얀 소금밭이 대각선 건너편 아래로 풍경화처럼 펼쳐져 있다. 잠시 차에서 내려 살리나스 소금밭 전경을 카메라에 담기로 했다. 옛날 안데스산맥이 융기한 뒤 산속에 남아 있던 소금 성분이 지하수에 녹아 흘러나오면서 해발 3,400m 산속에 염전이 만들어졌다고 한다. 지금도 마을 사람들이 물을 흘려내려 암석으로부터 소금을 녹이고 증발시켜 천연소금을 채취해 생계를 유지하고 있단다. 해발 4,000m에 가까운 산 정상에 펼쳐진 하얀 소금밭 전경은 신비롭기만 했다. 다시 보기 어려운 이 전경을 카메라에 담았다.

비탈길을 조금 더 돌아서 내려오자 염전 주차장이 있고, 그 아래 관광 코스도 개발해 놓은 염전이 있다. 일행들이 염전 투어를 떠났으나 나는 버스에서 먹은 옥수수 때문인지 배가 아팠다. 두 번이나 화장실을 다녀오니 일행들은 이미 염전밭을 돌고 있었다. 하지만 염전까지 내려가지 않더라도 기념품 상가 입구에 전망대가 있어 염전밭을 조망할 수 있었다. 전망대에서 염전을 바라보고 있으니 일행들이

염전 마을 전경과 전망대에서 찍은 사진

투어를 마치고 올라오는 모습이 보였다. 염전을 가까이서 보지 못하고 자세한 설명을 듣지 못해 다소 아쉽긴 했다.

살리나스 마을을 출발해 다시 30분 정도 달리니 또 다른 고원지대에 황량한 모습의 주차장이 있었다. 이곳은 그 유명한 모라이(Moray) 유적지 인근이다. 과거 원형으로 만들어진 계단식 밭으로 저지대 작물을 고지대로 가져와 시험 재배하던 곳이다. 각 계단밭마다 온도가 조금씩 달라 다양한 온도에서 식물을 시험 재배했다고 한다.

주차장을 걸어 나오자 작은 구릉을 살짝 넘어서 그림으로 본 원형 밭이 좌우 산 구릉을 배경으로 둥글게 펼쳐져 있었다. 주차장에서 이어진 관광로가 모라이 밭 바닥으로 내려가 둘러볼 수 있게 되어 있다. 저 멀리 내려가는 사람, 아래 원형의 모라이 밭을 한 바퀴 돌고 있는 사람도 보인다. 여기도 고도가 높은 지대이고 햇살이 뜨거웠다. 일행은 내려가지 않고 정상 인근에서 모라이 전경을 조망하면서 설명을 듣기로 했다.

마추픽추에서 가이드를 담당했던 요르단이 설명을 했다. 어제 무리한 일정(마추픽추)과 더위 때문에 피곤한 탓인지 역시 집중하는 사람이 적었다. 두 아들도 좀 떨어진 초가집 그늘막에 가서 더위를 피하고 있었다. 시간도 벌써 오후 1시가 다 되어 빨리 출발하자는 분위기였다. 여기서도 모라이 아래로 걸어 내려가 온도 차를 느껴보지 못한 것이 아쉬웠다. 여행이란 그런 것 같다. 특히 힘든 곳은 가 보면 어렵기만 하고 귀찮기도 하고 별것 아닌데, 그렇다고 가지 않으면 뒤에 후회가 남는다. 시인 프로스트(Frost, Robert Lee)의 '가지 않은 길'에 대한 아쉬움이 이런 것이 아닐까 생각된다.

모라이 전경과 그늘막에서 더위를 피하는 모습

다시 찾은 쿠스코, 이 도시를 떠나면서

이제 성스러운 계곡 투어를 마치고 쿠스코를 향해 떠난다. 아침부터 오얀타이탐보, 살리나스, 모라이를 거쳐 상당히 달려왔기 때문에 쿠스코가 가까울 것으로 생각했으나 아직도 1시간 30분을 더 가야 한다. 아마도 쿠스코 가는 길 반대 방향으로 갔다가 돌아오는 방향이라서 그런 것 같다.

며칠 전 쿠스코에서 우르밤바 호텔로 왔던 거리와 남은 거리가 비슷하다. 길도 좁고 포장도 되어 있지 않았다. 이미 점심 시간이 지났으나 쿠스코에 도착해서 먹을 예정이라고 한다. 불편하고 피곤했으나 참을 수밖에 달리 방법이 없었다. 눈을 붙이고 선잠을 자다 깨기를 반복했다.

남미 여행은 결코 만만치 않다는 생각이 든다. 유럽에서는 몇 시간 버스를 타더라도 피곤하면 자고, 자다가 깨면 주변 경치를 보면서 여행해서 그런지 크게 피곤을 느끼지 않았었다. 그런데 여기서는 한두 시간 버스를 타는 것도 피곤했다. 물론 고산증이 주된 원인일 수 있다. 하지만 사막 위에 좋지 않은 도로 사정도, 여행사의 무리한 일정 진행도 피곤을 더하는 이유다.

오후 2시쯤 쿠스코에 도착했다. 가이드가 안내한 식당은 쿠스코 아르마스 근처의 현지인 식당(Chicha por Gaston Acurio)이었는데, 배가 고파서 그런지 음식은 입맛에 맞았다. 식사를 하고 나니 3시쯤 되었다.

이제부터 이틀 전 쿠스코에 처음 왔을 때 보지 못한 삭사이와망(Saqsaywaman)을 돌아보는 일정이다. 삭사이와망은 옛 잉카제국 수도인 쿠스코의 머리 부분에 해당하는 북쪽 요새 지역이다. 그런데 우리 가족은 이곳 투어를 생략하고 그 시간에 쿠스코 시내 관광을 하기로 했다. 피곤하기도 하고, 쿠스코 요새를 보는 것이 역사 공부 외에는 무슨 의미가 있겠느냐는 이유였다.

다른 일행들은 버스를 타고 삭사와이망으로 떠나고, 우리는 아르마스 광장 입구로 향했다. 광장에서 사진을 찍는데 쿠스코 전통 복장을 한 꼬마 여자아이 둘이 라마를 한 마리 데리고 와서 사진을 찍으라고 손짓했다. 팁을 바라고 사진 배경이 되어 주는 모양이다. 라마도 아이들도 너무 귀여웠다. 아내가 특히 귀여워했다.

사진을 찍기 전에 라마를 안아 보라고 권하자 아내가 라마를 안고 광장을 배경으로 포즈를 취하는데, 페루 아이들이 갑자기 깜짝 놀라는 표정을 하면서 저쪽 골목으로 가자고 손짓을 했다. 아이들을 따라 골목으로 가자 뒤에서 누군가 따라왔다. 두 사람의 페루 경찰관이었다. 아이들에게 뭐라고 훈계를 했고, 아이들은 당황스러운 표정을 지으며 라마를 데리고 사라졌다. 아마도 돈을 받고 사진을 찍어 주는 것이 불법인 듯했다.

아내와 두 아들이 쿠스코 광장을 둘러보았으나 아이들을 다시 찾을 수 없었다. 이곳저곳에서 나이 든 여인들이 라마를 데리고 사진 찍기를 권했으나 꼬마 여자아이들이 생각나고 비교가 되어 거절했다. 결국 찾기를 포기하고 쿠스코 광장을 돌아 기념품 가게 골목으로 향했다. 가게는 많지만 살 만한 기념품을 찾지 못했다. 한두 블록을 걷고 나서 두 아들이 커피를 마시겠다고 성당 옆 스타벅스로 먼저 갔다. 우리 부부는 코리칸차 근처까지 걸으면서 가게들을 돌아보았으나 살 만한 것이 없었다.

잠시 후 스타벅스가 문을 닫았다고 아들이 연락을 했다. 아르마스 광장 맞은편 상가에서 두 아들과 만나 상가 바로 2층에 있는 작은 카페에 갔다. 전망도 좋고 편했다. 활짝 열려 있는 창문으로 시원한 바람이 들어왔다. 광장 건너편 대성당이 정면으로 보이고, 아르마스 광장도 한눈에 볼 수 있었다. 이틀 전만 해도 축제로 혼잡하던 광장이 이상하리만치 조용하고 평화스러웠다.

카페 주인도 친절했다. 두 아들이 핸드폰으로 축구를 보고 있자, TV로 프리미어 경기를 볼 수 있도록 안쪽 자리를 내어주었다. 그리고 아들들과 축구 얘기도 나누고, 우리를 위해 한국 음악도 들려주었다. 전망 좋은 카페에서 시원하고 편하게 1시간을 보내고 나니 4시 30분이 지나고 있었다. 광장 오른편 성당 앞 광장 멀리서 일행들이 돌아오는 모습이 창밖으로 보였다.

카페에서 바라본 아르마스 광장

카페에서 나와 아르마스 광장에서 일행과 합류했다. 잠시 사진을 찍으며 광장을 산책하는데, 집에 돌아갈 시간이 되어서인지 기념품을 판매하는 사람들이 떨이로라도 팔기 위해 일행을 따라오면서 권했다. 아내가 1달러에 작은 라마 인형 다섯 개를 샀다. 다른 상인들도 우리를 에워쌌다. 아내가 돈 꺼내는 것을 본 모양이다. 아내가 이것저것 살펴보자 큰애가 막아섰다. 살 필요 없는 물건 괜히 보지 말라면서.

오후 5시 일행은 광장을 빠져나와 근처 식당으로 갔다. 가이드를 통해 예약한 한식당 사랑채(Sarangche)다. 오늘 밤 쿠스코에서 리마로, 리마에서 다시 라파스로 두 번이나 비행기로 이동하는 일정이 있어서 점심을 먹은 지 3시간밖에 지나지 않았지만 이른 시간에 저녁을 먹게 되었다. 6시 이후에는 일정상 저녁을 먹을 시간적 여유가 없기 때문이다. 점심 식사 후 인솔자도 별로 추천할 만한 식당은 못 된다고 하면서도, 희망자에 한해 인터넷으로 식사 주문을 대신해 준 식당이었기에 사실 기대는 별로 하지 않았다.

우리 가족은 미리 가이드를 통해 요리 4개를 주문했었다. 식당에 도착하니 한국인 식당 아주머니가 반갑게 인사를 했다. 아이들이

사랑채 한식집(구글)

식당 한쪽에서 공부를 하다가 한국말로 인사를 했다. 열흘 만에 들어보는 한국말 인사여서 반가웠다.

잠시 후 일행이 모두 모였다. 이곳 외에는 식사할 곳이 마땅치 않은 모양이다. 20여 분 기다리자 주문한 식사가 나왔다. 김치찌개 2인분에 라면, 떡볶이였다. 아내는 김치찌개에 거의 손을 대지 않았다. 나도 먹는 둥 마는 둥했다. 두 아들만 라면과 떡볶이를 다 먹었다. 음식을 많이 남겨 식당 주인에게 오히려 미안한 마음이 들었다. 인솔자가 추천할 만한 식당이 못 된다고 한 이유를 알 것 같았다.

5시 50분쯤 식당을 나와 쿠스코 공항에 도착하니 6시가 좀 넘었다. 공항에서 수화물 위탁 수속과 보안 검색을 마치고 탑승 게이트에 들어서니 7시도 채 되지 않았다. 오후 8시 55분 리마행 비행기이니 아직 2시간을 기다려야 한다. 리마까지 1시간 30분인데, 전체 대기시간이 3시간 가까이 되는 셈이다.

한국 공항에선 국제선의 경우 2시간, 국내선은 1시간 정도 기다리면 충분하다. 남미에선 국내선도 이중 예약이 많고 탑승 절차가 오래 걸려 3시간 이상 기다려야 안전하다고 한다. 1시간 30분 비행하는데 3시간 대기라니 얼마나 불합리하고 비효율적인가!? 앞으로 남미 여행 동안 이 과정을 몇 번 더 겪어야 할까? 아직도 남미 국내선 비행기를 10회 이상 타야 하니 30시간 이상 공항에서 온갖 불편을 감수하면서 대기해야 한다. 특히 페루와 볼리비아 공항은 대기하는 사람이 많아 무척 혼잡했으며, 주변도 깨끗하지 않고 불편했다.

8시 55분에 출발해 리마에 도착하니 10시 30분이다. 두 번째 리마로의 회항이다. 지난 16일 이카, 나스카 지역에 갔다가 돌아와 리마 관광

현지 가이드 요르단과 이별하면서 찍은 기념사진

을 한 적이 있고, 이틀 전인 19일 리마를 떠나 쿠스코에 갔다가 오늘 다시 리마로 돌아온 것이다. 코로나 발생 이전에는 쿠스코에서 볼리 비아 수도 라파스로 가는 직항노선이 있어 1시간 30분 정도면 쿠스 코에서 라파스로 갈 수 있었다고 한다. 그런데 지금은 노선이 폐쇄되 어 국도로 간다면 20시간이 걸리기 때문에 불가피하게 리마로 거꾸로 돌아왔다가 리마에서 다시 라파스로 갈 수밖에 없다고 한다.

하지만 이렇게 돌아가는 일정도 만만찮았다. 우선, 쿠스코 공항에서 3시간을 기다린 후 리마까지 1시간 30분 비행기를 타야 하고, 리마에서 다시 1시간 30분 동안 탑승 수속과 대기를 해야 한다. 다시 라파스행 비행기를 타고 3시간을 가야만 라파스 공항에 도착한다. 결국 비행기를 타고 가도 9시간이나 걸리는 힘든 여정이다.

리마 공항을 떠나면서 쿠스코, 마추픽추, 성스러운 계곡 등 3일간 동행했던 현지 가이드 요르단과 헤어졌다. 아쉽고 고마운 마음에 팁을 건네니 요르단도 고맙다면서 흔쾌히 받았다. 그리고 리마 공항 앞에서 요르단과 함께 기념사진을 찍었다. 아내와 큰애가 특히 아쉬워했다. 성실한 요르단이 마음에 들었던 것 같다.

우리는 리마에서 결국 2시간을 기다린 후 새벽 0시 20분 라파스행 비행기에 몸을 실었다. 앞으로 3시간 후인 새벽 3시 20분 볼리비아 라파스 공항에 도착 예정이다. 여행 중 가장 혹독한 일정은 이번 쿠스코-리마-라파스 코스인 것 같다. 비행기 좌석이 좁아서 잠도 잘 오지 않았다. 피곤하지만 참을 수밖에 없다.

볼리비아

Bolivia

1 _ 세계 최고의 도시 라파스

텔레페리코를 타고 4,000m 하늘을 날다

볼리비아의 헌법상 수도는 수크레(Sucre)지만, 행정상 경제적 실질적 수도는 라파스(Lapaz)다. 라파스는 인구 중 절반 이상이 인디오이며, 평균고도 3,700m의 그야말로 세계 최고(最高) 높이에 위치한 도시다.

도시 맨 위의 엘 알토(El Alto) 지역에는 햇볕에 말린 벽돌집 어도비, 중간 지역에는 식민지풍의 저택, 맨 아래 분지 지역에는 고층빌딩이 들어서 있다. 라파스 공항이 있는 엘 알토 지역은 고도가 4,000m에 이르고, 맨 아래 빌딩 지역까지 약 700m의 고도차가 있다. 라파스에 거주 중인 인구는 약 190만 명이며, 엘 알토 지역에만 84만 명의 빈곤층이 사는 판자촌이 밀집해 있다.

쿠스코를 떠나 리마 공항에서 다시 비행기를 갈아타고 엘 알토 라파스 공항에 도착한 시간은 22일 새벽 3시 20분이다. 설상가상으로 볼리비아 입국 절차가 무척 복잡했다. 울화통이 터지는 분위기였다. 코로나 접종 증명서를 제출해야 하고, 스페인어로 작성한 입국 신고서와 한국 출국 전에 별도로 발급받은 비자를 제출해야 했다. 이를 요구한 나라는 방문국 중 유일했다. 입국 절차는 왜 그리 늦는지, 기다리다가 지레 지쳐 버렸다.

▲ 라파스 엘 알토 공항(구글)　▼ 라파스 카사 그랜드 호텔 입구(구글)

　　겨우 입국장을 나와 짐을 찾고 버스에 오르니 새벽 4시, 호텔에 도
착하니 새벽 5시다. 카사 그랜드 호텔(Casa Grand Hotel)은 외견상 고급
스럽고 시설도 깨끗하고 편리해 보였다. 호텔에 짐을 풀고 누웠으나
잠이 오지 않았다. 너무 피곤하면 잠이 오지 않는 모양이다. 한국에
서 어머니가 병원에 입원하셨다는 연락이 와 신경이 쓰였다. 점심을
먹으러 출발하기로 한 오전 11시까지 전혀 잠을 이루지 못했다. 24시
간을 꼬박 새운 하루였다.

곰곰이 생각해 보니 어제 아침 9시 우르밤바 호텔에서 나와 페루의 쿠스코, 리마를 거쳐 이곳 볼리비아 라파스까지 오는 데 20시간이 걸렸다. 그동안 먹는 것도 부실했고, 버스로 이동하는 동안 구불구불 비포장도로를 달렸으며, 비행기도 좁은 통로와 비좁은 좌석에 불편했다. 고산지대 이동, 공항 대기시간, 입국 절차 등 견디기 어려운 일정이었다.

그런데도 일행들은 불만의 소리를 내지 않았다. 나는 출발하기 전 이미 이의를 제기했었지만, 그 누구도 이 일정에 대해 말하지 않아 의아한 생각이 들었다. 일행이 60대 전반부터 70대 중반까지 있는데, 20시간이 걸리는 힘든 일정을 쉬지 않고 하루에 진행하는 건 도무지 이해할 수 없는 일이었다. 여행사 측은 코로나로 일부 공항이 폐쇄되어 불가피한 조치였다고 설명했다.

하지만 여행사에서는 사전에 이 일정을 이틀 일정으로 조정했어야 한다. 처음 시작하는 프로그램에 맞게 고객 수준을 고려해 일정을 새로 짰어야 했다. 더구나 비용을 2배 가까이 올려 프리미엄급 상품으로 판매하고도 일정을 전혀 조정하지 않았으니 여행사는 반성할 필요가 있다. 일정은 그대로 두고 호텔 등급과 식사 질만 올려 프리미엄급이라 홍보한 것이기 때문이다. 성공적인 여행 진행은 단순히 여행을 무사고로 마치는 데만 있는 건 아니다. 고객이 왜 여행을 왔는지를 생각하고 그 목적에 맞게 진행해야 한다. 여행하면서 고객의 니즈(needs)를 충족시켜 주어야 하며, 이로써 고객이 편안하고 만족해야 한다. 여행사와 전 일정을 함께한 인솔자에게 아쉬움이 남아 고언을 제기하는 것이다.

비몽사몽간에 오전 시간을 보내고, 11시쯤 점심 식사를 하러 버스

라파스 시내에 있는 한식당 코리아 타운(구글)

에 올랐다. 30분쯤 지나 라파스 시내에 있는 코리아 타운(Korea town)
이라는 한식당에 도착했다. 자리에 앉자마자 미리 주문해 둔 식사가
나왔다. 점심은 여행사 부담이어서 모두 같은 메뉴였다. 제육복음, 불
고기, 눌은밥, 식혜 등 한동안 먹어보지 못한 음식이 차례로 나왔다.
일행 모두 어제 일찍 저녁을 먹고 오늘 새벽에 도착해 아침도 거른 탓
에 배가 고픈지 먹는 데 집중했다. 음식 맛도 좋고 식당 주인도 통이
커서 여러 가지 음식을 추가해 주었다. 금강산도 식후경이라더니, 역
시 잘 먹어야 여행도 잘할 수 있을 것 같다.

  오후에는 라파스 시내 관광이 예정되어 있다. 점심을 먹고 두 아들
은 시내 관광을 하지 않고 택시를 타고 호텔로 돌아가기로 했다. 그런
데 볼리비아는 전화 로밍이 되지 않아 택시 잡기가 쉽지 않았다. 현지
가이드의 도움으로 겨우 택시에 태워 두 아들을 호텔로 보내고, 일행
은 버스를 타고 시내 관광에 나섰다.
  먼저 로사리오(Rosario)에 내려 근처 골목에 있는 마녀시장(Mercado
de las Brujas)에 갔다. 좁은 골목 양쪽에 잡화물품을 진열해 놓은 가게 **133**

라파스 마녀시장

들이 있었다. 공중에는 무슨 이유에서인지 거리를 따라 우산을 펼쳐 놓았다. 그들이 팔고 있는 잡화물품은 주로 제사용품과 주술적인 제품들이었다. 주술사가 제사를 지낼 때 쓰는 라마 새끼를 말린 가죽털 등 다른 나라에서 보기 어려운 희귀한 것들이었다.

비가 내리기도 했지만 일행들은 시장에 흥미를 느끼지 못하고 누군가 "돌아갑시다" 하니 모두 동의했다. 돌아오는 길에 아내 옆으로 한 청년이 밀치고 지나갔다. 소매치기 같은데 일행이 많아서 그냥 밀치고만 간 듯하다. 마녀시장에서 20분 정도 머문 후 다음 여행지로 출발했다.

이번엔 기차역으로 갔다. 엘 알토와 라파스 시내를 연결하는 텔레페리코(Teleferico)를 타기 위해서다. 이는 우리말로 케이블카라는 뜻이다. 하늘을 나는 기차, 텔레페리코는 고도가 700m 정도 차이나는 라파스의 지역 특성에 착안하여 도시에서 사람들을 실어 나르는 교통수단으로 2014년에 도입된 것이다. 우리나라 스키장에서 타는 곤돌

▲ 라파스 하늘을 나는 모습(구글) ▼ 라파스 중앙역 풍경(구글)

라파스 상공과 지상에서 본 묘지(구글)

라와 비슷하다. 이 케이블카는 8~10명을 태우고 하늘 위로 교통체증 없이 정확한 시간에 승객을 이동시켜 준다. 일행은 중앙역(Estacion Central)에서 케이블카 두 대에 나눠 탔다. 10분 정도 지나 환승역 (Cable Car Station)에서 내려 다른 케이블카로 갈아탔다.

케이블카를 타고 발아래 펼쳐진 라파스 전경을 감상했다. 외곽으로 해발 7,000m에 이르는 높은 산들이 원형을 이뤄 도시를 둘러싸고 있고, 도시는 산 중턱부터 층층이 하강하기 시작하여 도심 중앙은 낮은 분지를 이루는 이른바 '원반형 도시'였다.

도심 중심 낮은 곳부터 서민들이 사는 산 중턱까지 고도차가 700m에 이르러 높은 곳에 사는 서민들은 애환이 크다고 한다. 교통편도 마땅치 않고 고산지대에 따른 불편도 많을 듯하다. 케이블카 투어 중 노선 주변에 있는 공원묘지도 보인다. 특이하게도 건물을 개조하여 묘지용 방을 만들고 그곳에 시신을 안치해 놓았다.

라파스 상공에서 본 축구장과 대통령궁(구글)

　잠시 후 현지 가이드가 도심 중앙에 불쑥 솟아 있는 29층짜리 대통령궁을 가리켰다. 서민들의 삶의 애환이 서려 있는 이 도시에 그 건물은 전혀 어울리지 않았다. 라파스 축구장도 시야에 들어왔다. 최고 고산지대에 있는 축구장이라서 외국 팀들이 이곳에 오면 맥없는 플레이를 한다고 한다. 며칠 고산증에 시달려 보니 이해가 간다. 고산증은 정말로 사람을 무기력하게 만든다. 무엇을 하고 싶은 의욕이 없어진다.

　케이블카를 내리기 전, 누군가가 라파스 시내 전경이 부산과 비슷하다는 말을 했다. 전주 부부와 부산 부부는 해운대에 연고가 있다면서 대화를 많이 나눴다. 우리도 부산에 살던 시절의 얘기를 꺼냈다. 한편, 라파스는 야경이 멋지다고 하는데, 밤에 케이블카를 탔으면 하고 아쉬워하며 케이블카에서 내렸다.

라파스 상공에서 본 야경(zzintravel.com)

라파스 근교를 탐험하다

오후 2시 텔레페리코 투어를 마치고 역 앞에서 기다리는 버스에 올랐다. 다음 여행지인 '달의 계곡(Valle de la Luna)'은 라파스에서 15km 떨어진 외곽에 있다. 이곳으로 가는 길은 시내에서 가까이 있는 작은 산을 오르는 구불구불한 사막길이다. 도로 좌우에 기암괴석이 즐비하고 중간에 터널을 통과하기도 했다. 산을 오르는데 인솔자가 차창 밖으로 멀리 보이는 '악마의 어금니(La Muela del Diablo) 산'을 가리켰다. 해발 3,825m에 위치한 치아 모양의 전설의 바위다. 인솔자가 가리키는 방향을 바라보니 선명하지 않지만 비슷한 모양이 보이는 것 같다.

30분쯤 달려 달의 계곡 입구에 닿았다. 옛날 케네디 대통령이 인근에 있는 골프장(La Paz Golf Club)에서 골프를 치고 가다가 물으니,

　　▲ 달의 계곡을 오르는 길(구글)　▼ 악마의 어금니 산과 달의 계곡 입구

달의 계곡 전경

닐 암스트롱이 달의 표면과 같이 생겨 '달의 계곡'이라고 대답하면서
유래되었다고 한다.

달의 계곡은 뾰족한 돌들이 특이한 지형을 이뤄 전체적으로 완만
한 굴곡과 언덕을 이루고 있다. 원래는 진흙으로 된 산이 오랜 기간
침식되어 형성된 지형이라고 한다. 계곡에 들어서자 가운데 언덕 위
에 원주민 복장을 한 남성 한 분이 기타를 치면서 열정적으로 노래를
부르고 있다. 처음에는 관광객들을 환영해 주는 것으로 생각했다.

달의 계곡을 내려가면서

　일행은 협곡으로 내려갔다가 점차 돌기둥 사이로 위아래 작은 능선을 따라 이동했다. 햇볕이 너무 강해 일행들은 빨간 머플러를 머리에 쓰고 직사광선을 피하면서 걸었다. 협곡 사이에는 마그마가 녹아 흘러내리면서 굳은 듯한 고드름 모양의 작은 돌기둥들이 매달려 있고, 계곡 안쪽에는 다소 큰 돌기둥들이 솟구쳐 있다. 중앙에는 주변 지형보다 높은 위치에 화분 모양의 돌덩이가 솟아 있고, 그 위에 서양난 비슷한 식물이 자라고 있었다. 모두 지구상에서는 보기 어려운 신기한 지형이었다. 석회암 지대에 비가 내리지 않아 더위에 녹아내려 굳어지면서 형성된 지형이라고 한다.

　좁은 협곡과 능선을 따라 사진을 찍으면서 걷다가 낮은 지형으로 내려오자 넓고 평평한 분지가 나왔다. 다른 여행객들이 나무 벤치에 올라서 다양한 포즈로 사진을 찍고 있었다. 일행도 다양한 모습을 연출하며 즐거워했다. 우리 부부가 좀 과장된 우스꽝스러운 자세로 사진을 찍자, 부산에서 온 부인이 젊은 사람은 역시 다르다고 한다. 나이 차이가 별로 없는 것으로 알고 있는데 착각을 한 모양이다.

　한쪽에서 현지 가이드가 드론을 조립하고 있다. 하늘로 날려 주변 경관과 함께 우리 모습을 공중에서 촬영하기 위해 준비한 것이다. 잠시 후 드론이 윙 소리와 함께 날아올랐다. 모두 하늘을 나는 드론을 보면서 뛰어오르고 환호하면서 손을 흔들었다. 그리고 단체사진도 찍었다. 고된 여행 중에 유쾌한 풍경이었다. 계곡 옆으로 작은 시냇물이 흐르고 건너편에는 드문드문 집들이 보였다.

계곡 초입에서 우리를 향해 노래를 부르던 원주민 가수는 계곡 중앙 바위 위에서 아직도 힘차게 노래를 부르고 있었다. 왜 우리 쪽으로 방향을 바꿔 가면서 계속 노래를 부른 걸까? 버스킹인가? 그 의문은 잠시 후에 풀렸다.

계곡 분지에서 드론 사진 촬영을 하고 입구 쪽으로 왔다. 오르막길에다 햇볕이 너무 강해 모두 힘들어했다. 20분 정도 오르막을 오르니 입구와 나란히 있는 출구 우측으로 오르막 능선이 나왔다. 힘은 들지만 그쪽으로 조금 더 올라가자 능선 정상에 전망대가 보였다. 거기서 달 모양의 계곡을 조망하니 넓지 않은 달의 계곡이 한눈에 들어왔다. 보면 볼수록 기이했다. 전망대 있는 곳이 높아서인지 시원한 바람도 불어왔다. 저 멀리 반대쪽으로 올라오면서 본 '악마의 어금니 산'도 보였다.

시원한 바람을 뒤로하고 전망대를 내려오자 출구 쪽에 작은 접시 모양의 바구니가 놓여 있었다. 조금 떨어진 곳에서 원주민 가수가 다시 노래를 시작했다. 아! 우리 일행을 위해서, 아니 우리 일행이 주된 관광객이었기에 팁을 바라고 1시간 이상 노래를 한 것이다. 주머니를 뒤져 보았다. 달의 계곡에서 '무슨 돈이 필요하겠나' 싶어 버스에 짐을 두고 와 무일푼이었다. 다른 분들도 사정이 같은지 그냥 스쳐 지나갔다. 그 후 오랫동안 원주민 가수에게 미안한 생각이 머리를 떠나지 않았다.

▲ 공중에서 드론으로 찍은 사진
▼ 악마의 어금니 산과 노래를 부르던 가수 모습

달의 계곡 전망대

무리요 광장에 비둘기가 날고 있다

달의 계곡을 나와 버스를 타고 라파스 시내에 있는 무리요 광장 (Plaza Murillo)으로 돌아오니 오후 4시 30분이다. 이 광장 역시 남미의 다른 도시처럼 아르마스 광장으로 불리다가, 볼리비아 최초로 독립운 동을 주도하다 1810년 스페인군에게 처형당한 무리요(Pedro Domingo Murillo) 장군의 이름을 따서 '무르요 광장'으로 불린다고 한다. 광장 중 앙에는 장군의 동상이 있고, 주위에는 국회의사당(Congreso), 대성당 (Catedral), 대통령 관저(Palacio de Gobierno), 박물관 등이 있다.

광장 주변에 있는 벤치에 앉아서 쉬며 주변을 돌아보았다. 정면에 있는 국회의사당 건물 상단에 '거꾸로 가는 시계'가 달려 있다. 북반 구와 달리 남반구에서는 해를 중심으로 한 시계가 반대 방향으로 움 직이기 때문에 그에 맞춰 제작된 시계로 '남반구의 시계'라 불린다.

무리요 광장. 비둘기 떼들이 보인다(구글)

▲ 무리요 장군 동상과 국회의사당, 남반구의 시계(구글)
▼ 대통령궁과 대성당(구글)

　　정면 우측에는 대통령궁과 라파스 성모대성당(Basilica de Nuestra Senora de La Paz)이 우뚝 서 있다. 대성당은 1835년 바로크 양식의 장식적인 요소가 더해진 신고전 양식으로 짓기 시작하여 볼리비아 독립 100주년이 되는 1925년에 완공되었다고 한다. 대통령궁은 19세기 중반에 건립되었지만, 19세기 후반에 있었던 민중 봉기 중 불에 타 수차례에 걸쳐 재건했다고 한다. 현대식 신관 고층빌딩이 왠지 광장 주변과 어울리지 않는 느낌이었다.

광장에는 유난히 비둘기 떼가 많아 광장 전체를 뒤덮을 것만 같다. 그때 목줄도 없는 큰 개 한 마리가 비둘기를 입에 물고 광장을 가로질러 갔다. 비둘기 떼들이 놀라 퍼드득 날아올랐다. 개는 원주민 복장을 한 현지인 옆에 비둘기를 놓고 사라졌다. 주인을 위해 사냥을 한건가? 의문이 들기도 했다.

일행은 20분 정도 벤치에 머물다 광장을 가로질러 근처에 대기하고 있던 버스에 올라 다음 행선지 낄리낄리 전망대로 향했다. 좁은 오르막길을 5분 정도 오르자 전망대가 나왔다. 아내는 이미 케이블카를 타고 본 광경인데 다시 볼 필요가 있느냐면서 버스에 남았다. 쿠스코에서 라파스까지 무리한 일정과 오전에 잠을 자지 못해 피곤했던 모양이다. 나도 호텔에 돌아가 쉬고 싶었으나 일행을 따라 버스에서 내려 느릿느릿 전망대로 이동했다. 그런데 일행들이 보이지 않았다. 어느 골목길로 내려간 듯하다.

혼자 전망대가 있는 공원을 돌아보면서 라파스 시내 전경을 바라보았다. 병풍처럼 높은 산으로 둘러싸인 라파스 시가지는 푹 꺼진 분화구를 중심으로 형성된 것 같다. 낮게 자리 잡은 도심을 중심으로 지형이 높아지면서 언덕 중간에 주택들이 들어서 있다. 과거 우리나라 달동네와 비슷해 보였다. 발아래 시원스레 펼쳐진 도시의 아름다움과 함께 4,000m 고도에서 언덕 위에 집을 짓고 사는 서민들의 애환이 동시에 느껴졌다. 전망대를 한 바퀴 돌았으나 일행을 찾지 못하고 일찍 버스로 돌아왔다. 아내가 혼자 기다리고 있었다.

▲ 전망대에서 바라본 라파스 시내(구글) ▼ 낄리낄리 전망대(구글)

버스에 오르니 졸음이 몰려왔다. 잠시 졸고 있는데 오후 5시가 좀 지나자 일행들이 돌아왔다. 모두 피곤한 표정을 짓자 인솔자가 오늘 일정을 모두 마무리하고 호텔로 간다고 했다. 모두 안도하는 듯했다.

호텔 근처에 온 것 같은데 갑자기 도로변에 버스를 세우더니 슈퍼에 가서 필요한 물건을 사라고 한다. 여자들은 내려 슈퍼로 가고, 남자들은 버스에서 대기했다. 30분쯤 지나 버스가 다시 출발했으나 곧 내렸다. 슈퍼 바로 옆이 호텔이었다. 여기서도 인솔자의 일정 진행이 이해가 잘 안 된다. 호텔에 도착해서 슈퍼 위치를 알려 주면 쉴 사람 쉬고 필요한 사람 알아서 다녀올 텐데, 차에서 30분 이상 기다리게 한 이유를 모르겠다. 호텔로 돌아온 6시까지 일정을 채우고 마무리하려고 시간을 맞춘 것인지 모르겠다. 아니면 치안 때문인가? 나중에 안 일이지만 이곳은 치안에 문제가 없는 지역이었다. 인솔자는 항상 일행의 불만에 묵묵부답이었다. '에이, 자꾸 불평해 봤자 뭐해! 바뀌지도 않을 텐데, 내 모양만 우습지' 하고 혼자 중얼거렸다.

저녁 시간이다. 호텔이 라파스 신도시 부촌에 있어 주변에 고급 주택도 많고 고급 식당도 많을 것 같았다. 큰애가 인터넷을 통해 근처에 있는 일식집을 찾았다. 호텔에서 10분 정도 거리에 있는 일식집으로 갔다. 주택가와 연결된 외부 대문을 들어서니 안쪽에 정원이 잘 손질되어 있고 분위기도 꽤 고급스럽고 편안해 보였다. 초밥, 우동, 캘리포니아롤, 깁밥 등 7~8인분을 주문했다. 배가 고파서 그런지 음식이 나오는 데 시간이 꽤 걸리는 듯했다. 드디어 음식이 하나씩 나왔다. 맛이 한국에서 먹은 것과 비슷해 대체로 만족스러웠다. 식사를 마치고 호텔로 돌아와 피곤한 하루를 정리했다.

호텔 근처에 있는 일식집(구글)

우연히 찾은 카페가 인상 깊었다

2월 23일. 어젯밤은 쿠스코에서 라파스로 이동하는 힘든 일정 이후에 맞은 꿀맛 같은 휴식이었다. 오늘은 스페인 정복 훨씬 이전에 남미의 문명 발전에 지도자적 역할을 한 제국 티와나쿠(Tiwanaku) 유적지를 탐방하는 날이다. 여행사에서 준비한 처음 계획은 티티카카호(Lake Titicaca) 근처 도시와 태양의 섬(Isla del Sol) 투어였는데, 출발 직전에 보내

온 일정표에 바뀌어 있었다. 인솔자 말로는 태양의 섬 관광이 폐쇄되어 티와나쿠로 변경했다고 한다.

일정이 바뀐 것에 대해 아쉬움이 컸다. 티와나쿠는 우리나라 고구려 유적지 관광과 별 차이가 없다는 생각이 들었기 때문이다. 이번 여행에 여유가 있다면 모를까, 힘든 일정 속에서 남미 역사를 공부하는 학생도 아닌데 굳이 남미 고대국가 유적지까지 방문할 필요가 있을까 하는 의문이 들었다. 그래서 우리 가족은 티와나쿠 관광을 과감히 생략하고 호텔에서 휴식을 취하기로 했다.

점심 무렵 호텔을 나와 10분 정도 걸으니 버거킹이 눈에 들어왔다. 입구에 가드가 서 있어 고급 음식점도 아닌데 의아했다. 치안 때문인 듯했다. 볼리비아도 치안이 불안해 고급 주택 앞은 물론 식당 앞에도 가드를 세우고 있었다.

큰애가 세트 메뉴를 주문하고 기다리는데 건너편에 앉은 7~8세쯤 된 꼬마가 신기한 듯 우리를 힐끗힐끗 쳐다봤다. 이곳에서는 버거킹도 고급 메뉴에 속하는지 비교적 깨끗하게 차려입은 손님들이 식당으로 들어왔다. 식사 맛도 괜찮고 양도 충분한데, 가격이 한국에서와 비슷해 볼리비아임을 고려한다면 비싸다는 생각이 들었다.

버거킹에서 나와 분위기 있는 커피숍을 발견했는데 영업 전이라고 한다. 호텔에 잠시 머물다가 문 여는 시간에 맞춰 아내와 큰애 셋이 다시 그 커피숍에 갔다. 커피숍(Cafe de Serlibre)은 작지만 주변이 깨끗하고 나무 조경도 잘 되어 있고 커피 맛도 좋았다. 다만 냉방이 안 되어 다소 더웠다. 현지인 몇 분이 옆 테이블에 앉아 있는데, 그들 행색으로 보아 이 근처가 아주 부촌인 것 같았다. 페루의 미라플로레스와 같은 느낌이었다.

▲ 라파스의 버거킹 햄버거집(구글) ▶▼ 우연히 찾은 호텔 앞 카페(구글)

다시 호텔로 돌아오니 오후 4시. 티와나쿠 유적지로 떠났던 일행들이 호텔로 돌아와 쉬고 있었다. 저녁은 어제 점심을 먹은 한식집 '코리아 타운'으로 정했다. 처음에는 희망자만 가기로 했다가 모두 함께 갔다.

1인당 20불씩 내고 5시 30분 가이드가 준비한 미니셔틀버스로 호텔을 출발했다. 6시쯤 식당에 도착하자 어제와 비슷한 메뉴가 나왔다. 인심 좋고 솜씨 있는 주인의 서비스를 기대했으나 어제만큼은 만족스럽지 못했다. 한계효용체감의 법칙인가.

술은 고산병 때문에 절대 안 된다고 해 오늘도 식사만 했다. 돌아오는 버스에서 노원 분이 한국에서 가져온 소주팩을 마셔야 하는데 하며 아쉬워했다. 오늘이 아니면 술 마실 기회가 없다고 한다. 내일부터 우유니 투어라서 고산병 때문에 술을 마시지 못할 것이고, 그 후 입국이 까다롭기로 소문난 칠레로 가야 하기 때문이다.

하지만 일행들은 별다른 호응이 없었다. 노원 남편 분은 우리가 아들하고 마셨으면 하는 생각이었으나 두 아들은 술과는 거리가 멀다. 결국 노원 분만 일행을 위해 좋은 일 하려다가 부담만 떠안은 셈이 되었다.

호텔로 돌아오니 아직 7시가 조금 지났다. 내일은 다시 비행기를 타고 우유니로 떠난다. 비행기 수화물 규정에 맞춰 짐을 다시 꾸렸다. 짐을 꾸리면서 비행기를 타고 이동하는 것이 참으로 번거롭다는 생각이 들었다.

2 _ 백색의 도시, 우유니 소금사막

콜차니 마을을 지나다

2월 24일. 오전 7시 30분 우유니(Uyuni)행 비행기를 타기 위해 호텔에서 4시 50분에 출발했다. 엘 알토 공항에 도착하니 5시 30분이다. 탑승 절차를 마치고 대기실에 들어서니 6시. 호텔에서 준비해 준 도시락을 풀었으나 입맛에 맞지 않아 주스만 마시고 샌드위치와 사과는 버렸다. 일행들도 대부분 도시락을 먹지 않았다고 한다. 대기실에서 1시간 30분 이상 기다렸으나 출발 시간이 지나도 무소식이었다. 오늘 일정은 7시 30분 라파스를 출발해서 8시 15분 코차밤바(Cochabamba)를 경유, 10시 10분에 우유니 공항에 도착할 예정이었다.

그런데 코차밤바에 도착할 시간도 한참 지난 8시 50분에 비행기가 이륙했다. 45분 비행을 위해 공항에서 3시간 20분을 기다린 셈이다. 호텔 출발부터 따지면 4시간이 지났다. 역시 남미의 후진국 볼리비아에 맞는 항공 운행이다. 코차밤바에 도착하니 9시 30분이다. 같은 비행기로 우유니까지 간다고 내리지 말고 기다리란다. 자리만 앞 구역에서 뒤쪽으로 바뀌었다.

코차밤바 승객들이 내리고 우유니로 가는 승객을 태우느라 10시가 다 되어 출발했다. 우유니는 예정 시간보다 1시간 늦은 11시에 도착했

우유니 공항에 헌병이 지키고 있다

다. 우유니 공항은 소도시답게 자그마했다. 비행기에서 내려 수화물
을 찾기 위해 공항 건물로 들어오는데, 헌병 복장의 군인들이 지키고
있었다. 다른 공항에서 볼 수 없는 특이한 모습이었다. 짐을 찾아 공
항 밖으로 나오니 5인승 지프차 5대가 대기하고 있었다. 우리 가족은
3호차에 짐을 싣고 함께 탔다. 일행을 태운 1~5호 지프차가 일렬로
우유니 마을을 향해 달렸다. 도중에 우리가 탄 3호차가 두 번 털털거
리며 멈췄다가 가기를 반복했다. 고장이 아닌가 걱정했으나 다행히 별
이상은 없었다.

사막 위를 달리는 직선도로를 따라 황량한 벌판에 라마들이 건초
를 뜯어 먹고 있고, 간혹 관리인처럼 보이는 현지인의 움직임이 멀리
보였다. 30분쯤 달려 우유니 입구인 콜차니(Colchani) 마을 뒤쪽에 있
는 소금 제조 공장을 견학했다. 현지 가이드의 설명을 들으며 식용 소
금 정제 시설을 돌아보았다.

155

▲ 우유니로 가는 사막길 옆 라마들(blog 해파랑)
▶ 소금으로 정제하는 모습과 저장해 놓은 소금(구글)
▼ 콜차니 마을 기념품 가게와 소금박물관(구글)

　　10분 정도 견학을 마치고 밖으로 나와 조금 돌자 길 양편에 기념품 가게들이 줄지어 있고 간단한 식품, 음료수, 기타 사막에서 필요한 물품과 토속품들을 팔고 있었다. 강한 햇볕과 먼지가 날려 대충 보고 지나쳤다. 도로 끝에는 소금박물관이 있었으나 들르지 않고 지프차로 돌아왔다. 잠시 후 우유니 소금사막으로 출발했다.

사막 한가운데 태극기 천막 아래서 점심을 먹다

지프차를 타고 20분 정도 달리자 소금사막 입구가 나오고, 끝이 보이지 않는 넓고 넓은 흰 소금밭이 펼쳐져 있다. 목적지는 여기가 아닌가 보다. 소금밭 위를 20분 정도 더 달리자 앞뒤 좌우 사방이 온통 소금밭이다. 차에서 내리자, 옆에 다카르(Dakar) 기념 이정표가 우뚝 서 있다. 이 기념비는 1979년부터 시작된 세계적인 자동차대회 다카르 랠리(Dakar Rally)가 이곳을 지나면서 암염을 조각해서 세운 기념 건축물이다.

조금 더 안쪽에는 각국 국기가 펄럭이는 시설물을 포토존으로 만들어 관광객을 불러모으고 있었다. 그 옆에 휴게실을 겸한 식당도 보이고, 여기저기서 여행객들이 기념사진을 찍고 있었다. 일행들도 분주하게 움직였다. 우리 가족도 멋진 포즈를 취하느라, 멋진 풍경을 찾느라 정신이 없었는데, 나만 무기력했다. 한 발 움직이기조차 피곤했다. 사진을 찍기도 어려웠다. 고산병 탓이었다. 이곳 고도가 해발 3,500m라니, 나에게도 고산병이 찾아온 것이다. 그동안 머리가 아프다던 두 아들이 좀 참아 주었으면 했는데, 내가 고산증을 겪으면서 참기 어려운 상황임을 알았다.

잠시 후 배가 고파 시계를 보니 오후 1시가 지나고 있었다. 걸어서 20분 정도 걸리는 소금밭 위에서 점심을 먹는다고 한다. 천천히 걸어가는 일행도 보이나, 우리는 지프차를 타고 이동했다. 점심 식사 장소는 다른 여행객들과 좀 떨어진 호젓한 곳에 있었다. 주변은 광활한 소금밭 위에 뜨거운 햇빛만 반사될 뿐이다.

멀리 지평선도 수평선도 아닌 소금평선이 보인다. 일찍 도착한 지프차 기사들이 햇볕을 가리기 위해 천막을 치고, 그 안에 식탁과 의자를

다카르 기념비

놓았다. 그리고 미리 준비해 온 음식을 뷔페식으로 테이블 위에 진열해 놓았다.

　일행은 세팅된 자리에 앉았다. 천막에 줄을 이어 지프차에 연결해 지붕을 만들었는데, 천막 지붕 위에 태극기가 선명하게 그려져 있었다. 우유니 탐험대라도 되는 듯한 분위기였다. 지프차 앞에 달린 작은 태극기도 여행사의 아이디어로 보였다. 다른 사람에게는 어떤 느낌인지 모르겠으나 내겐 별다른 느낌은 들지 않았다.

　점심 시간이 늦어서인지 뷔페식 식사 라인이 조급해진 분위기다. 현지 고기 음식과 컵라면, 바나나로 점심을 때웠다. 다른 일행도 비슷했다.

▲ 점심 식사 모습과 점심 식사 후에 찍은 기념사진
▼ 점심 식사 후 지프차를 배경으로

소금사막 한가운데서 천막으로 간이식당을 만들고 컵라면을 먹는 풍경이 신기했다. 다시 체험하기 힘든 풍경을 기념사진으로 남기기 위해 포즈를 취했다. 나는 식사를 마치고 나서도 피곤이 몰려와 가만히 앉아 있었다. 아내와 두 아들은 지프차를 배경으로 사진을 찍느라 분주했다.

2시 30분경 잠깐 휴식을 취한 후 처음 도착했던 소금사막 휴게실 식당으로 돌아왔다. 일행은 펄럭이는 만국기를 배경으로 기념사진을 찍었다. 우리 가족도 함께 기념촬영을 했다.

일행 중 한 분이 '일본 욱일기가 있어서 한국인 누군가가 떼어 버렸다'는 말을 전했다. 이곳까지 와서 욱일기를 단 일본인도 문제지만, 굳이 욱일기를 떼어 내면서 반일 감정을 쏟아내는 한국인도 그리 좋게는

우유니 만국기 앞에서 가족사진과 단체사진

느껴지지 않는다.

휴게실 화장실은 5볼리비아노(약 1,000원)를 받고 있어 다른 곳보다 상당히 비쌌다. 소금사막 위에 설치하기도 어렵고 유지 비용이 많이 들기 때문일 것이다.

백색 소금사막 위에서 영화 스타가 되다

3시쯤 현지 가이드가 본격적인 작품사진을 찍기에 적합한 장소로 안내했다. 지프차를 타고 10분 정도 사막 위를 달렸다. 광활한 백색 소금사막은 원근감이 느껴지지 않는다. 이 원리를 이용해 각기 다른

자유시간에 연출한 사진들

가이드가 촬영한 사진

거리에서 재미있는 포즈를 취하고 사진을 찍으면 원근감이 사라져 재미있는 사진이 탄생한다.

　먼저 자유시간에 개인사진을 찍고, 줄지어 달리는 모습과 하늘 높이 뛰어오르는 모습도 연출했다. 이어서 사과 위에 올라간 모습을

▲▶ 가이드가 촬영한 사진

중심으로 작품사진을 찍었다. 그럴듯한 사진이 완성되었다.

　드디어 현지 가이드가 작품사진 촬영을 준비하고 차례로 포즈를 교정해 가면서 찍었다. 병뚜껑 위에 올라간 모습, 남자들이 킹콩과 싸우는 모습, 남편이 부인에게 비는 모습, 부인이 발로 남편을 밟는 모습 등 다양한 포즈로 촬영했다.

얼마 후 현지 가이드가 달의 계곡에서 띄웠던 드론을 다시 한번 하늘에 날렸다. 둥글게 원을 그리고 누운 모습, 일행 모두 환호하는 모습도 찍었다. 작품사진 촬영을 마치면서 일행 모두 일렬로 늘어서서 하늘로 뛰어오르는 사진도 남겼다.

나중에 단체사진을 받아보니 각자 다른 포즈였다. 하지만 나름대로 의미가 있었다. 사진을 찍느라 무릎을 꿇기도 하고 뒤로 눕기도 해 옷에 묻은 소금기가 시간이 지난 후에는 하얗게 변색됐다. 세탁하면

드론에서 촬영한 단체사진

지워질지 걱정되기도 했지만, 현장에서는 전혀 걱정하는 분위기가 아니었다. 옷보다는 추억 쌓기에 열중하는 모습이었다.

세상에서 가장 큰 거울 위를 거닐다

사진 촬영을 마치고 물이 있는 소금사막으로 이동했다. 우유니는 고여 있는 물 위로 하늘이 반사되어 하늘과 소금사막이 일체화된 풍경으로 유명하다. 여행객들이 이 모습을 보기 위해 사막 위에 물이 고이는 우기에 주로 우유니를 찾는다.

지프차를 타고 10분 정도 달리자 점차 물이 고인 소금밭이 나타났다. 지프차 기사가 고무장화를 준비해 왔다. 처음에는 장화까지 필요할까 싶었는데 조금 앞으로 나가자 사막 위의 물길은 깊어졌고, 나중엔 장화를 신지 않고는 이동하기 곤란했다.

점차 사막 위에 소금이 보이지 않을 만큼 물이 고여 있는 곳에 이르렀다. 오후 4시쯤 되면서 태양빛이 지표면과 예각을 이루자, 소금물 위로 하늘 모습이 반사되기 시작했다. 조금 더 들어가자 포토존이 그어져 있고 사진 촬영을 위한 구축물도 몇 점 만들어져 있는데 유료라고 한다. 시간이 흐르고 태양이 기울면서 지표면에 반사되는 하늘 모습과 지표면 끝으로 보이는 하늘이 완벽한 대칭을 이루었다. 하늘과 바다가 하나 되는 풍경은 말로 형언하기 어려울 만큼 신비로웠다. 이 그림을 보기 위해 이역만리 이곳까지 찾아온 것이 아닌가 생각해 본다.

이 풍경을 간직하기 위해 다양한 포즈로 사진을 찍었다. 멀리 걷는 모습, 서로 손잡고 뒤로 젖히는 모습, 먼 지평선을 응시한 모습, 흐릿한 뒷모습도 담았다. 일행 모두 배경 좋은 곳을 찾아다니며 카메라에 담느라 분주했다.

우유니 물 위에서

기다리기는 힘들지만 기억에 남는 선셋 풍경

거울처럼 비치는 소금사막의 풍광에 지칠 무렵, 점심을 준비해 준 기사들이 이번에는 의자를 길게 정리하고 앞쪽 테이블에 와인과 안주를 세팅했다. 와인 선셋 프로그램이다. 와인을 마시면서 소금사막 위로 해 지는 풍경을 감상하자는 것이다.

먼저 의자에 앉아 와인을 한 잔씩 마셨다. 그런데 조금 지나자 사람들이 더위를 피해 의자에서 일어났다. 더운 날씨도 날씨지만, 고산지역이어서 와인이 몸에 받지 않는지 곧 선셋 의자는 텅 비어 버렸다.

5시가 조금 지나고 선셋까지는 1시간 이상 남았다. 시간이 많이 남아 와인만 몇 잔 마시고 먼저 떠나자는 의견도 있었다. 그런 중에 부산과 창원 부부는 먼저 가고 싶은 사람은 가더라도 여기까지 왔는데 선셋 장면을 꼭 보고 가야 한다고 주장했다. 여기에 일행을 두고 먼저 돌아갈 수 없다는 인솔자의 말에 따라 선셋까지 모두 기다리기로 했다. 내가 피곤함을 이유로 가장 많은 불평을 했다. 기다리기가 지루해 1시간 가까이 물 고인 사막 위를 걸었다. 와인을 두 잔 마셨는데

와인 선셋 프로그램을 준비한 모습

아름다운 선셋 풍경

머리가 지끈거렸다. 입으론 불만과 불평을 중얼거리면서, 지끈거리는
두통을 참아가면서, 사막 위를 걸으며 어렵게 시간을 보냈다.

  6시 30분쯤 선셋 풍경이 눈앞에 펼쳐졌다. 일행 모두 사진을 찍느
라 부산스러웠다. 작은애가 포인트를 잘 잡아 멋진 선셋 풍경을 포착
했다. 어렵고 지루했지만 기다리길 잘했다는 생각이 들었다. 선셋이
시작되고 얼마 후 종료되면서 갑작스럽게 어둠이 몰려왔다.

  현지 가이드들이 급히 철수 준비를 했고, 곧 일행은 지프차를 타고
예약된 소금호텔을 향해 달렸다. 호텔은 생각보다 멀게 느껴졌다. 1시간

일몰 전후 모습

쯤 달린 것 같다. 어둠이 짙게 깔린 소금사막은 황량하고 무섭기까지
했다.

호텔에 도착하니 오후 8시 가까이 되었고 주변엔 어둠이 짙게 깔
려 있었다. 소금호텔(Hotel del Sal Luna Salada)은 고급스러웠다. 짐을
푼 다음 저녁을 먹으러 호텔 식당으로 갔다. 일본인 단체 손님과 일
행을 혼동했는지 테이블을 놓고 종업원과 다소 시끄러웠다. 음식은
현지 뷔페식이었는데 입맛에 맞는 음식이 별로 없었다. 하긴 여기뿐
만 아니라 다른 고급 호텔 음식도 입맛에 잘 맞지 않았다.

대충 저녁을 때우고 호텔 정문으로 나가 밤하늘을 올려다봤다. 바
람은 셌지만 칠흑 같은 밤하늘에 별들이 반짝거렸다. 추위 탓에 잠
시 머물다가 방으로 돌아왔다. 짐을 정리하는데 큰애가 바에 가서 칵
테일 한잔하자고 한다. 작은애는 쉰다고 해 아내와 함께 셋이 호텔 정
문 입구에 있는 바로 갔다. 분위기는 고급스럽고 조용했다. 감자튀김
과 약간의 과일 안주와 칵테일을 한잔씩 마시면서 하루를 돌아보았다.

루나 소금호텔 현관과 식당(구글)

'오늘 우유니 소금사막에서의 경험은 죽는 날까지 잊지 못할 좋은 추억이 될 것이고, 책에서 표현할 수 없고 말로 설명할 수 없는 광경이었다'는 것이 세 사람의 공통된 의견이었다.

밤 10시쯤 바에서 일어났다. 방에 돌아와 잠들기 전 내일 일정을 체크했다. 알티플라노(Altiplano) 고원지대 지프차 랜드-크루징(Land-cruising)이 시작된다. 내일부터 모레 저녁 칠레에 입국할 때까지가 이번 여행 중 마지막 힘든 여정이 될 것이란 생각이 들었다.

3 _ 힘들던 알티플라노 고원 랜드-크루징

고원 속에 숨은 호텔을 찾아가다

소금호텔에서 2월 25일 아침을 맞았다. 고산지대여서 그런지 바람이 세고 여름인데도 무척 쌀쌀했다. 8시 호텔에서 아침 식사를 하고 1시간 정도 휴식을 취했다. 오랜만에 느끼는 여유로운 아침이다.

9시 50분 지프차를 타고 호텔을 출발해 어제 오전에 들렀던 콜차니 마을을 지났다. 곧 작은 시가지가 나오고 도로변 한쪽에 차가 멈췄다. 이곳은 예전에 광산도시로 번성했던 우유니 시내다. 중앙도로 양쪽에 이용원, 슈퍼, 작은 가게들이 상가를 이루고 있었다.

아무 설명도 없이 현지 가이드와 인솔자가 차에서 내려 자기들끼리 대화를 나누더니 어디론가 가 버렸다. 밖은 햇볕이 강하고 더웠다. 잠시 내려 햇볕을 피해 그늘로 들어가니 바람이 시원했다. 30분쯤 지나 가이드가 물을 몇 병 지프차에 싣더니 출발하자고 했다.

차는 우유니 근교에 있는 기차 무덤(Cementario del Tren)을 향해 달렸다. 기차 무덤 지역은 탄광이 번성했을 때 광물을 실어 나르던 기차가 멈춰 있는 역이었다. 당시에는 제법 번화한 도심에 있던 기차역으로 지역 발전에 중요한 역할을 한 곳이었을 것이다. 하지만 오래전에 폐광되면서 당시 운행하던 열차는 고철덩어리로 변해 철길 위에 그대로

우유니 시내

방치되어 있었다. 입구에 주차장을 만들고 주변에 몇몇 조형물을 전시하면서 지금은 관광명소로 활용되고 있다.

기차 무덤 주차장에서 내려 폐쇄된 철길 위에 전시된 열차 옆으로 갔다. 관광객들이 열차에 오르거나 열차를 배경으로 기념사진을 찍었다. 그들 가운데 창원 부부도 눈에 띄었다. 나는 돌아보기만 하고 주차장으로 돌아왔다. 아내와 두 아들은 볼 게 뭐 있느냐면서 주차장에 그대로 있었다. 세 사람은 이곳에 온 자체가 불만이었다. 일행 대부분도 비슷한 분위기였다. 점차 바람이 심해지자 출발을 재촉했다.

기차 무덤을 나와 본격적인 알티플라노 여행길에 나섰다. 알티플라노(Altiplano)란 높은 평원, 즉 고원지대를 뜻하는 말로 북쪽으로 우유니 사막에서 남쪽으로 칠레의 아타카마(Atacama) 사막에 이르는 지역을 지칭한다. 이 지역에는 6,000m가 넘는 몇몇 고봉들을 포함하여 고원, 거대한 호수, 소금사막과 다양한 빛깔의 소금호수들, 그리고 빙하의 흔적부터 화산까지 그야말로 지형학의 보고다. 지금부터 내일까지

175

기차 무덤(구글)

▲ 알티플라노 지도 ▼ 달리는 지프차와 휴식 모습(blog 해파랑)

이 지역을 랜드-크루징하며 다양한 지형을 직접 체험할 예정이다.

광활한 사막 위로 꾸불꾸불 비포장길을 따라 1시간 30분 정도 달리자 작은 마을이 나타났다. 이곳 산 크리스토발(San Cristobal) 마을에는 주유소와 작은 슈퍼, 그리고 몇 채의 집이 있었다. 일행은 점심을 먹으러 한 호텔(Hotel Nativo) 식당으로 갔다. 안쪽 방으로 들어가자 식사 테이블이 설치되어 있었는데, 아마도 우리를 위해 임시 식탁을 세팅하고 식사를 준비한 듯하다. 현지식 식사는 간단한 고기와 야채, 그리고 감자가 전부였다.

식사를 하고 밖에 나오니 주변은 한적하기 그지없다. 등뒤로 크지 않은 둥그런 사막 산이 보였다. 한때 은광이 개발되면서 이 마을에

산 크리스토발 마을

일본인이 많이 거주했었다고 한다. 식당에서 따뜻한 물을 얻어 준비해 간 맥심커피를 한 잔씩 마셨다. 역시 커피도 한국 것이 입맛에 맞는다.

오후 2시 지프차가 다시 고원지대를 달렸다. 1시간쯤 지났을까, 고산지대 중턱에 차가 멈췄다. 구릉 사이로 연결된 작은 도로를 따라가자 오른편에 제법 푸릇한 잔디 같은 풀이 자라고 있고, 조금 멀리 라마들이 한가롭게 풀을 뜯고 있었다. 주변에 물줄기가 있을 것 같아 작은 구릉 위로 이어진 길을 따라 위로 올라가 바위틈에 난 길로 내려가자 그곳에 작은 호수가 숨어 있었다.

인솔자 얘기로는 한국인이 처음 발견한 곳이고 아직 공식 명칭이 없어서 본인이 시크릿 호수(Hiden Laguna)라 부른다고 한다. 글쎄, 믿음이 가지 않는다. 정식 명칭을 붙이기에는 호수가 너무 작고, 비밀스럽게 숨어 있어 신비롭기는 하다. 호수 위로 새들이 날아들고, 가장자리에서 라마가 풀을 뜯고 있다. 호수 건너편에 몇 명의 관광객들의 모습이 보였다.

시크릿 호수

시크릿 호수에서

　호수로 물이 흘러드는 상류 쪽으로 걸음을 옮기자 잔잔하고 평평한 평원이 나온다. 잔디처럼 짧은 풀들이 자라고, 꼬리가 긴 토끼처럼 생긴 작은 동물도 눈에 띄었다. 사막 속 작은 오아시스와 푸른 초원이 이어진 풍경이다. 작은 초원을 돌아서 나오자 지프차가 대기하고 있었다. 차에 오르기 전에 인솔자가 오늘 일정을 설명했다. 내가 오늘은 선셋 일정은 없느냐고 물었다. 어제 선셋 일정 때문에 고생한 일을 생각하면서 던진 시니컬한 농담이었다. 당시에는 누구도 별 반응을 보이지 않았다. 우리 가족도 아무 말이 없었다. 그런데 이 말 한마디가 오늘 밤 가족 분위기를 얼어붙게 만든 도화선이 되고 말았다.

이탈리아 페르디다의 기암 괴석들

　지프차는 다시 고원지대를 달렸다. 중간에 절묘한 바위들이 병풍처럼 펼쳐져 있는 지대가 이어졌다. 이탈리아 페르디다(Italia Perdida)라는 곳이다. 오랜 세월 비바람의 침식으로 독특한 모양의 바위들이 형성된 붉은 사암 지대다. 가이드가 바위 사이를 걸으면서 바위 명칭들을 알려 주었다. 낙타바위, 월드컵바위, 케이크바위 등 기이한 형상의 바위들이 많았다. 하지만 내 기억에 남아 있는 바위는 병풍바위뿐이다.

　다시 얼마쯤 달리자 좌측에 큰 하천처럼 보이는 호수가 나타났다. 호수 이름은 라구나 빈토(Laguna Vinto)라고 한다. 도로 한쪽에 있는 뷰포인트에서 잠시 내렸다. 하천을 따라 홍학(플라멩고)들이 먹이를 찾고 있다가 주변이 소란해지자 떼를 지어 하늘로 날아갔다.

　여기서도 가끔 보이는 푸른 초원에서는 사막 동물들이 평화롭게 풀을 뜯고 있었다. 홍학들이 있는 곳까지는 거리가 멀어 붉은 색깔이 선명하게 보이지 않아 하천 쪽으로 조금 내려가자 인솔자가 더 내려가면 위험하다고 한다. 주변이 벌판이어서 바람이 무척 세게 불고, 제법

181

라구나 빈토에서 홍학들이 노니는 모습과 주변의 라마들

쌀쌀했다. 잠시 후 지프차에 올라 다시 고원을 달렸다.

지프차 안에서 가족 분위기가 썰렁했다. 아니, 나만 갑자기 왕따가 된 분위기다. 언제쯤인지 잘 기억나지 않지만, 지나온 호수에서 호텔을 향해 돌아오던 지프차 안에서 그런 것 같다. 사태의 발단은 시크릿 호수 근처에서 내가 농담으로 한 '선셋 일정'과 관련된 말에서 비롯되었다. 작은애가 "일행에게 창피해 죽는 줄 알았다"고 말했다. 그때 언짢은 기분을 참지 못하고 결국 작은애에게 버럭 소리를 질렀다.

"아빠 말에 신경 쓰지 말고 너나 똑바로 해."

여행 내내 무슨 일이 있던지 항상 웃자고 다짐했는데 순간적으로 폭발한 것이다. 사실 매일 두 아들이 머리 아프다고 징징거리는 모습을 보면서, 그리고 아침마다 제일 늦게 준비하고 내려오는 모습을 보면서 많이 거슬렸으나 참아왔다. 그런데 이제 아빠 농담까지 지적하는 말에 화가 치밀어오른 것이다.

내가 한마디하자 가족 분위가 냉랭했다. 아내가 "아이들이 모처럼 아빠를 편하게 생각하고 얘기한 건데 그걸 못 받아들이냐"고 애들을 두둔했다. 솔직히 억울한 생각이 들었다. 이번 여행에 내가 준비를 다 하고 경비를 마련하느라 고생했는데, 자기들은 몸만 따라와서는 하고

182

싶은 말 다 하면서 내가 얘기하면, '다섯 번째 듣는 말'이라고 하며 무조건 꼰대 취급을 했다. 내 행동과 말에 툭툭 던지는 큰애의 지적도 귀에 거슬렸다. 그런 차에 "아빠 일은 간섭하지 말고 너희 행동이나 신경 쓰라"고 버럭 한마디한 것뿐이었다. 그 말 한마디하고 갑자기 죄인이 되었다. 그 후 모두 말이 없어지고 분위기가 급속도로 얼어붙어 어색하기만 했다. 모두 내가 잘못한 탓이라고 생각하는 듯했다.

이 사태를 계기로 아들들과의 관계를 곰곰이 생각해 보았다. 이제는 두 아들이 아빠를 간섭하려 한다는 느낌이 들었다. 이제까지는 간섭하지 않고 맘에 들지 않더라도 자율에 맡기면 문제가 없을 것으로 생각했었다. 그래서 이번 여행에서도 아들한테 잔소리만 하지 않으면 될 줄 알았다.

그런데 그게 아니었다. 두 아들은 간섭받기를 원하지 않을 뿐만 아니라 내가 자기들 기준에 맞춰 주기를 원하는 것이었다. 자기 기준에 맞지 않을 때는 가감 없이 행동에 제동을 걸었다. 아직 학생이라서 경제적으로 독립하지 못해 집에서는 부모님 잔소리를 듣고 있으나, 여행지에서는 자기가 더 합리적으로 판단하고 사회적 처신도 잘한다고 생각하는 듯하다. 아빠는 옛날 사고방식에 사로잡혀 자기과시를 하면서 시대에 뒤떨어진 썰렁한 농담만 한다는 인식이다. 이제 그럴 나이가 되었겠다는 생각이 들면서도 서운한 감정이 남는 것은 사실이다. 아내마저도 무작정 아들 편을 들고 자기들끼리 희희덕거리는 모습도 눈에 거슬렸다. 나이 들수록 가족으로부터 인정을 받는 것이 중요한데, 상황은 거꾸로 가는 듯하다. 왠지 모를 찝찝한 분위기 속에서 두 아들과의 관계를 다시 한번 정리해 볼 필요를 느꼈다.

▲ 알티플라노에 숨은 호텔(blog 해파랑) ▼ 호텔 주변 전경과 내부(구글)

지프차가 고원 속을 계속 달려 오늘의 숙소 호텔(Mallku Cueva)에 도착하니 오후 6시가 다 되었다. 호텔 위치가 4,000m 이상 고원지대이고 유난히 바람이 세게 불어 체감 온도도 낮고 추웠다. 다행히 호텔 시설은 괜찮았다. 이 근방에서 컨디션이 제일 좋은 호텔이라고 한다. 최근까지 이 부근에는 호스텔 수준의 숙소만 있어 춥고 불편하다고 했는데, 이 호텔은 내부 시설도 훌륭하고 추위도 없었다. 또 건물 뒤편 바위에 기대어 호텔 건물을 지어 주변 경치가 아주 좋았다.

184   짐을 푼 후 아내와 아들이 주변 경치를 본다고 밖으로 나가더니 아내

가 이내 방으로 들어와 머리가 아프다고 두통약을 찾았다. 나 역시 고산증 때문인지 머리가 아프고 멍했다. 언제쯤 맑은 정신으로 여행을 할 수 있을지 모르겠다. 몇 개 남은 컵라면과 햇반으로 저녁을 먹고, 까다롭다는 칠레 입국에 대비해 다시 짐을 꾸렸다.

밤 8시쯤 칠레 입국과 관련해 인솔자의 설명을 들었다. 칠레는 수화물 검사가 철저해 입국 전에 준비해 온 음식물은 다 비워야 한다고 했다. 일행들은 한국에서 가져온 봉지 커피를 버릴 것인지 의견이 분분했다. 인솔자는 버리는 것이 좋다는데, 규정상 가공하여 밀폐한 식료품은 괜찮다고 한다. 버린 분도 있고 그냥 챙긴 분도 있는 것 같다. 우리 가족은 준비해 온 커피를 그날 밤 일행과 나눠 마시고 모두 소진했다. 밤이 깊어지면서 바람 소리가 거세게 들려왔다.

지프차를 타고 4,000m 고원을 달리다

2월 26일 볼리비아를 떠나 칠레에 입국하는 날이다. 알티플라노 고원 지역을 지프차로 7~8시간 가까이 달려 칠레 국경을 통과한 다음 깔라마(Calama)까지 이동하는 일정이다. 새벽 4시에 일어나 준비를 하고 5시 식당에 모여 간단히 누룽지밥으로 아침 식사를 했다. 그리고 지프차에 올라 "지금부터 계속 4,000m 고원지대를 달린다"는 인솔자의 설명으로 여정이 시작되었다. 고산증 때문에 오늘이 최고로 힘든 여정이 될 거라고 해 눈을 감고 잠을 청해 보았지만 머릿속은 더 맑아졌다. 차창 밖엔 안데스 봉우리들이 높이 위용을 자랑하고 있고, 그 사이로 광활한 사막이 펼쳐져 있었다.

지프차는 사막 위로 난 비포장도로를 따라 계속 질주했다. 벌거숭이

나무 바위 모습과 주변 풍경

민둥산 능선을 따라 달리는 이 길은 고도 3,500~4,000m를 오르내린
다. 3시간 이상을 달려온 차가 잠시 멈췄다. 200~300m 떨어진 저쪽
편에 화장실 건물이 보였다. 그런데 먼저 도착한 일행이 문이 잠겨 있
다면서 그냥 돌아왔다. 혹시나 하고 화장실 쪽으로 가 보니 개 한 마
리가 화장실 앞에 웅크리고 있었다. 직감적으로 화장실을 늦게 열었
다는 생각이 들었다. 잠시 후 관리인이 나타났으나 유료 화장실이어서
돈을 가지고 가지 않아 그냥 돌아올 수밖에 없었다. 우회해서 돌아오
는 길에 자연 화장실에서 볼일을 해결했다.

지프차로 돌아오면서 주변 풍경을 보니 예사롭지 않았다. 황량한
사막 한가운데 기암괴석이 줄지어 서 있다. 그중 하나는 나무를 닮았
다. 큰애가 유명한 나무 바위(rock tree)라고 한다. 오랫동안 바람에 깎이
고 깎여 나무 모양이 되었다는 설명이다. 먼 미래에 이 바위는 사라져

기사들이 준비한 음식과 초콜릿을 먹고 있는 소년

버릴지도 모르겠다는 생각이 들었다. 주변 바위들이 사막의 거센 바람을 막아내면서 아직은 위용을 뽐내고 있다. 이것도 지금 이곳에서만 볼 수 있는 기이한 풍경이 아닐까 하는 생각에 다시 한번 바위들을 돌아보았다.

다시 고원 속으로 차가 달린다. 11시쯤 되었을까? 사막 한가운데 폐허처럼 보이는 건물이 몇 동 보이고 그중 한 건물 앞에 차가 멈췄다. 입구에 귀여운 어린아이가 인형을 갖고 놀고 있었다. 일행들이 귀엽다며 초콜릿을 건넸다. 건물 안으로 들어가니 빈방이 하나 나왔다.

기다리는 동안 지프차 기사들이 우유니에서와 같이 건물 안에 탁자를 세팅하고 준비해 온 음식을 차렸다. 기사들이 고생을 많이 하는 것 같다. 점심을 먹고 건물을 돌아보니 복도로 연결된 여러 개의 방이 보이고 방에는 4개씩 2층 침대가 놓여 있었다. 아마도 여행객을 위한 간편한 호스텔 건물 같다.

건물 밖으로 나와 주변을 살펴보니 옆 건물에도 현지 주민들이 살고 있고, 오가는 모습도 보였다. 건물에서 조금 떨어진 곳에는 작은

187

호수 표지판과 라마 모습

계곡과 초원이 있다. 라마 몇 마리가 한가로이 풀을 뜯고 있었다. 이 곳에서 몇 가구가 라마를 키우고 숙박업을 하면서 생계를 유지하는 것 같았다.

식사를 마치고 차를 타고 인근에 있는 호수 입구에 도착했다. 안내 판과 함께 라마 한 마리가 눈에 들어왔다. 호수 입구에 차단기가 설치 된 것으로 보아 관람료를 받는 모양이었다. 근처에 매표소로 쓰이는 관리소 건물도 있다.

잠시 후 가이드가 호수 전망대가 있는 언덕 위로 차를 안내했다. 건너편에 붉은 산이 있고, 붉은 호수가 보였다. 라구나 레드(Laguna Red) 또는 라구나 콜로라도(Laguna Colorado)라고 불리는 이 호수는 붉 은색과 흰색이 어우러진 길이가 10km 가까이 된다. 이곳도 고도가 4,300m나 되어 언제나 바람이 세게 분다고 한다.

차에서 내려 호수를 가까이에서 보기 위해 아래로 내려갔다. 다행 히 오늘은 햇빛이 강해 추위는 느껴지지 않았다. 호수 저편에 홍학들 이 날고 있는 모습이 눈에 들어왔다. 주변의 광산 물질과 플랑크톤이

콜로라다 호수 전경, 호수 우측은 붉은색이고 좌측은 흰색이다

호수 색깔을 붉게 바꿔 놓았다고 한다. 플랑크톤을 먹고 사는 홍학도 붉은 플랑크톤 색소의 영향으로 붉은빛을 띤다는 설명이다. 전망대에서 좌측으로 보이는 호수 표면은 흰색이다. 하나로 이어진 호수인데 한쪽은 붉은색, 또 한쪽은 흰색을 띠는 것이 신기하기만 하다. 호수에 함유된 광산 물질에 따라 호수 표면색이 바뀌기 때문이라고 한다.

▲ 호수 상류에서 라마들이 풀을 뜯고 있다 ▼ 전망대로 오르는 길에서

전망대에서 산비탈을 내려와 호숫가에 다다르자, 좁은 수로를 통해 호수로 물이 스며드는 상류에서 라마 몇 마리가 풀을 뜯고 있었다. 작은 물줄기는 맑아 보였다. 아직 광물질의 영향을 받지 않고 있기 때문이다. 건너편에 높이 솟아 있는 붉은 산이 호수에 투영되면서 더욱 붉게 보였다. 호숫가에서 200~300m 언덕 위로 다시 오르는 길이 힘들게 느껴졌다. 고산증세 때문인가?

콜로라도 호수를 떠나 1시간쯤 고원길을 달리던 중 갑자기 유황 냄새가 신농했다. 도로 한쪽에서 수증기가 연기처럼 솟아올랐다. 솔 데

솔 데 마냐아 모습

마냐아(Sol de Manana), 활화산 지역이라고 한다. 지하 깊은 곳에서 화
산활동이 계속되고 있어 뚫린 곳을 통해 유황 가스가 분출되고 있다.
이곳에 잠시 정차하여 차창 밖으로 하얀 수증기를 바라보았다. 신기
하기는 했지만 고산증세 때문인지 일행들이 흥미를 느끼지 못하는 것
같았다.

노천온천 주변 풍경(blog 해파랑)

　이어서 인근에 있는 온천지역으로 출발했다. 이 지대의 화산활동으로 만들어진 노천온천(Aguas Termales)이다. 해발 4,000m 고원에 있는 유명한 천연온천으로, 여행책자에서 수영복을 입고 꼭 몸을 담가 보라고 추천하는 곳이다. 지프차가 온천지역 휴게소에 도착했다. 외부 날씨는 쌀쌀했으나 온천 내부는 따뜻해 보였다. 몇몇 외국 여행객들이 수영복 차림으로 탕에서 몸을 녹이는 모습이 눈에 띄었다.

　우리는 칠레 입국 시간이 4시까지여서 온천에 들어가는 일정은 생략하는 게 좋겠다고 인솔자가 은근히 동의를 유도했다. 일행들도 옷을 갈아입고 온천에 들어가는 것이 귀찮았는지 모두 동의했다. 다소 아쉬웠지만 휴게소에서 화장실만 다녀오고 칠레를 향해 다시 출발했다.

라구나 베르데와 라구나 블랑카

　칠레로 가는 길에도 두 군데 호수 근처에 잠시 정차했다. 녹색 호수라는 이름의 라구나 베르데(Laguna Verde)와 흰색 호수라는 이름의 라구나 블랑카(Laguna Blanca)다. 녹색과 흰색은 콜로라도 호수와 같이 이 지역에 매장된 광물의 영향 때문이다. 또한 바람의 세기에 따라 부유물의 정도가 달라져 색깔이 달리 보인다고 한다. 두 호수는 근접해 있었고, 흰색 호수가 두 배는 크게 보였다. 근처에는 불모의 붉은 산과 그 너머의 설산, 그리고 녹색과 흰색 호수와 호숫가의 낮은 풀들이 아름다운 풍광을 이루고 있다. 두 군데 호수에서 잠시 내려 기념촬영을 했다. 이곳도 바람이 세고 날씨가 쌀쌀했다. 고도 4,000m 높이의 고원지대이기 때문이다.

　두 호수를 지나니 곧 칠레 접경 지역이다. 멀리 남쪽 칠레 방향으로 리칸카부르 화산(Volcan Licancabur)이 눈에 들어왔다. 이 화산은 칠레와 볼리비아 국경지대 최남단에 있는 성층화산으로 높이가 5,920m에 이른다. 앞서 본 라구나 베르데 바로 남쪽에 있으며 후리케스(Jurques)

리칸카부르 화산지구(구글)

화산 북서쪽에 있다. 정상의 분화구는 너비 400m이며, 거의 일 년 내내 얼음으로 덮여 있는 동서 길이 70m, 남북 길이 90m인 화구호가 있다. 이 화구호는 세계적으로 높은 지점에 있는 호수들 가운데 하나로, 영하 30도까지 내려가는 추운 환경에서도 호수 안에 플랑크톤이 서식한다. 리칸카부르는 이 지역 원주민들이 사용하는 말로 '사람들의 산'이라는 뜻이다.

고원의 나라 볼리비아를 떠나다

리칸카부르 화산 봉우리를 지나 남쪽 칠레로 이어지는 도로를 달리던 지프차가 황량한 벌판 위에 있는 볼리비아 출입국사무소 앞에 멈췄다. 현지 가이드가 여권을 취합해 출국 수속을 받는 동안 모든 수화물을 내려 칠레에서 온 차에 옮겨 실었다. 바람이 무척 세게 불었다. 주변이 허허벌판 사막이어서 바람이 더 세게 느껴지고 더 추운 것 같았다.

이제 우유니부터 동행했던 현지 가이드와 헤어져야 하는 순간이다. 손을 흔들면서 "지난 3일간 우유니부터 지프차 기사들 고생 많았다"

짐을 내려 옮겨 싣고 있다(blog 해파랑)

고 이구동성으로 말했다. 특히 3호차 기사는 우리 가족과 함께하며 수고를 많이 했다. 나중에 안 일이지만, 팁을 너무 적게 챙겨 줘 아직도 미안한 마음이 남아 있다.

　일행은 볼리비아에서 온 지프차 5대를 돌려보내고 칠레에서 온 미니버스 2대에 나눠 타고 칠레를 향해 출발했다. 볼리비아 출입국사무소를 지나 칠레로 이어지는 도로에 들어서니 다시 황량한 사막이 이어졌다. 얼마 후 도로를 가로지르는 볼리비아 칠레 국경 경계선 표식이 보인다. 한국처럼 철조망이나 다른 장애물은 없다. 그저 두 나라는 사막으로 중단없이 이어져 있다. 간간이 보이는 표식이 두 나라를 가르는 국경 역할을 하고 있을 뿐이다. 이제 곧 볼리비아 국경을 넘어 칠레로 들어간다. 라파스에서 우유니로, 그리고 이틀 동안 알티플라노를 쉬지 않고 달리느라 고생은 했지만 좋은 추억이었다.

　볼리비아여 안녕!!!

칠레

Chile

1 _ 깔라마! 고원에서 평지 도시로

떠나는 볼리비아에 대한 아쉬움과 고산병의 고통에서 벗어난다는 안도감이 교차하는 가운데 볼리비아 국경을 통과해 칠레 국경지대에 도착했다. 일행 모두 차에서 내려 칠레 출입국사무소에 여권을 제출하고 입국 절차를 밟았다.

여권 심사가 끝난 후 바로 수화물 심사가 이어졌다. 차에서 내린 모든 수화물을 심사대에 올려놓고 심사관이 손으로 일일이 확인했다. 이미 까다롭기로 소문이 났기 때문에 걱정을 많이 했는데, 생각했던 만큼은 아니었다. 수화물 속에 들어있는 라마, 고양이 등 동물 인형을 보고는 귀여운지 심사관이 연신 농담을 건넸다. 논란이 있던 커피도 문제 삼지 않았다. 모두 국경 심사대를 무사히 통과했다. 엄격하게 모든 식품을 처분하라고 안내한 인솔자에게 잠시 불만의 눈길이 쏠리기도 했다.

이제 칠레다. 고원지대에서 아래로 계속 내려간다. 얼마쯤 지나자 고속도로 옆으로 아타카마 사막이 나타났다. 옛날 볼리비아 땅이었으나 전쟁에서 져 이제는 칠레 땅이 되었다. 세상에서 제일 건조한 사막으로 볼거리가 많은 관광지라고 작은아들이 말한다. 하지만 이번 여행 일정에는 포함되어 있지 않았다. 멀리 바라보며 스치는 것으로 만족하자고 자위한다. 역시 칠레는 잘사는 나라여서 도로가 볼리비아와 비교되지

▲ 칠레 입국장(구글)　▼ 깔라마 호텔과 시가지(구글)

않을 정도로 훌륭하다. 고속도로처럼 잘 정비되어 있다.

　약 100km 거리를 1시간 30분 정도 달려 칠레 북부 깔라마(Calama) 의 한 호텔(Hotel Diego de Almagro Alto El Loa)에 도착했다. 새벽부터 7~8시간 동안 엄청난 거리를 달려왔고, 국경을 통과하면서 짐을 두 번이나 내리고 싣는 힘든 일정을 소화했는데도 머리가 맑고 시원했 다. 그동안 머리를 짓누르던 큰 돌덩이가 사라진 느낌이었다. 아! 여긴 평지다. 이제 4,000m 고원지대에서 완전 평원으로 내려온 것이다. 고 산증이 없어지면서 늘 괴롭히던 두통이 사라지고 피곤함도 함께 사라 진 것 같다. 이번 여행에서 말로만 듣던 고산증의 어려움을 제대로 체 험했다.

저녁은 아이들과 근처 식당까지 걸어가기로 했으나, 인솔자가 칠레라 해도 지방 도시는 치안상 문제가 있다고 말렸다. 이 지역은 공항에서 가까운 거점 도시로 치안이 좋은 편이 아니라는 설명이다. 결국 인터넷으로 피자헛 피자를 배달해 먹기로 했다. 그나마 선진국 칠레라서 인터넷으로 주문 배달이 가능하다고 한다.

주문하고 30분 정도 지나 피자가 호텔 1층으로 배달되었다. 피자는 한국에서 먹는 맛과 비슷했다. 남미에 온 후 오랜만에 입맛에 맞는 음식을 배불리 먹었다. 그리고 오늘 밤은 고산증 없이 깊은 잠을 잘 수 있을 것 같다. 이제 어려운 여행은 끝났다는 생각이 들었다. 내일부터는 칠레, 아르헨티나, 브라질 3개국을 돌면 된다. 모두 평원에 있는 도시들이다. 안도의 한숨을 쉬면서 하루를 기분좋게 마무리했다.

2월 27일, 칠레에서 첫 아침을 맞았다. 오늘은 칠레 수도 산티아고(Santiago)에 간다. 오전 9시 비행기인데 인근에 공항이 있어 호텔에서 7시에 출발했다. 깔리마 공항도 페루나 볼리비아 공항에 비해 깨끗하고 덜 혼잡스러웠다. 대기시간도 1시간 30분 정도로 훨씬 짧았다. 이것이 그 나라의 경제 수준이 아닌가 하는 생각이 들었다.

비행기는 9시 6분 깔리마 공항을 떠나 1,200km를 2시간 정도 날아 11시 10분 산티아고 공항에 도착했다. 입국 절차를 거쳐 짐을 찾으니 12시가 조금 넘었다. 수도 공항(Aeropuerto de Santiago)이어서 널찍했다. 현지 가이드 차량으로 수화물을 옮기는데, 엘리베이터를 타고 움직이기 때문에 다소 번잡스러웠다. 일행들이 버스에 오르자 곧 점심 식사 장소로 이동한다고 했다.

산티아고 공항 입국장(구글)

2 _ 산티아고의 수도주, 비타쿠라

헌법 광장, 아르마스 광장, 중앙시장엔 관심이 없다

공항을 벗어난 버스가 산티아고 시내로 들어서자 하천과 가로변으로 한국 노점상 비슷한 시장이 눈에 들어왔다. 이 인근에 산티아고 중앙시장이 있다고 한다. 공항을 출발한 지 30~40분 지나 한적한 한식당 앞에 도착했다.

'하누리'라는 한식당(Restaurante HANURI)이다. 3~4일 만에 맛보는 한식에다 고산증 우려도 없으니 맥주를 한잔씩 하기로 했다. 우리 가족이 마실 맥주 두 병을 먼저 주문하고, 일행을 위해서도 다섯 병을 주문했는데 마시는 분도 있고 마시지 않는 분도 있었다.

음식을 다양하게 시켰으나 맛은 그저 그랬다. 오랜만에 맛보는 맥주

한식당 하누리(구글)

202

맛도 그랬다. 고산증 때문에 열흘 넘게 맥주를 마시지 않아 그런지 맛을 잘 모르겠다. 두 아들은 전혀 입에 대지 않았고, 일행도 대부분 술을 즐기지 않는 분위기라서 더욱 그런 생각이 든 것 같다.

식사를 마치고 나니 2시가 안 됐다. 오후 일정은 산티아고 시내 관광이다. 먼저 대통령 관저(Palacio de la Moneda)가 있는 헌법 광장(Plaza de Constitucion)에서 현지 가이드가 도시와 주변 건물들을 소개했다. 헌법 광장 가장자리를 따라 칠레의 역사적 인물들의 조각상이 배치되어 있는데, 맨 끝에 안경을 낀 살바도르 아옌데(Salvador Allende) 대통령 조각상이 있었다. 그 앞에 잠시 서서 아옌데 대통령에 대한 간략한 설명이 이어졌다. 아옌데는 칠레의 역사상 첫 사회주의 대통령으로, 오늘날까지 칠레에서 존경받는 인물 중 한 분이다. 그는 1973년 피노체트 군사 쿠데타에 맞서 외국으로 망명하라는 주변의 권유에도 불구하고 참모들을 모두 궁 밖으로 내보낸 다음 스스로 자살을 택했다.

광장을 걸으면서 가이드의 설명이 계속되었으나 귀에 들어오지 않았다. 다른 일행들도 마찬가지였다. 햇볕이 너무 뜨겁고 무더워서 걷는 것

헌법 광장과 아옌데 대통령 동상(구글)

조차도 버거웠다. 얼마 지나지 않아 스타벅스 매장이 보이자 일행 모두 더위를 피해 무작정 그곳으로 들어섰다. 각자 커피 또는 아이스크림을 사 먹으면서 30분 정도 휴식을 취했다. 일행 중 몇 분이 '바깥 날씨가 뜨거우니 시내 투어를 생략하고 여기서 기다리고 있으면 안 되느냐'는 의견을 냈다. 인솔자가 "안 된다"라고 잘라 말했다. 우리를 태울 버스가 이곳에 정차하지 않는다는 것이다.

다시 시내 빌딩 사이를 걸어 아르마스 광장으로 갔다. 광장 입구에 'STGO'라는 큰 조형물이 서 있고 광장 주변은 사람들로 매우 혼잡했다. 아내와 큰애가 조형물을 배경으로 기념사진을 찍었다. 바로 옆에

아르마스 광장(구글)

는 산티아고를 처음 건설한 스페인 정복자 발디비아(Valdvia) 기마상이 우뚝 서 있다. 일행들이 기념촬영을 한 후 가이드는 아르마스 광장을 가로질러 맞은편에 있는 산티아고 대성당(Catedral Metropolitana de Santiago)으로 안내했다.

대성당은 신고전주의 양식으로 16세기 스페인 정복 직후에 건설되었으나, 그간 보아 온 남미의 다른 성당에 비해 화려했다. 특히 천장 벽화와 제단에 있는 은으로 만든 커다란 촛대가 눈길을 끌었다. 전반적으로 유럽 여행 때 많이 본 성당들과 비슷해 눈에 익숙한 모습이었다.

대성당을 나와 버스를 타고 시내 곳곳을 관광했다. 차에서 내리지 않고 차창을 통해 건물들을 보며 가이드의 설명을 들었다. 공항에서

▲ 산티아고 조형물과 발디비아 기마상　▼ 대성당 외부 및 내부 모습

시내로 들어올 때 지나친 중앙시장 옆 도로를 다시 한번 지났다. 산티아고 중앙시장(Mercado Central de Santiago)은 다양한 해산물과 채소류 등을 파는 해산물 시장으로 유명하며, 시장 곳곳에는 해산물 요리를 잘하는 작은 식당들이 있다. 최근에는 이곳이 관광객용 식당으로 바뀌면서 가격이 비싸지고 있다고 한다.

이어서 마포초 강변을 따라 조성된 삼림공원(Parque Forestal) 옆을 지나면서 그곳에 있는 칠레 국립미술관(Museo Nacional de Bellas Arte)에 대해 잠시 설명을 들었다. 처음 1880년에 개관했으나 지금 건물은 1910년부터 사용하고 있고, 칠레의 건축가 에밀리오 제키에르(Emilio Jequier)가 설계했다. 현재 로댕의 제자인 칠레 예술가 레베카 마타(Rebeca matte)의 작품을 비롯해 국내외 예술가들의 조각과 회화작품이 전시되어 있다고 한다. 중앙시장에 가서 칠레의 생활상을 체험하지 못한 점과 국립미술관을 직접 방문하여 다양한 작품들을 보지 못하고 설명으로 대신한 점은 아쉬움으로 남아 있다.

일행 모두 비타쿠라가 좋다

시내를 빠져나온 버스는 시 외곽으로 이어진 고속도로에 진입했다. 고속도로를 따라 북동쪽으로 30분쯤 달리자, 한쪽에 깨끗하고 한적한 도시공원이 보이고, 반대편으로 고층 빌딩들이 밀집한 신도시가 나타났다. 이곳은 산티아고의 수도주 비타쿠라(Vitacura)다. 칠레의 대표적인 부촌으로 우리나라 청담동쯤 되는 지역이다. 예약한 호텔 이름도 노이 비타쿠라(NOI Vitracura)다.

이 지역에서는 치안에 신경을 쓰지 않아도 된단다. 무엇보다 고산

노이 비타쿠라 호텔과 칠레 수도주 비타쿠라(구글)

증도 치안도 신경 쓰지 않고 편히 쉴 수 있어서 좋았다. 호텔로 들어오는 손님들도 모두 백인이고 대부분 양복 차림이었다. 미니 벤츠 버스에서 내려 호텔로 들어오는 5~6명은 단체로 교육을 받으러 왔는지 똑같은 세미 정장을 입었다. 이곳이 남미의 부자 국가 칠레 중에서도 부촌 지역이어서 호텔도 매우 고급스럽다. 호텔 체크인을 마치고 배정받은 2층 방으로 올라가 우선 짐을 풀었다.

짐을 정리하고 나니 오후 4시가 조금 넘었다. 큰애가 근처에 있는 빨래방을 찾았다면서 자기들 옷을 세탁하러 가겠다고 한다. 우유니에서 입었던 소금에 찌든 옷들이 그대로 있어서 세탁이 필요했다. 노원, 창원, 부산 부부도 같이 갔다. 몇 분은 세탁이 필요하지 않은데도 동행했다. 호텔에서 몇 블록을 지나 작은 건물에 있는 빨래방에 세탁물을 맡기고 내일 저녁까지 배달을 요청했다. 한 부부가 세탁물이 적어서 기본요금을 냈는데 단가가 비싸다고 불평했다.

다시 호텔로 돌아오는 길에 보니 내일 가기로 예정된 콘차이 토로 (Concha y Toro) 와인 전시장이 있었다. 잠시 전시장에 대해 몇 마디

에르메스 및 스타벅스 매장

나눈 다음 백화점에 가는 일행과 헤어졌다.

우리는 아내가 이끄는 대로 길 건너편에 보이는 에르메스(Hermes Santiago) 매장으로 갔다. 부촌답게 1층 에르메스 매장이 도로변에 널찍하게 자리 잡고 있었다. 문이 잠겨 있어 두드리자 종업원이 나와 열어 주었다. 아내가 생각하고 있던 백 이름을 말하자 매장 창고에서 작은 백 하나를 가져왔다. 아내가 찾던 백은 맞는데 색상이 아니란다. 가격을 물으니 8,000불이 넘었다. 손바닥만 한 핸드백 하나에 천만 원이 넘으니 이해가 가지 않았다. 이 가격도 비싼 게 아니고 한국에서는 아예 제품이 없어 못 산다고 한다. 돈도 준비되지 않았지만, 다행히 찾는 색상이 아니라서 포기하고 나왔다. 아내는 미련이 남아, 그 후 여행하면서 카드로라도 살 것 그랬다고 아쉬워했다.

오후 5시가 다 되었는데도 아직 밖은 무더웠다. 가까이 있는 스타벅스에 가서 시원한 커피를 마시며 창밖을 보니 주변이 깨끗하고 상쾌해 보였다. 특히 도로와 정원이 잘 정리되어 있었다. 저녁을 먹기 전에 잠시 쉬기로 하고 호텔로 돌아왔다.

저녁은 큰애가 인터넷으로 찾은 근처 유명한 식당에서 먹기로 했다.

예약 시간이 아직 남아 있어 아내와 함께 근처 공원을 산책했다. 걷다 보니 큰 도로변에 일정한 거리를 두고 매장들이 있었다. 매장 앞에 대부분 잔디 정원이 있고, 건물은 1~2층으로 널찍하고 고급스러워 보였다.

공원 주변에는 시청 건물과 도로 좌우에 연구소 건물이 들어서 있다. 공공기관 건물과 공원을 한쪽에 두고 다른 한쪽에는 부유층 주택들이 들어서면서, 큰 도로변에 고급스러운 상가들이 형성된 것으로 보인다. 전형적인 신도시 부촌 모습이다. 호텔로 돌아오니 식당 예약 시간인 6시 30분이 다 되었다.

남미의 종로에서 가족 회식을 하다

두 아들과 함께 저녁을 먹기로 한 식당 소시얼(Social)을 찾아 나섰다. 호텔에서 큰 도로를 따라 5분 거리에 있는 식당은 젊은 취향의 대중식당이었다. 좀 시끄러운 듯하지만 음식이 다양하고 가격도 비싸지 않아 젊은이들이 많이 찾는 것 같다.

식당에 들어서자 볼리비아에서 왔다고 자신을 소개하는 남자 종업원이 안내했다. 볼리비아에서 그들의 어려운 생활상을 보고 왔기 때문에 그 종업원에게 더 마음이 가고 친밀감을 느꼈다. 햄버거, 포테이토, 캘리포니아롤, 스테이크 등 다양한 음식을 주문하고, 맥주도 몇 병 주문했다.

오후 7시가 넘자 빈자리가 없을 정도로 손님이 꽉 찼다. 우리나라 종로 생맥줏집에서 친구들과 떠들며 술을 마시는 그런 분위기였다. 시간이 지나면서 한국이 아닌가 하는 착각이 들 정도였다. 한편으로 신기하기도 했다. 머나먼 지구 반대편에서 이런 분위기가 느껴지다니 놀랍기도 했다. 한국은 2월 한참 추운 겨울인데, 이곳 사람들은 반팔

현지 식당에서 즐거운 시간을 보냈다

차림으로 호젓하게 여름밤을 즐기고 있었다.

1시간 반 동안 기분좋게 먹고 마시다가 오후 8시쯤 식당을 나왔다. 이런 소소한 재미 역시 여행의 또 하나의 맛인데, 그동안 페루와 볼리비아에서는 고산지역의 한계도 있고 너무 유적지 관광에만 집중하다가 이런 소소한 재미를 느끼지 못한 것은 아닌가 하는 생각이 든다.

호텔에 돌아와 내일 일정에 대해 얘기했다. 여행사 계획은 칠레 제일의 와이너리 콘차이 토르를 방문하는 날이다. 돈 멜초(Don Melchor),

까시에로 델 디아블로(Casillero del Diablo), 알마비바(Almaviva) 등 세계적인 와인 산지를 직접 방문해 와인을 시음할 수 있는 의미 있는 일정이다. 그런데 우리 가족은 와이너리 관광보다 주변 관광지를 여유 있게 돌아보기로 의견을 모았다. 두 아들이 와인에 관심이 적었고, 와이너리가 더울 것으로 예상되었기 때문이다. 나는 와이너리 관광도 가족 관광도 의미가 있다고 생각했으나, 가족 의견에 따르기로 하고 인솔자에게 양해를 구했다. 와이너리 대신 칠레의 태평양 바닷가 비냐델 마르(Vina del Mar)에 다녀오기로 계획을 세웠다.

2월 28일, 칠레에서 두 번째 아침이자 산티아고의 첫 아침이다. 벌써 2월 마지막 날이다. 하지만 날짜 감각은 없다. 일어나면 아침이고, 누우면 밤이다. 다른 날과 같이 아침 일찍 일어나 호텔 지하 1층에 있는 식당으로 내려갔다. 일행들은 이미 먹고 올라가기도 하고 남아서 식사를 하는 분도 있었다. 유럽을 여행할 때 느꼈던 아침 식사 분위기와 비슷했다. 음식도 비슷했다. 여러모로 칠레는 남미의 선진국, 유럽인 것 같다.

식사를 하고 방에 올라오니 아직 8시도 안 되었다. 일행들은 와이너리 여행을 준비하는 시간이지만, 우리는 10시쯤 비냐 델 마르 바닷가에 가기로 해 여유가 있었다. 아내와 함께 산책을 나섰다. 호텔 정문에서 좌측으로 조금 나가자 사거리 건너편에 고급스러운 일식집이 보였다. 미식가인 부산 부부가 엊저녁에 식사한 곳이고 음식 맛도 훌륭했다고 한다.

길 건너 도로를 따라 계속 올라가자 도로 양편에 고급스러운 옷집, 가구점, 그릇가게가 적당한 거리를 두고 늘어서 있었다. 잘 정돈된 정원이 있는 고급 주택도 보였다. 어제 갔던 공원 쪽으로 발길을 돌렸다.

시청사와 시공원(구글)

길옆에 연구소 건물이 보이고, 길이 교차하는 맞은편엔 관공서 건물이 있었다. 관공서 건물 옆길을 돌아 푸른 잔디밭 쪽으로 향하자 널찍한 공원이 눈앞에 다시 펼쳐졌다.

어제는 저녁 시간이 가까워 자세히 보지 못했지만, 오늘은 시간 여유를 갖고 확인해 보니 관공서 건물은 시청사(Municipalidad de Vitacura)이고, 공원은 시공원(Bicentenario Vitacura Park)이라고 한다. 언뜻 보아도 공원은 크고 깨끗하게 잘 관리되어 있다. 주변 정원수도 잔디도 잘 정돈되어 있고 수영장 등 아이들 놀이시설도 깨끗해 보였다. 아직 이른 아침이어서 사람들이 많이 보이지는 않았다.

한쪽 편으론 제법 규모가 큰 패밀리 레스토랑이 있다. 야외에서 식사할 수 있도록 건물 밖에도 테이블을 놓아 두었다. 이곳은 가족들이 주말에 휴식을 취하고 식사하기에 적합한 가족 공원 같았다. 페루와 볼리비아에서 보기 어려운 풍경이었다. 공원을 한 바퀴 돌고 싶었으나 시간이 많지 않아 천천히 호텔로 돌아왔다.

3 _ 가족끼리 찾은 해안 도시, 비냐 델 마르

호텔로 돌아오니 아침 9시 30분이다. 일행들은 와이너리로 떠나고 로비는 조용했다. 방에 올라가 간단히 준비를 하고 두 아들과 함께 호텔을 나섰다. 내가 발파라이소(Valparaiso) 해변으로 가자고 제안했는데, 큰애가 그쪽은 서민들이 많이 살고 치안이 문제라고 해서 대안으로 찾아낸 곳이 비냐 델 마르(Vina del Mar) 해변이다.

이곳은 산티아고 서쪽 태평양 연안에 자리 잡은 대표적인 휴양도시로 치안에 문제가 없다고 한다. 늘 부촌 지역을 찾고, 치안에 너무 예민한 큰애의 태도에 불만이 없지 않았으나, 어디가 더 좋을지 확신도 없었고 여행 분위기를 위해서도 큰애 주장에 동의했다. 비냐 델 마르에 가는 일정도 큰애가 준비했다.

호텔에서 5분 거리에 있는 시청 옆 버스터미널에서 출발하는 버스가 있다고 해 그곳으로 갔다. 그런데 큰애가 표를 사기 위해 시청 건물 안으로 들어갔다 나오더니 이곳이 아니라고 한다. 그전에 내가 정확히 알아보라고 했더니, 큰애가 걱정하지 말라고 하더니 늘 상황이 비슷했다. 매사에 내가 얘기하면, '자기가 확인한 것이 확실하다고, 자기가 다 알아서 한다고, 아빠가 몰라서 그런다'고 했다. 물론 큰애가 영어도 잘하고, 여행 경험도 많고, 나이를 따져도 총명해서 제 판단이 옳고 빠를 수 있다. 그런데 왠지 기분이 언짢다.

이유 불문하고 늘 아들 편을 드는 아내의 태도도 짜증스럽다. 여행 중에는 싫더라도 싫은 표시를 하지 않고 참아야 하는데, 그것이 잘 되지 않는다. 가끔 비슷한 문제로 분위기가 냉랭해진다. 여행 후 아이들과의 관계를 어떻게 정립해야 할지 혼란스럽다.

우버 택시를 호출하여 비냐 델 마르행 버스가 출발하는 알라메다 터미널(Terminal Alameda)로 가기로 했다. 택시 방향에 혼선이 있어 10분쯤 늦게 택시가 도착했다. 남미의 선진국 칠레인데도 우버 택시는 무척 좁았다. 기사와 가족 넷이 억지로 끼어 앉았다. 우리나라 티코보다 약간 큰가? 비슷했다. 여기 사람들이 한국에 오면 차들이 대부분 대형인 것을 오히려 이상하게 생각할 것 같다. 30분 정도 남쪽으로 달려 버스터미널에 도착했다.

터미널은 사람이 많아 혼잡하고 사람들 모습도 추레해 보였다. 같은 칠레 산티아고인데 비타쿠라와는 확연히 다른 분위기였다. 선진국이라는 칠레조차도 남미의 고질적인 빈부 격차 문제는 어찌할 수 없는가 보다. 잠시 한가한 생각을 하고 있는데 큰애가 소매치기 조심하라고 일깨워 주었다. 아차, 소매치기 조심이 최우선이다. 시간은 벌써 오전 11시가 가까워지고 있다.

11시 20분 출발하는 비냐 델 마르행 버스표를 사서 바로 2층 고속버스에 올랐다. 버스 안은 깨끗하고 쾌적했다. 냉방장치, 발받침, 넓은 의자 간격 등 편의시설도 잘 갖추어져 있었다. 비냐 델 마르까지 1시간 30분 정도 걸린다고 한다. 버스가 출발한 지 10분 만에 멈췄다. 직접 가는 줄 알았는데 정류장 하나를 거쳐 간다. 이곳 정류장(Terminal Pajaritos)에서 10분 정도 정차하여 사람들을 태운 후 11시 40분에 다시 출발했다.

알라메다 터미널 승차장(구글)

비냐 델 마르로 가는 길은 직선으로 잘 뻗은 고속도로였다. 미국 LA 근교를 달리는 분위기였다. 1시간쯤 지나자 발파라이소와 분기점이 나왔다. 도로에서 가까이 보이는 작은 산에는 집들이 모여 있어 페루에서 보던 산동네와 비슷했다. 산비탈을 따라 층층이 형성된 주택가도 있다. 이곳에서 발파라이소 지역이 가깝다고 하니, 아마도 그곳은 서민들이 사는 동네인 듯하다.

발파라이소 분기점을 지나 비냐 델 마르 버스터미널에 도착하니 벌써 오후 1시가 지나고 있다. 이곳 터미널도 사람들로 붐볐고, 주변엔 과일가게와 옷가게 등 노점상으로 혼잡했다. 해안지역이어서 그런지 날씨는 서늘했다. 터미널을 나와 아들이 인터넷으로 찾아 놓은 식당

216

비냐 델 마르 터미널 입구(구글)

으로 이동했다.

　도로를 따라 15분쯤 걸었으나 가기로 한 식당은 더 걸어야 한다고 한다. 그때 마침 큰 도로변에 체인식당 프라이데이스(Fridays)가 눈에 띄었다. 점심으로 여기도 괜찮을 것 같아 그곳에 가서 햄버거와 스테이크 세트 메뉴를 주문했다. 두 아들과 나는 남기지 않고 먹었으나, 아내는 거의 입에 대지 않고 남겼다. 가격은 휴양도시라서 그런지 한국보다 조금 비싼 듯했다. 한국 돈으로 1인당 3만 원 정도 나왔다. 식당을 나오면서 아내는 너무 오래된 기름을 쓴 것 같다고 불평했다. 그 소리를 들으니 느끼해지는 듯했다. 식당을 나와 조금 더 걸으니 스타벅스가 있었다. 느끼함을 해소하기 위해 커피와 아이스크림을 주문했다.

　벌써 오후 2시 30분이 다 되었다. 돌아가는 버스는 오후 4시이니 1시간 20분 정도 해안가를 돌기로 했다. 해안선을 따라 차도 안쪽으로 인도

프라이데이스와 스타벅스(구글)

가 나 있고, 차도 왼쪽으로는 작은 산이 해안선을 따라서 구릉지대를 형성하고 있다. 간간이 유럽의 성을 연상하게 하는 저택으로 가는 길도 구릉으로 연결되어 있다. 해안도로를 따라 20~30분 걸으니 공사로 인도가 폐쇄되기도 하고 갑자기 없어지기도 했다.

차들은 해안선 도로를 따라 질주하고 있어 도로 주변을 걷기에 위험했다. 횡단보도 표시가 잘 보이지 않아 무단횡단을 하기도 하고, 보행자를 간신히 피해 가면서 해변도로를 걸었다. 어떤 곳은 인도가 너무 좁아 도로 건너 반대편에 있는 인도로 걷기도 했다.

얼마 후 좀 넓은 해변공원이 나왔다. 공원 초입 언덕으로 온갖 꽃을 장식한 시계가 있었다. 시계 위쪽으로 비냐 델 마르라고 쓰인 꽃장식이 보였다. 이곳은 꼭 보고 가야 한다고 이전부터 큰애가 강조하던 장소였다. 날씨가 청명해서인지 사진이 선명하고 예쁘게 나왔다. 기념사진을 찍은 후 비냐 델 마르 버스터미널로 향했다.

돌아오는 길에 생각해 보니 이곳 해안은 전체적인 조망이 해운대의

비냐 델 마르 꽃시계 앞에서

옛날 모습을 연상케 한다. 해변 주변의 고성 모양의 호텔과 야산의 고급 주택들 그리고 열대지방의 야자수들이 다른 모습이다. 멀리서 보는 풍경은 부산 해운대인데, 가까이서 보면 유럽풍의 해변이라 할까?

20~30분을 걸어 버스터미널에 도착했다. 곧 산티아고행 4시 버스에 올랐다. 길이 다소 혼잡했던 탓인지, 알라메다 터미널에 돌아오니 오후 6시가 넘었다.

▲ 해운대를 닮은 해안선 풍경(구글) ▼ 해안도로 안쪽의 고풍스런 건물들(구글)

　저녁은 한국식당에서 먹기로 하고 우버 택시를 불렀다. 10분 후에 도착한 택시를 타고 30분을 달려 한인타운에 있는 서울식당(Comida Coreana Seoul) 앞에서 내렸다.

　어쩐지 주변 골목이 으스스해 보이고 우범지대 같았다. 7시 이전에 모든 상가가 문을 닫기 때문이라고 한다. 개운하지 않은 기분으로 서울식당 안으로 들어가니 한국인 손님이 몇 분 있었다. 조금 마음이 놓였다. 나중에 2층 화장실에 가다 보니 2층 룸에는 한국 단체 손님들도 보였다. 이곳은 삼겹살을 잘한다고 주인이 추천하니 옆에 있던 손님도 거든다. 삼겹살 3인분, 김치찌개, 라면 등을 주문했다. 늘 그 랬듯이 두 아들은 콜라를 마시고, 우리 부부는 소주 한 병과 맥주 두 병을 시켰다. 삼겹살이 두툼해서 먹음직해 보였다. 소맥 안주로는 제 격이었다. 오랜만에 소주와 맥주를 혼자 거의 마셨다. 갑자기 취기가 올라왔다. 인생에 이런 맛도 있어야 하는데, 남미 여행 중 처음으로 취할 정도로 많이 마신 날이다.

식당을 나와 다시 우버 택시를 불러 타고 호텔에 돌아오니 8시쯤 되었다. 약간의 두통과 술기운이 있었으나 오랜만에 기분이 괜찮은 저녁이었다.

호텔에 돌아오니 어제 맡겼던 세탁물이 말끔하게 정리되어 돌아와 있었다. 다른 일행의 세탁물도 큰애 이름으로 배달되어 큰애가 세탁 물을 전달했다. 저녁에 내일부터 비행기 위탁 수화물이 15kg으로 제 한되고 그 이상은 초과요금이 부과된다는 예고가 있었으나, 잘못된 정보였다. 큰애가 H2 항공사 수화물 규정을 확인한 결과 20kg까지 허 용되는 것으로 확인했다. 큰애가 인솔자가 확인하지 못한 것을 찾아 서 일행들이 수화물을 정리하는 데 혼선을 줄여 준 데 대해 뿌듯해 했다. 술기운 탓인지 피곤이 몰려와 일찍 잠자리에 들었다. 그 때문에 내일 일정에 대한 걱정이 없어서 좋았다.

3월 1일 오늘은 산티아고를 떠나는 날이다. 12시 6분 산티아고를 출 발, 푸에르토 몬토(Puerto Montt)를 경유해 오후 4시 39분 오늘의 목적 지 푸에르토 나탈레스(Puerto Natales)에 도착하는 여정이다.

오늘은 비행 시간이 늦어서 아침 식사를 하고 쉬다가 9시쯤 여유 있게 호텔을 출발했다. 산티아고 공항에 도착하니 9시 20분이다. 생각보다 절차 진행이 빨랐다. 수화물을 위탁하고 보안 검색을 마치고 출발 게이트에 도착하니 아직 10시도 되지 않았다.

공항 분위기는 입국할 때 느끼기도 했지만 깨끗하고 상쾌했다. 여기서도 2시간 이상을 기다려야 한다. 이제 어느 정도 습관처럼 될 것도 같지만 여전히 지루하기만 하다. 기념품 가게를 들르기도 하고 커피를 마시면서 기다렸다.

11시 30분 탑승구가 열리고 비행기에 올랐다. 12시쯤 비행기가 출발했다. 12시 06분 비행기인데 이륙 준비가 끝났다고 미리 출발했다. 지연 출발은 여러 번 경험했지만, 조기 출발은 처음이다. 라파스에서 우유니로 가는데 비행기가 1시간 30분 지연 출발하는 바람에 4시간 정도 공항에서 대기한 경험이 있어서 그런지 6분 조기 출발임에도 가슴이 시원했다.

오후 2시 푸에르토 몬트 공항(El Tepual Airport)에 도착했다. 비행기는 공항에서 30분간 머물며 내리는 손님과 탈 손님만을 교체한 후 2시 30분 다시 이륙했다. 푸에르토 나탈레스 공항(Aeropuerto Teniente Julio Gallardo)에 도착하니 오후 5시다. 아침 9시 호텔을 출발하여 오후 5시에 이곳에 도착한 것이다.

오늘은 아침부터 계속 이동 중이어서 점심 먹을 시간이 없었다. 모두 배가 고픈 표정이지만, 인솔자는 호텔이 가까운 곳에 있으니 거기서 점심 겸 저녁을 먹자고 한다. 본래 점심은 여행사 측에서 부담하고 저녁은 각자 부담이지만 여행사 측에서 점심 대신 부담한다고 한다.

호텔(Hotel Altiplanico Sur)은 공항 가까이에 있었다. 도로변 경사면에 1층으로 비스듬히 지은 건물이라 전면 풍광이 좋고, 모든 객실이 전방

222

푸에르토 나탈레스 공항(구글)

호수와 먼 산까지 조망할 수 있는 구조로 되어 있었다. 호텔에 5시 20분쯤 도착해 체크인을 하고 방에 가서 짐을 정리하고 나니 5시 30분이었다.

잠시 후 호텔 측에서 너무 이른 시간이라 지금은 식사 준비가 안 된다는 연락이 왔다. 인솔자가 오후 7시 30분이 되어야 저녁 식사가 가능하다고 했다. 지금부터 2시간을 기다려야 한다는 얘기였다.

호텔 주변은 허허벌판으로 식사할 만한 식당을 찾기 어려웠다. 식당이 있는 시내까지는 1시간 정도 걸어가야 한다. 게다가 호텔에서 일행 식사를 한꺼번에 준비하기가 어려워 우리 가족은 8시 30분에 했으면 하고 인솔자가 말했다. 물론 안 된다고 했다. 점심도 못 먹어 배가 고픈데 2시간을 어떻게 기다리냐고 여기저기서 불평이 터져나왔다. 점심이 늦으면 미리 연락해서 준비하도록 하던지 했어야지, 이게 뭐하는 짓이냐는 큰 소리도 나왔다. 인솔자는 그 소리를 듣고도 아무 말도 하지 않았다. 본래 멘탈이 강한 성격인지, 아니면 무심한 성격인지 모르겠다.

호텔 전경과 야경 모습(구글)

인솔자가 계속 호텔 측과 협상해 다행히 오후 7시까지 일행 모두의 식사를 준비해 주기로 했다. 각자 미리 메뉴를 주문하고 7시까지 기다리기로 하면서 분위기가 진정되었다. 인솔자가 나중에 애는 썼으나 치밀하게 준비하지 못한 아쉬운 대목이다. 어제 산티아고에서도 H2 항공 수화물 규정을 잘못 확인하고 전한 일도 같은 맥락이다.

저녁까지 아직도 1시간 30분을 기다려야 했다. 그동안 큰애가 근처 카페에 가자고 해서 밖으로 나왔다. 20분 거리에 카페가 있다고 한다. 큰 도로로 나오니 빗방울이 날리고 바람도 세게 불어 무척 추웠다. 큰애와 아내는 카페로 가고, 나는 포기하고 호텔 쪽으로 올라왔다. 그때 노원 부부가 내려오고 있었다. 시내 쪽으로 산책을 간다고 해 얼떨결에 그들을 다시 따라 나섰다. 큰길로 내려와 아내에게 전화하니 오른쪽으로 오면 카페가 보인다고 했다.

노원 부부는 왼편으로 가고 나는 카페를 찾아 오른쪽으로 걸어갔다. 20분 이상 찬바람을 맞으면서 갔는데 카페가 보이지 않았다. 도로는 2차선으로 좁고 인도가 없어서 걷기에 위험했다. 다시 아내에게 전화

아내와 큰애가 찾은 카페

했다. 늘 적당히 말하는 아내와의 대화에서 혼선이 있었다. 오른쪽이
란 얘기는 길 건너서 오른쪽에 있다는 뜻이었다. 건너기 전 오른쪽과
는 완전히 반대편이었다. 노원 부부가 간 길 왼쪽으로 가다가 도로 오
른쪽에 카페가 있다는 것이다. 다시 돌아오는 수밖에 없었다.

　갔던 길을 다시 걸어서 호텔에 돌아오니 6시 30분이다. 곧 아내와
큰애도 호텔로 돌아오고, 식당 근처로 일행들이 모여들기 시작했다.
며칠 전 칠레에 입국하면서 가져온 음식을 모두 버려 호텔 식당에서
저녁을 먹을 수밖에 달리 방법이 없었을 것이다.

일행들이 식당으로 모였다

　7시가 되자 주문한 식사가 나왔다. 우리 가족은 해물 리조또 2개와 대구, 연어 1개를 주문했다. 작은애는 해물을 좋아하지 않아 별도 요리를 주문했다. 그리고 화이트와인을 한 병 주문해서 아내와 같이 마셨다. 얼마 후 부산 남편과 전주 남편도 레드와인을 한 병씩 주문하여 일행에게 한 잔씩 돌렸다. 배고픔이 해소되고 와인이 한 잔씩 돌아가자 언제 그랬냐는 듯 분위기가 밝아졌다.

　해물 리조또도 맛있었다. 모처럼 일행 모두 화기애애한 분위기에서 저녁 시간을 보냈다. 부산 남편이 와서 내게 레드와인을 권했다. 답례로 마시던 화이트와인을 한 잔 따라주었다. 일행들과 이런저런 농담이 오가고 웃음소리도 들렸다. 다양한 연령대로 구성된 일행들 사이에서 오늘과 같은 분위기는 다시 갖기 어려울 거라는 생각이 들었다.

　저녁 식사를 하고 숙소로 내려오니 호텔 객실에서 바라보는 야경이 무척 화려했다. 모든 호텔 객실이 언덕 경사면에 있어서 1층에서 보는데도 호텔 앞으로 펼쳐진 전경이 고층 건물에서 보는 것처럼 내려다보인다. 낮에는 잘 보이지 않던 호수 건너편 마을도 조명이 켜지면서 도시의 윤곽이 선명하게 그려졌다.

내일은 다시 이 호텔을 출발하여 토레스 델 파이네 국립공원으로 갈 예정이다. 다행스러운 건 항공기를 이용하지 않고 버스를 타고 떠나기 때문에 수화물 중량에 신경 쓸 필요가 없다는 사실이다. 간단히 수화물을 정리해서 싸면 된다. 수화물을 대강 정리하고 일찍 잠자리에 들었다.

4 _ 국립공원의 진수, 토레스 델 파이네

3월 2일, 오늘 일정도 만만치 않을 것으로 보인다. 세계적으로 유명한 토레스 델 파이네(Torres del Paine) 국립공원을 관광하고, 아르헨티나 국경을 넘어 엘 칼라파테까지 이동하는 일정이다.

파타고니아를 대표하는 토레스 델 파이네 국립공원은 우유니와 함께 남미 최고의 풍경을 만날 수 있는 곳이다. 온몸을 뒤흔드는 바람, 티끌 하나 없는 깨끗한 하늘, 투명하게 맑은 하늘색 빙하 호수, 크리

토레스 델 파이네 국립공원(구글)

토레스 델 파이네 입구 캠프촌

스틸처럼 빛나는 빙하, 수직으로 치솟은 해발 3,000m의 바위산, 구아
나코와 플라멩코 등 야생동물까지 한 번에 만날 수 있는 국립공원이
바로 이곳이다.

　아침 7시 30분 호텔을 출발한 버스가 토레스 델 파이네 국립공원으
로 향했다. 북쪽으로 1시간 30분쯤 달리자 창밖으로 작은 하천이 굽
이 돌고 있는 풍경이 보이고, 하천으로 둘러싸인 평지에는 캠프촌이
있었다. 멀리 여행객들의 숙소인 듯한 호텔도 간간이 보였다. 잠시 후
버스에서 내리자 공원 안내소(Acceso serrano parque)가 있다. 버스는 다
시 공원 안으로 들어갔다. 강변을 따라 다리를 건너기도 하고 호수
사이 구불구불한 도로를 달렸다. 아직은 주변 경관이 눈에 잘 들어
오지는 않았다. 흔들리는 버스는 피로를 더하게 했다.
　얼마간 졸다가 눈을 뜨니 여기서 쉬어 간다고 한다. 비가 조금씩 내리기 시작했다. 비닐 우비를 입고 차에서 내렸다. 주차장 조금 안쪽에 캠핑 장소가 있고 근처에 카페도 있었다. 조금 더 내려가자 작은 호수가 보이고, 일행들이 그 근처에서 기념사진 찍기에 여념이 없었다.

　호수 좌측으로 작은 오르막 오솔길이 있다. 30분 정도 시간을 준다고 해 일행들이 오솔길로 걸음을 옮겼다. 작은애만 카페로 돌아가 쉬겠다고 했다. 10분도 채 되지 않아 오솔길은 정상으로 이어지고 정상 너머로 커다란 호수가 기다리고 있다. 뻬오에(Peheo) 호수 근처인 듯하다. 넓은 호수 건너편엔 산들이 빼어난 풍광을 자랑하고, 광활한 호수는 파란빛으로 출렁였다. 주위 풍경에 모두 감탄해 마지않았다.

카페 근처 호수와 오르막길 위 호수를 배경으로

정상 좌측으로 오르막 구릉이 있다. 평소 운동을 많이 한다는 노원 부부가 뛰어오르듯 봉우리에서 기념촬영을 했다. 약간 떨어진 우측 경사면 바위에서는 창원 부부가 정다운 포즈를 취하고, 아내는 물가 낮은 곳으로 내려가 앉은 자세를 취했다. 모두 놓치기 싫은 경관을 카메라에 담으려고 열심이다. 저 멀리 구름 속으로 설산도 보인다. 넓은 좌측 호수 가운데 두 개의 작은 섬도 보였다.

비는 여전히 내리고 있지만 조금 잦아든 것 같다. 비 탓인지 날씨가 서늘하다. 올라온 길을 되돌아 내려와 카페로 갔다. 카페는 2층으로 된 목조건물이다. 호수 쪽은 벽을 창문으로 만들어 카페에서 바라보는 호수와 산이 멋진 풍경을 연출해 냈다. 트레킹 복장을 한 외국인 단체관광객이 차를 마시고 출구 쪽으로 나갔다. 유명한 W트레킹을 하는 여행객이 아닌가 추측해 본다. 아내와 큰애도 카페로 돌아와 커피와 스낵을 주문했다.

근처 카페에서

카페에서 10분 정도 머물다 다시 버스에 오르자 호수 우측으로 난 도로를 따라 출발했다. 우측에 이어지는 산들은 민둥산이다. 곳곳에 뼈를 드러낸 나무와 불탄 흔적들이 보였다. 2011년 12월 유태인 여행객이 캠프파이어 뒷처리를 하던 중 화재로 이어졌다고 한다. 불길이 강한 바람을 타고 2개월 이상 크게 확산되면서 공원 상당 부분을 태우고 다음 해 3월 초에 진압되었는데, 10년 이상 지난 지금까지도 여기저기에 당시 화재의 흔적이 남아 있다. 그 후 공원 내 라이터 반입이 금지되었고, 산장의 지정된 장소 외에서 불을 사용할 수 없도록 규제가 강화되었다.

버스 안에서 좌측 창가로 호수 안에 작은 섬이 있고 그 섬으로 이어진 작은 도로가 보였다. 섬 안에 있는 호텔로 연결하는 다리다.

남아 있는 화재 흔적

인터넷을 검색해 보니 빼오에 식당(Restauane Pehoe)과 호텔(Hosteria Pehoe)이 나온다. 동화 속에 나오는 마법의 성처럼 호수에 둘러싸인 호텔이 아름답게 보인다. 하루쯤 저기서 머물며 식사하고 산책하는 것도 잊지 못할 멋진 추억이 될 듯하다. 애석하게도 우리 일정에는 그 섬이 없다. 우리가 탄 버스는 길을 따라 그 섬 옆을 그저 지나칠 뿐이다.

오전 11시 30경 버스가 도로 옆 주차장에 멈췄다. 다른 관광버스도 가까이에 정차해 있다. 주변에 멋진 풍경이 있나 하고 버스에서 내렸다. 인솔자가 여기서 10분 정도 올라가면 멋진 폭포와 전망대가 있다고 한다. 날씨는 언제 비가 왔었냐는 듯 햇볕이 쨍쨍 비쳤다. 조금 전까지 비가 내린 탓인지 폭포로 가는 길이 다소 질편하고 곳곳에 물이 고여 있어 길 한쪽으로 피해 걸어야 했다. 조금 올라가니 길옆 마른 풀숲 사이에 동물 한 마리가 서성이고 있다. 야생 구아나코(Guanaco)였다. 라마나 알파카처럼 길들여지지 않은 유일한 동물로 이곳 공원에 많이 서식하고 있다고 한다. 사람들이 주위에 모여 신기한 듯 쳐다봤다.

빼오에 호수에 있는 멋진 섬(blog 세상의 끝까지)

▲ 안내표지판과 폭포를 향해 올라가는 일행　▼ 풀을 뜯고 있는 한 쌍의 구아나코 모습

구아나코도 놀라지 않고 신기한 듯 사람들을 쳐다보고 있다. 눈이 선해 보였다. 조금 떨어진 곳에 짝인 듯 한 마리가 더 있었다.

위쪽으로 좀 더 올라가자 우렁찬 폭포 소리가 들리고, 물안개가 가물거리며 사라지는 모습도 보인다. 옆으로 다가가자 물보라 속에 낙차가 큰 폭포가 눈에 들어왔다. 그란데 폭포(Salto Grande)다. 폭포 전망대에서 바라보니 주변 경치와 잘 어울리는 한 폭의 그림이다. 물줄기를 가까이에서 느끼고 싶어 폭포 바로 옆까지 내려갔다. 10m 가까이에서 흐르는 물의 힘이 느껴졌다. 굽이굽이 모여 바위틈으로 내리쏟는

그란데 폭포

그런데 폭포에서

물줄기가 사납다. 바닥으로 떨어진 물 폭탄은 수증기처럼 공중에 물보라를 일으키고, 물보라는 물 위로 산산이 흩어지다가 이내 공기 속으로 사라져 버렸다.

폭포를 바라보고 있자니 세상의 모든 일이 잊히고, 이 순간에 몰입된다. 폭포 옆으로 내려간 길을 도로 올라오자, 그 위쪽으로 또 하나의 전망대가 있다. 전망대에 오르자 전혀 색다른 풍경이 펼쳐졌다. 호수로 흘러드는 푸른 물줄기 너머로 설산이 보이고, 산 중턱부터는 구름에 가려 신비함을 더해 주었다. 우리 가족도 인솔자의 도움을 받아 파노라마 사진을 찍었다. 좀 더 좋은 풍광을 담기 위해 가려진 구릉 위로 일행들이 이동했다. 곧 구름 속에 뾰족 솟은 멋진 설산 풍경이 펼쳐졌다. 가히 장관이다.

구릉 위에 올라 설산을 배경으로

다시 버스에 올라 10분쯤 지나 도로변 휴게소 레스토랑 앞에 닿았다. 오늘 점심 식사 장소라고 한다. 아침에 출발할 때 호텔에서 준비해 준 도시락을 들고 식당에 들어갔다. 그곳에서는 샌드위치와 식음료를 팔았다. 우리는 창가 쪽에 앉아 도시락을 풀었다. 그러나 모두 도시락에 별 구미를 느끼지 못했다. 매번 햄샌드위치에 사과, 주스, 바나나다. 식당 메뉴도 비슷했다. 식당을 이용하는 대가로 커피와 콜라를 주문했다. 도시락 샌드위치로 허기를 때운 후 커피를 마시며 창가 호수를 내다보았다.

호수 옆으로 좁은 길이 나 있고, 그 길은 500m 전방에 있는 선착장으로 연결된다. 선착장에 정박해 있는 유람선에 사람들이 오르고 있다. 빼오에 호수 강변에 있는 푸데토(Pudeto) 선착장이다. 여기서 페리호를 타고 20분 정도 가면 빼오에 호수를 건너서 파이네 그란데(Paine Grande) 산장으로 갈 수 있다고 한다.

레스토랑에서 바라본 선착장(구글)

식사를 마치고 아내와 함께 식당 밖으로 나왔다. 푸데토 선착장을 향해 좁은 오솔길을 따라 걸었다. 선선한 바람이 불어왔다. 5분쯤 오솔길을 걸어 식당에서 본 선착장으로 연결된 나무다리에 도착했다. 선착장에 있던 배는 떠나고 주위는 한산했다. 나무다리를 걸으며 호수를 배경으로 포즈를 취했다.

뒤편 호수도 빼오에 호수로 연결되는 지류처럼 보인다. 호수 선착장에서 잠시 호수를 조망하면서 상념에 젖었다. 세상은 넓고 영원한데 우리 인간의 삶이 얼마나 하찮은지! 작은 이해득실에 따라 웃고 우는 모습이 얼마나 사소한 일인지? 그러면서도 한편으론 그런 것이 인생 아닌가? 상반된 감정에 잠깐 혼란스러웠다.

선착장을 돌아 다시 식당 쪽으로 오는 길에 창원 부부와 마주쳤다. 인사를 나눴다. 갈 때와 다른 길을 택해 조금 위쪽으로 오르니 큰 도로와

선착장으로 이어지는 길과 선착장에서

연결되어 있고, 차도 주변에 작은 돌들이 깔려 있다. 아내가 기념으로 멋진 돌을 찾아보자고 했다. 일본에서 주워 온 돌로 모양을 내어 기념품으로 간직하고 있는 것을 생각한 모양이다. 한참 후 비슷한 돌을 찾아 식당으로 돌아와 화장실에서 깨끗이 씻었다. 그럴듯한 기념품으로 보였다.

식사 후 그럭저럭 1시간이 지난 후 버스는 다시 출발했다. 공원 내부 도로를 따라 달려 노르덴스키홀드 호수(Lago Nordenskjhold) 주변을 스쳐 지나갔다. 30~40분쯤 더 달린 후 공원 입구에 있는 아마가 호수(Lago Amarga) 근방에 도착했다. 멀리 삼봉을 관측할 수 있는 장소였다. 삼봉은 한국 사람이 지은 이름으로 정식 명칭은 'Torres del Paine, Towers of Paine'이다. 토레스는 스페인어로 '탑'이라는 뜻이고, 파이네는 원주민 테우엘체(Tehueelche)족의 언어로 '파란색'을 뜻한다. 우리말로 하면 '파란 탑'이라는 뜻이다. 토레스 델 파이네라는 이름도 삼봉에서 유래된 것임을 알 수 있다. 삼봉 중에서 가운데 가장 높은 봉우리(2,800m)는 파이네 그란데(Paine Grande), 나머지는 푸른 뿔이라는 의미인 쿠르노스 델 파이네(Cuernos del Paine)라고 부른다.

버스에서 내려 호수 가까이 내려갔다. 사람들이 향하는 방향을 바라보니 멀리 설산들이 보인다. 바로 발밑으로는 연두색 호수 표면이 햇빛을 반사하면서 출렁이고 있다. 멀리 좌측 산 뒤쪽으로 날카로운 뾰족산이 보인다. 일부가 구름 속에 가려져 봉우리 전모를 볼 수는 없었지만, 절벽처럼 깎아 내려진 세 개의 봉우리가 희미하게 윤곽을 드러내고 있다. 이것이 바로 '토레스 델 파이네', 즉 삼봉이다. 신이 깎아서 세워 놓은 듯하다. 선명하게 볼 수 없어서 아쉽지만, 절경이

▲ 가까이에서 본 삼봉(mmitv.tistory.com) ▼ 멀리 삼봉이 보인다

아닐 수 없다. 트레킹을 하면 삼봉 가까이 접근할 수 있다고 한다. 트
레킹 여행객들이 여기에 모여드는 이유가 바로 삼봉을 보기 위해서라
고 한다.

일행들이 삼봉을 배경으로 기념사진을 찍느라 분주하다. 우리도 배경
으로 다양한 포즈로 기념사진을 찍었다. 아내와 함께 벤치에 나란히

앉아 멀리 삼봉을 바라보는 포즈도 취해 보았다.

버스는 아르헨티나 칼라파테를 향해 다시 긴 여정을 시작했다. 잠시 후 오전 공원에 들어올 때 만났던 토로 호수(Lago Toro) 반대편을 다시 지났다. 버스가 달리면서 주변 설산들이 다양한 모습으로 눈에 들어 왔다. 각도에 따라 다채로운 모습을 연출하는 듯하다. 하지만 아름다운 풍광도 몸이 피곤하니 다음이다. 흔들리는 버스에 기대 잠시 눈을 붙이고 나니 얼마나 왔는지 차가 멈추고, 곧 칠레 국경이라고 한다.

차에서 내리니 바람이 엄청나게 세다. 머리카락이 정신없이 휘날린다. 칠레 국경지역에 오후 3시 좀 넘어 도착하여 주변에 있는 기념품 가게에 잠시 들른 후 출국 절차를 밟았다. 볼리비아에서 입국할 때 그리도 까다롭던 것에 비해 출국 심사는 매우 간단했다. 여권에 도장 한 번 찍고 나니 종료된다. 10분도 채 걸리지 않았다.

같은 버스를 타고 10분 정도 걸려 칠레 국경을 넘자 곧 아르헨티나 출입국사무소가 나왔다. 여기서도 사무소 앞 나무가 꺾일 정도로 바람이 세게 불었다. 옷을 부여잡고 여권을 들고 사무소에 차례로 들어 갔다. 조금 자세히 여권을 살펴보는 듯했으나 입국 절차는 곧 끝났다. 다행히 짐 검사도 없었다. 입국 절차가 간소하고 시간도 얼마 걸리지 않았다.

아르헨티나

Argentina

1 _ 파타고니아의 거점도시, 엘 칼라파테

아르헨티나의 진정한 소고기를 맛보다

4시 20분 아르헨티나에 입국했다. 버스를 타고 가다가 5시 50분쯤 라 에스페란자(La Esperanza)라는 호텔 겸 레스토랑에 잠시 들러 휴식을 취했다. 목적지 호텔까지는 2시간 정도를 더 달려야 한다. 버스가 출발하자마자 일행들은 목을 뒤로 젖히고 눈을 감았다. 몹시 피곤한 모양이었다. 얼마쯤 지났을까? 버스에서 몇 번 자다 깨다를 반복하니 조그만 소도시에 도착했다.

엘 칼라파테(El Calafate)다. 이곳은 아르헨티나 남부 파타고니아 여행의 중심지다. 인구 3만 정도의 소도시이지만, 주변에 관광지가 많아서 거주자보다 더 많은 관광객들로 늘 붐빈다. 엘 찰텐, 피츠로이 산, 그리고 페리토 모레노 빙하를 찾는 관광객들이 이곳에 머물기 때문이다. 시계를 보니 오후 8시에 가까워지고 있다. 창밖으로 보이는 큰 도로변에는 기념품 가게와 식당들이 문을 열고 손님을 맞고 있고, 도로에는 관광객들이 분주하게 왕래하고 있었다.

엘 칼라파테 시가지를 관통하여 5분쯤 외곽으로 빠지자 오늘 숙박할 칼라파테 호텔(Rochester Calafate Hotel)이 나왔다. 호텔은 도로변에 인접해 있고 호텔 뒷편에는 호수가 있다. 아르헨티노 호수(Lago

엘 칼라파테 야경

Aregentino)라고 한다. 무척 커 보였다. 호수 방향으로 난 호텔 마당은 잔디 정원으로 아름답게 조성되어 있다. 잠시 나가 보니 바람이 너무 세고 추웠다. 이내 호텔 안으로 들어왔다. 다른 일행들도 나갔다가 곧 돌아왔다. 체크인이 끝나고 나니 8시가 지나고 있었지만, 밖은 아직 많이 어둡지는 않았다. 아르헨티나가 1시간 빨라서 칠레로 치면 지금 이 7시라고 한다.

오늘도 긴 일정을 소화하면서 점심은 부실한 도시락으로 때우고, 이미 저녁 시간도 지났기 때문에 배가 고프다고 투덜거리는 소리가 들렸다. 호텔 식당에서도 저녁이 가능했으나 우리는 큰애가 인터넷으로 찾아 놓은 식당으로 가기로 했다.

호수로 내려오면서 주변을 보니 근처에 레스토랑을 갖춘 고급 호텔이 여러 곳 있다. 내일은 여기를 와 보면 좋겠다고 생각되는 호텔도 있다. 호수 옆으로 한적한 도로가 있고, 늦은 저녁이라 그런지 왕래하는 사람도 차량도 보이지 않았다. 가끔 도로변에 주차해 있는 차량만 한두 대 보일 뿐이다. 호수가 넓어 보였지만 앞이 훤하게 트여 있어 전체가 한눈에 들어왔다. 도시가 호수를 둘러싸고 형성되어 있는지 조명 빛이 호수를 경계로 아름답게 빛나고 있다.

호수 옆길을 따라 시내 쪽으로 강변길을 10분쯤 걸어가자 우측으로 'Rustico Asardor y Parrilla'라는 식당 간판이 보였다. 아르헨티나 현지 바비큐 식당이다. 안으로 들어가니 손님들로 가득했다. 종업원이 안내하는 자리에 앉아 주위를 돌아보니 모두 백인들이다. 가족 단위 손님도 있고, 젊은 여행객이 대부분이다. 테이블마다 다양한 고기를 수북이 담아놓고 숯불에 구워 먹고 있었다. 몇 테이블에서는 와인도 한 잔씩 마시고 있다. 남미가 아닌 유럽의 레스토랑 같은 분위기였다. 남미의 선진국 칠레와도 또 다른 분위기다. 아마도 대부분 선진국에서 온 관광객들처럼 보였다.

바비큐용 고기 모둠과 와인을 한 병 주문했다. 두 아들은 늘 그렇듯 콜라를 시켰다. 잠시 후 종류도 다양하고 양도 푸짐한 고기가 나왔다. 주로 소고기였지만 양고기와 닭고기도 있었다. 양념을 해 놓으니 구별이 안 된다. 가격은 4인분에 2만 페소, 100달러 내외다. 생각보다 저렴했다.

아내가 숯불에 고기를 올렸다. 고기가 익기를 기다리면서 와인을 한잔 마셨다. 주변이 좀 시끄러웠지만 낯선 나라 낯선 장소에서 가족이 호젓하게 즐기는 저녁으로 이만한 분위기가 있을까? 처음 고생과 달리 이제 여행에 익숙해지고 일정이 느슨해지면서 남미 여행의 참맛을 느껴본다.

추억의 고깃집(구글)

　고기를 한입 먹었다. 앗! 고기 맛이 예사롭지 않았다. 한국에서 먹는 고급 소고기보다도 더 맛있다. 식감도 좋고 남미 고기 특유에 냄새도 없다. 남미에 온 지 20여 일 만에 먹어보는 최고의 고기 맛이다.

　오랜만에 많은 대화를 나누면서 아르헨티나의 소고기를 먹었다. 알티플라노 고원지대 이후 냉랭했던 분위기가 다시 화목해진 느낌이다. 큰애가 한국 친구와 인터넷을 하면서 '아르헨티나 소고기가 정말 맛있다'는 친구 얘기를 전했다. 아르헨티나는 초원지대가 넓어서 소를 방목하기 때문에 소고기가 싸고 맛있다고 한다. 사람보다 소가 많은 나라가 아르헨티나다. 배부르게 먹고 나니 밤 10시가 가까워지고 있었다.

　큰애가 계산을 하고 식당을 나왔다. 돌아오는 길에도 바람이 세게 불어 추웠다. 얼마 후 큰애 말이, 종업원이 계산을 잘못했다고 한다. 100불 이상 나왔는데 팁 10불까지 합해 70불 조금 넘게 냈다는 것이다. 고기 4인분에 2만 페소, 와인 한 병, 콜라 두 병, 모두 2만 2, 3천 페소, 원화로 6배 하면 15만 원 가까이 된다. 그러면 적어도 110불은

247

넘는다. 그런데 70불이라니, 너무 적게 계산된 것이다.

옆 테이블과 혼동했나? 계산하면서 주문을 빠트렸나? 의견이 분분했다. 내가 돌아가서 돌려주어야 하는 거 아니냐고 하자, 아내가 그렇게까지 할 필요가 있느냐고 한다. 두 아들도 춥고 밤도 늦었는데 오늘은 그냥 호텔로 돌아가자고 한다. 다시 갈 식당도 아닌데. 일행 중 누가 내일 이곳에 가면 얘기할 수 있는데 어떡하지, 하는 생각도 들었다. 한편 계산을 잘못한 종업원이 혹시 불이익을 당하지 않을까 걱정도 됐다.

이런저런 생각을 하며 15분 정도 걸어서 호텔로 돌아왔다. 오늘은 고기를 정말 싸고 맛있게 먹었다. 내일은 4시간 이상 피츠로이 산 등산을 하는 날이니 편히 쉬도록 하자. 다만, 잘못 계산한 식사 가격에 대한 의문은 다음 날 자연스럽게 풀렸다.

피츠로이 산을 등반했으나 끝내 보이지 않았다

3월 3일 금요일이다. 아르헨티나에 도착해서 처음 아침을 맞았다. 오늘은 세계 5대 미봉 피츠로이 산(Cerro Fitz Roy)을 만나러 가는 날이다. 피츠로이 산은 아르헨티나와 칠레 남부 파타고니아 안데스 지방에 있는 산으로 해발 3,375m다. 설산 봉우리가 아름답기로 유명한데, 특히 아침 동이 틀 무렵 햇빛을 받아 벌겋게 달아오른 것처럼 보여 '불타는 고구마'라는 애칭을 갖고 있다. 불타는 고구마를 보기 위해서는 새벽 2시에 출발해 야간 산행을 해야 한다. 하지만 피츠로이 산은 거의 일 년 내내 짙은 구름에 가려져 있어 아름다운 봉우리를 볼 가능성이 매우 적다고 한다.

피츠로이 설산 모습. 하지만 보이지 않았다(m.search.naver.com)

이번 여행에서 피츠로이 산 4시간 등산 코스가 예정되어 있다. 난이도가 하(下)라고 하니 연령대를 고려해 쉬운 코스를 택한 것처럼 보인다. 아침 8시 40분 버스를 타고 호텔을 출발해 3시간을 계속해서 달렸다. 어젯밤 칠레에서 늦게 도착한 데다 늦게까지 저녁을 먹어서 피곤했던지 모두 곤히 자고 있다. 눈을 뜨니 엘 찰텐(El Chalten)이다. 피츠로이 산 등산로 초입에 있는 작은 마을이다.

11시 40분쯤 버스가 터미널 입구 도로변에 멈춰 섰다. 점심은 버스 안에서 먹고 곧 피츠로이 산 등산을 할 거라고 한다. 아침 호텔에서 준비해 준 도시락을 열어보니 역시 이전 도시락과 비슷하다. 간단히 요기를 하고 버스에서 내렸다. 바람이 세게 불고 간간이 비가 내리고 있었다. 잠시 슈퍼에 다녀오는데도 춥다. 버스는 다시 피츠로이 산 등산로 입구 쪽으로 5분 정도 가서 정차했다. 이제부터 본격적인 등산이다. 내리던 비가 진눈깨비로 바뀌어 세찬 바람에 휘날렸다. 짙은 구름 때문인지 마을에서는 피츠로이 산이 전혀 보지 않았다.

엘 찰텐 마을 입구 간판

　산을 향해 걷다 보니 도로 우측에 등산 코스 안내게시판이 보인다. 여기서 4km 정도 카프리 호수(Laguna Capri)까지 올라가 피츠로이 전망대(Mirador Fitz Roy)에서 피츠로이 산을 조망하고 다시 내려오는 코스라고 한다. 왕복 4시간 예정인데 거리로 보아 3시간이면 충분할 것 같았다. 다만 진눈깨비와 함께 하늘에 구름이 가득해 피츠로이 산 영봉 관측은 어려울 것 같다는 생각이 들었다.

　갑자기 두 아들이 등산을 안 하겠다고 한다. 구름에 가려 피츠로이 산도 볼 수 없을 텐데 왜 올라가느냐는 것이다. 많은 비용을 들여 남미까지 왔고 같이 온 일행들 분위기도 있는데 같이 올라갔으면 했으나, 아무 말 없이 꾹 참았다. 아내가 비슷한 취지로 한마디하자, 일단 두 아들도 투덜거리면서 따라나섰다.

　현지 가이드를 선두로 일행 모두 등산길에 올랐다. 초기 등산로가 생각보다 가팔랐다. 20여 분 가파른 길을 오르자 작은 능선이 하나 나왔다. 능선 너머로 굽이쳐 흐르는 넓은 평원과 저 멀리 설산 봉우리

피츠로이 산 안내게시판과 등산로 입구

들이 파노라마처럼 펼쳐져 있다. 짙게 깔린 구름이 설산을 가려 전모를 볼 수 없어 아쉬웠다. 여기서도 구름 때문에 피츠로이 산은 전혀 보이지 않았다. 사방이 뚫린 구릉 탓인지 바람이 세차고 무척 추웠다. 두 아들이 다시 내려가겠다고 한다. 아내에게 알아서 하게 놔두라고 했다. 여행은 자율에 맡기는 것이 좋다는 생각이 들었기 때문이다.

구릉지대에서 주변을 관람하며 10분쯤 쉬었다가 다시 출발했다. 이제 코스가 완만해져 서울의 둘레길 수준이었다. 좀 지나자 마을부터 2km 이정표가 나왔다. 날씨는 여전히 눈보라가 치면서 춥다. 추운 날씨지만 올라오느라 힘이 들었던 탓인지 몸에서 땀이 났다. 외투를 벗어 허리에 맸다. 일행들이 3km 표지판을 지나고 있을 때였다. 작은애가 뒤쪽에서 숨을 고르며 쫓아왔다. 큰애만 돌아가고 작은애는 무슨 생각을 하였는지 조금 늦게 다시 올라오고 있었다.

여전히 날씨는 좋지 않았다. 조금 더 올라가자 몸이 식어서 벗었던 외투를 다시 입었다. 정상 부근에 오르자 제법 큰 소나무들이 바람막이가 되어 주었다. 능선을 살짝 넘으니 커다란 호수가 나타났다. 카프리 호수

251

등산로 중간 구릉에서

였다. 호수 저편으로 구름이 자욱하고, 건너편 가까이 있는 산은 절
반쯤 가려져 호수에 근접한 아랫부분만 보인다. 올라온 능선에서 호
숫가로 내려가니 호수 근처에 작은 돌들이 널려 있다. 구름에 가려

카프리 호수. 피츠로이 산은 보이지 않는다

별다른 풍광은 나오지 않았다. 아내가 먼저 호수 쪽으로 내려가기에 따라 내려가 함께 기념사진을 찍었다.

피츠로이 산을 봐야 하는데, 등산에 몰두하느라 잠시 이 생각을 잊었다. 사진을 찍고 나니 인솔자가 우측 피츠로이 산 등산로로 일행을 이끌었다. 10분쯤 우측 능선을 따라 오르자 캠핑 장소가 보이고, 주변에 피츠로이 산 전망대가 있다. 아직 구름은 짙게 남아 있지만, 전망대 호수에서는 보이지 않던 산봉우리가 보였다. 실루엣처럼 구름 속에서 언뜻언뜻 보이는 산자락이 바로 피츠로이 산이라고 생각했다. 그런데 아니란다. 피츠로이 산은 그 산보다 훨씬 우측에 있고, 지금은 전혀 보이지 않는다고 한다. 내려갈 때까지 피츠로이 산은 자태를

253

올라간 일행들이 하산하고 있다(blog 해파랑)

드러내지 않았다.

　전망대에서 잠시 머문 후 하산하기로 했다. 하산길에도 날씨는 계속 흐렸고, 진눈깨비도 휘날렸다. 올라오던 길과는 달리 내리막길이라 시간은 많이 단축되었다. 3시간 만에 피츠로이 산 왕복 트레킹을 마무리했다. 현지 가이드가 놀랍다고 한다. 연령대가 높은데 4시간 코스를 낙오자 없이 3시간 만에 마무리하다니 대단하다는 것이다. 이번 여행에서 피츠로이 산 등반은 3시간 운동에 만족해야 했고, 피츠로이 산 조망은 끝내 무위로 돌아갔다. 남미 여행에서 유일하게 실패한 일정이었다.

　산에서 내려오니 엘 찰텐 마을 입구에 버스가 기다리고 있다. 마을에 남았던 큰애가 어디선가 나타나 합류했다. 피츠로이 산은 보지 못했다고 하자 자기가 올라가지 않은 것을 잘한 것이라고 말한다. '어떻게 세상일을 보고 싶은 것만 보고, 하고 싶은 것만 하며 살 수 있나. 어떻게 성공하는 인생만 보낼 수 있나. 성공 확률이 낮더라도, 목표

달성에 결론적으로 도움이 되지 않더라도, 노력은 해 보고 결과를 기다려야 하는 것 아닌가? 어떻게 성공할 일, 도움이 될 만한 일만을 찾아서 할 수 있는가? 날씨가 안 좋아 피츠로이 산을 보기 어렵다고 등산까지 하지 않은 것을 어떻게 잘한 일로 생각할 수 있는가?' 이런 저런 생각이 들었다.

물론 피곤하고, 피츠로이 산도 볼 수 없는 등산에 빠진 것 자체는 이해가 된다. 단지, 그것을 잘한 판단으로 으스대는 모습은 못내 안타깝다. 인생이 그게 아닌데 하는 생각이 든다. 그렇게 만사를 편리한 대로만 살 수 없는데…. 무슨 말을 하든 지금은 큰애가 받아들이려 하지 않을 것 같아 아무 말 없이 지나쳤다.

어제 잘못 계산했다고 생각한 저녁 식사비 문제는 일행과의 대화 중에 우연히 해결되었다. 잘못 계산한 것이 아니라, 아르헨티나 국가가 이중환율경제인 데 답이 있었다. 공식환율은 달러당 200페소인데 암환율은 350페소로 1.6배 이상 높다. 일반식당에서는 암환율을 적용하기 때문에 어제 식사비 22,000페소는 암환율로는 62달러다. 그러니 10달러 팁을 더하더라도 70불 정도가 맞다. 공식환율만을 생각해서 40불 정도 싸게 계산된 것으로 착각한 것이다.

아르헨티나는 최근에도 연율 70% 이상의 하이퍼 인플레이션(hyper-inflation)이 발생할 정도로 물가가 시시각각으로 급등하기 때문에 암달러 시장이 유지되고 있다고 한다. 호텔에서는 달러 결제가 되지 않아 카드로 결제하게 되는데, 암환율이 아닌 공식환율이 적용되어 1.6배 이상 비싸다. 즉 공식환율 1불=200페소=1,300원, 1페소=6.5원, 암환율 1불 350페소=1300원, 1페소=3.7원이다. 원화나 달러로 공식환율에 의해 결제하면 1.6배 이상 비싸다. 이런 기이한 경제구조 속에서도 아르헨티나 경제가 무너지지 않고 돌아가는 것이 신기하기만 하다.

그러면 암환율로 환산하여 명품 가방을 사면 1.6배 싸게 살 수 있지 않겠냐고 아내가 의문을 제기했다. 그럴 것 같지는 않다. 명품 가방은 가격 차이가 커서 가치가 안정된 달러 표시가격으로 고정해 놓았을 것이며, 암환율을 적용해 주는 가게에서는 암환율을 적용해 페소 표시가격을 책정했을 것이기 때문이다. 그러면 싸게 살 수 있는 요인이 없게 되는 것이다. 다만 공식환율을 적용하는 면세점에서는 달러 표시가격을 공식환율을 적용해 가방의 페소 표시가격을 책정해 놓은 경우 달러를 암환율을 적용해 페소로 환전하여 구매한다면 공식환율과 암환율 차액만큼 싸게 살 수 있을 것이다. 과연 이 허점을 허용할까? 아닐 것이다. 페소 표시가격으로는 암환율에 맞춰 가격을 책정했을 가능성이 크다. 따라서 페소 표시가격을 공식환율을 적용해 환산한 달러 가격으로 오히려 비싸게 사게 될 가능성도 있다. 카드나 호텔 결제가 그렇다. 페소 표시가격을 공식환율로 달러로 환산하거나 원화로 환산함으로써 1.6배 이상 비싸게 되는 것이다. 어느 쪽이 진실인지는 잘 모르겠다.

다시 출발한 버스는 잠시 터미널에 들러 화장실 문제를 해결하고, 오후 3시 30분 아침 출발지였던 엘 칼라파테를 향해 달렸다. 등산하느라 피곤했던지 일행 모두 비몽사몽 졸고 있다. 2시간 30분을 달려 엘 칼라파테 시내에 도착하니 오후 6시 10분이다. 인솔자가 "각자 시내에서 저녁을 먹고 8시에 호텔로 오는 셔틀을 타거나 걸어오면 된다"고 한다. 셔틀 타는 장소를 알려 주면서 호텔까지 걸어가도 20분 거리란다. 걸어서 20분 거리라니, 의아하게 생각되었다. 여기서 호텔까지 3km 정도인데 도저히 20분에는 안 된다. 이전에도 정확하지 않은 정보를 준 적 있는데, 좀 더 정확히 알아보고 안내했으면 하는 생각이 들었다.

엘 칼라파테에 내리니 여전히 바람이 세게 불고 저녁이라서 그런지 더 추웠다. 큰애가 인터넷으로 검색해 놓은 식당을 찾아갔다. 얼마쯤 가니 오늘 점심을 준비해 준 스시집에 창원 부부와 광주에서 온 여자분 셋이 식탁에 앉아 있는 모습이 보였다. 스시집 앞을 지나 한 바퀴 돌아 찾고 있던 식당에 갔더니 오후 6시가 넘었는데 아직도 준비 중이다. 그런데다 예약이 안 되었으면 빈자리가 없단다. 할 수 없이 다른 집을 찾아 주변을 서성거렸다. 갑자기 찾으려 하니 적당한 식당을 찾기가 쉽지 않았다.

얼마를 더 가다 보니 도로 옆에 케밥집이 나왔다. 두 아들이 좋다고 한다. 그동안 맛보지 못한 음식이고 남미에서는 먹기 힘든 음식이라서 그런 것 같다. 안으로 들어가니 튀르키예 주인이 친절하게 맞아 주었다. 다행히 달러를 받는다고 한다. 암환율을 적용해 준다는 뜻이다. 주문한 케밥과 햄버거, 감자튀김은 기대한 것보다 맛있었다. 케밥집 사장이 자기 친척이 한국에 살고 있다면서 한국과의 인연을 자랑했다. 화기애애한 분위기에서 든든하게 배를 채우고 밖으로 나오니 7시가 좀 지났다.

큰애가 주변에 오래된 유명한 와플 가게가 있다고 한다. 조금 걸어가니 넓지는 않지만 아담한 와플 가게가 나왔다. 배는 부르지만 하도 유명하다니 조금 먹어보기로 했다. 젊은이들로 북적대는 것으로 보아 그들 취향인 듯했다. 큰애가 주문을 하러 갔다. 그런데 달러를 받지 않아 카드로 계산했다고 한다. 공식환율(1달러=200페소)로 환산한 달러

257

유명한 와플집(구글)과 와플

금액이 암환율(1달러=350페소)로 계산한 것에 비해 거의 두 배 가까이
됐다. 달러를 받지 않는 것을 대비해 내일부터는 미리 환전을 해 둬야
할 것 같다. 와플과 커피 맛은 그저 그랬다. 배가 부른 탓인가! 애들
과 아내는 괜찮다고 한다. 나에겐 엘 칼라파테의 전통 맛집이라는 데
의미가 있을 뿐이었다.

여기서 호텔까지 걸어가기엔 좀 멀게 느껴졌다. 인솔자가 20분이면
된다고 했으나 30분 이상 걸릴 것 같다. 나중에 확인해 보니, 인솔자
도 호텔까지 걷기에는 너무 멀다고 8시에 출발하는 셔틀을 타고 오라
는 메시지를 보내 주었다. 더구나 바람이 세게 불고 밤이라서 무척 추
웠다. 셔틀을 타려고 정류장으로 올라가니 20분 정도 여유가 있었다.
주변 슈퍼, 가게들을 둘러보고 8시 출발 시간에 맞춰 정류장으로 다시
갔다. 조금 있으니 창원 부부와 광주 분이 정류장으로 왔다. 8시 5분이
지났는데도 셔틀이 오지 않았다. 큰애가 가게에 가서 물어보니 호텔
로 가는 셔틀버스 정류장은 맞다고 했단다. 얼마간 더 기다렸다.

258   셔틀을 기다리는 동안 창원 남편이 여행 일정에 대해 불만을 토로

했다. 일정이 여유가 없고 무리하단다. 이분이 일정 진행에 대해 말씀을 많이 하여 만족하고 있는 것으로 생각했었다. 그런데 이분도 무리한 일정 진행에 불만이 많았다. 나는 이미 이 문제를 여러 번 제기했고, 지금 다시 얘기해 봐야 소용없을 것 같아 별다른 대응을 하지 않았다. 고개를 끄덕이며 동의 정도로 의견을 표시했다.

얼마 더 있으니 항공편을 탈 때마다 보이던, 같은 여행사를 이용한 한국인 관광객 서너 분이 왔다. 같은 호텔을 이용하는 것은 아닌데, 여기서 셔틀을 이용하는 듯했다. 10분이 지나서 셔틀이 한 대 오긴 했는데, 큰애가 기사에게 물으니, 우리 호텔로 가는 셔틀이 아니란다. 호텔로 가는 셔틀도 지금 오고 있다고 해서 마음이 놓였다.

셔틀은 정확히 8시 15분에 도착했고, 호텔에 돌아오니 8시 25분쯤 되었다. 어제 저녁만큼은 아니지만 오늘 역시 만족스러운 식사였다.

유람선을 타고 3개의 빙하를 만나다

3월 4일, 엘 칼라파테 호텔에서 3일째 되는 아침이다. 호텔을 이동할 때마다 짐을 챙기는 것도 번거로운 일 중 하나인데, 처음 한 곳에서 3일간 머물러 짐을 챙기지 않아도 되고 아침 시간이 부담이 없다. 오늘은 페리토 모레노 빙하 투어(Glaciar Perito Moreno Tour)를 하는 날이다.

엘 칼라파테를 찾는 여행객의 가장 큰 목적이 이 빙하를 보기 위한 것이라고 한다. 길이 30km, 폭 5km인 모레노 빙하는 로스 글라시아레스 국립공원(Loss Glaciares National Park)에 있는 3개의 빙하 중 하나다. 그중 가장 큰 빙하는 아니지만 엘 칼라파테에서 지리적으로 가장 인접할 뿐만 아니라 유람선과 트레킹을 통해 빙하 가까이에서 각기 다른 풍광을 조망할 수 있어서 여행객들이 가장 많이 찾는 곳이다. 우리 일행은 오늘 하루 크루즈 투어(Cruise Tour)를 통해 모레노 빙하를 포함한 3개 빙하 모두를 관람하기로 되어 있다. 5~6시간 정도 걸린다고 한다.

아침 일찍 식사를 마쳤다. 빙하 투어는 날씨가 무척 추워 옷을 단단히 챙겨야 한다. 겨울 패딩을 입고 7시 30분 버스에 올랐다. 두 아들은 언제나 가장 늦게 나온다. 신세대 사고방식인가? 정해진 시간까지 가면 되지 굳이 먼저 나와서 기다릴 필요가 있느냐는 생각인가 보다. 못마땅해 한마디 하고 싶었지만 꾹 참았다. 어쩌면 애들 생각이 맞을 수도 있다. 다른 사람 눈치 보면서 굳이 일찍 나와 기다릴 필요가 있는가? 하지만 평생을 그렇게 살아온 나로서는 어색하기만 하다.

두 아들이 타자 곧 버스가 움직였다. 동시에 1인당 스시 도시락 2개씩을 나눠 주었다. 아르헨티노 호수 주변 길을 따라 1시간쯤 달리자

페리토 모레노 빙하

크루즈 선착장(Cruise Port Marpatag-SOLITUDE)이 나왔다. 몇 가지 절차를 거친 다음 크루즈 유람선에 올랐다. 유람선에는 1, 2층에 좌석을 갖춘 실내 여객실이 있고 1, 2층과 3층에 경치를 조망할 수 있는 외부 선실이 따로 있었다.

앞으로 6시간 정도 배를 타는데, 인솔자 말로는 여행사에서 처음으로 진행하는 6시간 풀코스 투어라고 한다. 이제까지는 2~3시간 모레노 빙하 투어만 했고, 이번에 신설된 프리미엄급 패키지라서 투어 시간을 연장한 것으로 보인다.

문득 6시간 동안 배에서 빙하만 보면 지루하지 않을까 걱정이 앞섰다. 배에 올라 일단 1층 내부 선실에 자리를 잡았다. 일행에 이어 다른 여행객들이 선실을 채워 나갔다. 오전 9시쯤 내부 선실이 거의 차고 드디어 빙하를 향해 출발했다.

6명 좌석에 우리 부부, 노원 부부, 인천 분까지 모두 5명이 앉았다. 출발 후 한동안은 별다른 변화 없이 큰 호수를 떠갈 뿐이다. 오히려 일행들이 수다 떨기에 좋은 분위기였다. 같은 자리에 앉은 우리도 곧 잡담을 시작했다. 20일 가까이 함께 여행하면서 나누지 못한 이야기를 나눴다. 골프, 등산, 직장, 사업 얘기 등을 했지만 개인 신상에 관한 얘기는 피했다. 현재 무슨 일을 하는지, 어떤 사람들인지는 서로 짐작만 할 뿐이었다. 다른 자리에 앉은 부산 부부, 창원 부부, 전주 부부도 마찬가지였다. 서로 민감한 부분은 묻지 않는 것이 예의인 듯 아무도 묻지도 얘기도 하지 않았다.

양쪽 호수 너머로 높은 산들을 바라보면서 1시간 30분쯤 지나자 갑자기 유빙(Pack Ice)이 나타나기 시작했다. 사람들이 웅성거리며 사진을

유람선(구글)과 크루즈 경로

찍기 위해 선실 밖으로 나갔다. 유빙은 매우 크고 파란 잉크 빛으로
물들인 것 같다. 곧 커다란 빙하가 나타났다. 이 지역에 있는 3개빙하
중 처음 마주치는 스페가찌니 빙하(Glaciar Spegazzini)였다.

배가 유빙들 사이로 지나가면서 멀리 두 개의 산 계곡을 꽉 메운
얼음덩어리가 눈에 들어왔다. 거대한 빙하를 마주하자 사람들이 밖으
로 몰려나왔다. 아내와 아들과 차례로 기념사진을 찍었다. 사람들이
신기한 듯 탄성을 지르기도 했다. 부산 남편이 제일 분주하게 오가며
사진을 찍었다. 잠깐 밖에 나와 있어도 바람이 세고 너무 추워 곧 선
실로 돌아왔다. 나는 이전에 캐나다와 노르웨이에서 두 번 빙하 위를
걸어보고 느껴본 적이 있어 큰 감흥이 없었다. 배가 빙하 지역을 지나
치자 다른 일행들도 선실 안으로 다시 모여들었다.

선실에 앉자 다시 지루한 선상 투어가 시작되고 끊겼던 얘기도 다
시 이어졌다. 오전 11시가 좀 지나 아침에 준비해 준 스시 김밥을 먹었
다. 배가 고픈 것보다 심심한 이유가 더 컸다. 배를 탈 때마다 느끼는

유빙을 헤치고 나가는 유람선과 스페가찌니 빙하(구글)

거지만 선상 투어는 지루하다. 물 위를 지나는 것이 전부이고 풍경은 아무 변화가 없기 때문이다. 다행히 12시가 조금 넘자 잠시 배에서 내려 산책하고 쉬어 가기로 한다.

전방에 있는 작은 선착장에 내리니 인근에 산책로가 조성되어 있었다. 그 길을 따라 걷는데 군데군데 소똥도 보인다. 출발할 때 호수 근처 산에서 소를 키운다는 설명을 들었고 멀리 산 위에 소가 보이기도 했다. 그래서 여기서도 소를 키우는가 생각했다.

산책로를 따라 15분쯤 가니 작은 오두막집이 한 채 나왔다. 이곳이 국립공원으로 지정되기 전에 한 분이 여기서 오두막집을 짓고 소를 키우면서 살았다고 한다. 지금은 오두막집만 남아 있고, 키우던 소는

263

국립공원 내 오두막집

야생 소가 되어 번식하면서 살고 있다고 한다.

현지 가이드가 산 중턱에서 풀을 뜯고 있는 소들을 가리켰다. 근처에 말도 있었다. 여기 오두막집은 관광지로 보존하고 있다고 한다. 창틈으로 안쪽을 엿보니 침대와 가구들이 흐릿하게 보였다. 오두막집 근처에서 20분쯤 휴식을 취하면서 거쳐 온 호수를 조망해 보았다. 그리고 오두막집을 떠나 산책로를 걸어서 처음 내렸던 선착장으로 돌아왔다.

1시쯤 여행객들이 다시 배에 오르고 항해는 계속되었다. 3시간 배를 탔으니 아직 3시간 더 가야 한다. 동석한 일행과 다시 시시콜콜한 대화를 이어갔다. 이제 분위기에 익숙해졌다. 배를 타고 여행 중이기보다는 오랫동안 만나온 사람끼리 편히 얘기를 나누는 카페 분위기였다.

다시 출발한 지 1시간쯤 지났을까, 유빙이 하나둘 나타나고 선내 방송에서 읍살라 빙하(Glacier Upsala)에 가까이 가고 있다는 안내방송

읍살라 빙하를 배경으로

이 나왔다. 읍살라는 본래 스웨덴의 도시 지명으로 읍살라대학 조사
팀이 1908년 이곳 빙하를 탐사하면서 읍살라 빙하라고 불리게 되었다
고 한다.

읍살라 빙하 근처에서 마주친 유빙의 규모는 이전에 본 것보다 크
다. 전방으로 조금 더 배가 나아가자 멀리 거대한 빙하가 눈에 들어왔
다. 읍살라 빙하는 길이 50km, 폭 10km에 이르는 로스 글라시아레
스 국립공원에서 제일 큰 빙하라고 한다.

밖은 여전히 바람이 세게 불고 쌀쌀했다. 모자를 깊이 눌러쓰고 밖
으로 나와 빙하를 바라봤다. 여행객들이 사진을 찍느라 빙하를 따라
앞뒤로 이동했다. 역시 부산 남편의 활동이 대단했다. 뱃머리 쪽에서
카메라를 고정하고 계속 지키고 있었다. 추위도 잊은 것 같았다. 얼마
후 바람과 추위에 떨던 일행들이 배 안으로 돌아왔다.

배가 천천히 읍살라 빙하 앞을 돌아 방향을 바꿀 무렵 배 앞쪽에서
선원들이 갑자기 큰 막대기를 물에 담갔다. 막대기 끝에 달린 그물로
물속에서 얼음덩이를 하나 건져올렸다. 칵테일용 얼음이다. 이 얼음을

265

읍살라 빙하(구글)

조각내어 칵테일을 만들어 한 잔씩 가져왔다. 노원 부부와 칵테일을 마시면서 한동안 대화를 나눴다.

배는 읍살라 빙하를 지나 마지막 정착지 페리토 모레노 빙하를 향해 계속 나아갔다. 두 아들의 칵테일까지 노원 부부와 나눠 마셨더니 술기운이 돌았다. 벌써 오후 4시가 가까워지고 있다. 곧 멀리서 또 하나의 거대한 빙하가 다가왔다. 오늘 일정의 하이라이트인 페리토 모레노 빙하다. 이 빙하 역시 길이 30km, 폭 5km, 높이 60m에 이른다.

이 얼음덩어리를 세계적으로 유명하게 만든 것은 이 빙하가 계속 움직이고 있다는 사실이다. 파타고니아 빙원 남부에서 떨어져 나온 빙하는 근처 아르헨티노 호수를 향해 날마다 전진하고 있다. 하루 2m씩 나아가며 때로는 빌딩 크기의 얼음덩어리가 무너지기도 한다. 여행객들이 실제로 빙하에 근접해서 빙하 부서지는 모습을 직접 볼 수 있다.

일행을 태운 배도 빙하에서 200~300m 떨어진 곳까지 다가갔다. 가까이서 보니 새파란 얼음 기둥이 뚜렷하게 보였다. 바다를 향해 병풍처럼 서 있는 얼음 기둥들이 신기하기만 했다. 갑자기 파란 빛을 내는 기둥 하나가 천둥소리와 함께 무너져 내렸다. 다시 못 볼 장관이었다. 하루에 30cm씩 무너져 내린 조각들이 유빙으로 떠다니다 호수에서 녹아 버린다고 한다.

배는 아름답게 병풍처럼 펼쳐진 빙벽을 따라서, 그리고 간간이 무너져 내리는 빙하 기둥을 따라 느릿느릿 회전하면서 움직였다. 여행객들도 빙벽이 잘 보이는 위치로 분주히 움직이며 사진을 찍느라 열심이었다. 크루즈에서만 볼 수 있는 빙하 모습이다. 여기선 추위도 잊었다. 일행 모두 선상으로 나와 빙하의 장관을 관람했다. 여기서 충분히

병풍처럼 서 있는 빙하 모습

시간을 보냈는데도 모레노 빙하를 지나치기에는 아쉬움이 남는다.

배는 모레노 빙하를 돌아 근처 선착장에 정차하고, 6시간에 걸친 크루즈 투어를 마쳤다. 선착장에서 산책로를 따라 10분 정도 올라오니 휴게소 건물과 빙하 전망대(Mirador)로 가는 산책로가 나왔다. 이 길은 20분 정도 거리까지 데크 길로 연결되어 있다. 보슬비가 내리기 시작했다. 산책로 입구에서 다시 한번 모레노 빙하를 바라봤다.

아내와 함께 기념사진을 찍고 산책로를 떠나 옆에 있는 휴게실로 돌아왔다. 여기서 음료수를 마시며 휴식을 취했다. 잠시 후 일행들이 모두 버스에 오르니 오후 4시 30분이다. 버스는 호수 옆으로 난 길을 따라 엘 칼라파테를 향해 계속 달렸다.

모레노 빙하를 찍느랴 분주하다

빙하 전망대 산책로 입구에서

   호텔로 돌아오니 6시가 다 되었다. 오늘은 종일 모레노 빙하 투어로 시간을 보냈다. 내일은 칼라파테를 떠나 남쪽 끝 마을 우수아이아로 가는데 비행기 수화물 허용 규정이 15kg으로 다시 한번 줄어든다고 한다. 짐 두 개는 15kg 이하로 싸고, 두 개는 20kg 정도로 만들어 두 개만 초과 비용(Over Charge)을 내기로 했다.

   그런데 짐을 규정에 맞춰 싸는 것이 만만치 않다. 초과 비용이 짐 하나에 2만 원 정도인데, 왠지 아까운 생각이 든다. 번거롭지만 짐을 규정에 맞게 챙기고 나니 피곤이 몰려왔다. 저녁은 점심때 먹고 남은 스시로 간단히 때우고 엘 칼라파테의 마지막 밤을 보내려 한다.

2 _ 잊을 수 없는 경험, 남쪽 끝 도시 우수아이아

3월 5일, 오늘은 우수아이아(Ushuaia)로 출발하는 날이다. 오전 8시 45분 비행기를 타기 위해 6시 30분 호텔을 떠나 공항에 도착하니 7시다. 공항이 작고 여행객도 적어서 탑승 절차는 빨랐다. 수화물 4개 중 2개는 허용 중량 15kg을 통과하고, 두 개는 20kg이 넘어 초과 비용을 지불했다. 남미에 도착한 이후 위탁 수화물이 1인당 1개밖에 허용되지 않아 작은 백 2개는 항상 소지(Hand Carry)하고 탔다. 번거롭지만 어쩔 수 없다. 보안 검색을 마치고 탑승 대기석으로 들어가니 7시 30분이다.

오늘은 1시간 정도만 대기하면 탑승할 것으로 보인다. 그런데 탑승 예정 시간이 지나도 감감무소식이더니 출발이 지연되고 있다는 메시지가 떴다. 결국 예정 시간보다 1시간 늦은 9시 50분에 출발했다. 오늘도 공항에서 3시간 가까이 기다린 셈이다. 항공기 점검 때문이라는데 어쩌랴. 역시 남미는 남미다. 비행기가 우수아이아 공항에 도착한 시간은 10시 50분. 수화물을 찾아 공항 밖으로 나오니 11시 20분이다.

공항 앞에서 대기하고 있던 버스를 타고 우수아이아 시내로 출발했다. 잠시 후 도시 초입에 우수아이아 입간판이 보이고, 여기서 내려 일행들이 기념사진을 찍었다. 나도 우수아이아 입간판을 배경으로 단 아래에서 한 컷 남겼다. 인솔자가 부부사진을 찍어 주겠다고 아내와

우수아이아 공항(구글)

함께 단 위로 올라가 포즈를 취하라고 한다.

외국인 부인이 먼저 사진을 찍고 있어 잠시 기다렸다. 다 찍고 내려가는 것이 보여 다시 단 위에 올라가 글자 가운데 자리를 찾아 두리번거리는데 아내가 보이지 않았다. 그때 정면에서 시끄러운 소리가 들렸다. 단 아래서 백인 한 사람이 소리를 지르고 있었다. 단 밑에서 사진을 찍기 위해 기다리는데 웬 동양인 녀석이 분위기도 모르고 서성거리냐는 것이었다.

아뿔싸! 일은 이미 벌어져 있었다. 단 위에서 나 혼자 분위기를 모르고 서성이고 있고, 단 밑에서는 백인이 욕을 하는 듯 보였다. 내가 갑자기 세상 물정 모르는 노인네가 되어 있었다. 일행은 눈치 없는 나를 안타까운 듯 쳐다봤다. 정말 민망하고 수치스러웠다. 분위기를 파악하지 못하는 노인네가 외국 여행을 와서, 외국말도 못 알아듣고 순서 예절도 지키지 않다가 백인에게 욕먹고 망신당하는 그런 상황이었다.

그 주인공이 나라고 생각하니 모멸감이 솟구쳐 올랐다. 하지만 이미 사건은 수습할 수 없을 정도로 커져 있었다. 달리 어찌할 수도 없었다. **273**

잊지 못할 문제의 사진 장소

나중에 분위기를 알아채고 백인에게 큰 소리로 "알았다" 하면서 단에서 내려오는 것이 할 수 있는 전부였다. 백인은 득의양양하게 모두 들으라는 듯 "Fuck'm" 하면서 기다리던 여인을 단 위로 올리고 사진을 찍었다. 그 백인이 사라질 때까지 일행들은 안타까운 듯 나를 바라보고 있고, 나는 수치심과 모멸감을 느끼며 유유히 떠나가는 백인을 물끄러미 바라다볼 뿐이었다.

이 사건이 있은 후 일행 분위기가 썰렁해졌다. 침묵을 깨고 인솔자가 나와 우리 부부에게 사진을 찍으라고 다시 권했다. 그러기에는 자존심이 너무 상했다. 전주 남편이 못된 녀석이라고 백인의 무례함을 욕했지만 전혀 위안이 되지 않았다. 정말 수치스럽고 망신스러웠다.

사진 찍는 차례를 지키지 않고 끼어들어 간 것은 분명히 내 잘못이다. 지금까지 주요 관광지에서 사진을 찍을 때 줄을 서지 않고 적당한

274

순서에 촬영을 했었기 때문에 여기서도 그러면 되는 줄 알았다. 그리고 적당한 배경을 찾는 것에만 몰입해 있었기 때문에 단 밑에서 다른 사람이 사진 촬영을 기다리는지는 전혀 생각지 못했다. 그런데 이런 내 행동이 백인 눈에는 무례하고 예절을 모르는 동양놈으로 비친 모양이다. 아무리 생각해도 인종적인 모멸감을 받은 느낌이 들었다. 일행에게도 창피함이 한동안 가시지 않았다.

어쩌다가 수치를 당하는 주인공이 되었는지 곰곰 생각해 보았다. 정말 사소한 실수였는데 그 결과는 마음속 깊은 상처로 남은 사건이 되고 말았다. 이것이 인종 감정인가? 한국에서 이런 일을 당하면 간단히 소명하고 사과하면 끝날 일인데, 문화적 차이와 언어 소통의 문제로 서로 오해와 깊은 상처가 남게 된 것이다. 가끔 아내가 한국도 미국처럼 영어를 쓰고 미국과 통합하면 살기 좋을 텐데 하는 말을 들은 적이 있다. 그랬을 때 지금과 같은 인종적 차이에서 발생하는 오해와 차별을 우리가 감내해 낼 수 있을까? 우리가 한국에 온 아시아 노동자에게 별 뜻 없이 하는 말이나 행동들이 그들에게 오해와 엄청난 상처를 남길 수 있듯이, 미국인의 사소한 언행도 한국인에게 엄청난 상처를 줄 수 있지 않겠는가? 그래서 역사적으로 모든 민족이 자기 민족만의 국가를 만들기 위해서 투쟁하고 있는 것이 아닌가 생각된다.

아무튼 이 사건으로 백인에게서 받은 인종적 모멸감과 일행에게 분위기 파악하지 못하는 시골 노인네 모습으로 비춰진 모습은 내 자존심을 두고두고 무너트렸다. 버스를 타고 시내로 돌아오는 길에 아내가 두 아들에게 아빠가 그렇게 당하고 있는데 그냥 있으면 어떡하냐고 질책

했다. 큰애가 자기도 모르는 사이에 상황이 끝났고 자기도 무슨 일인가 하고 의아했다고 말했다. 아내의 말 중에 '당했다'는 표현이 내 모습을 더욱더 초래하게 했다.

빌어먹을, 사진을 찍어 주겠다던 인솔자가 중간에 나섰으면 일이 이렇게까지 되지 않았을 텐데. 내가 일부러 차례를 안 지킨 것도 아니고. 단지 의식하지 못했을 뿐이다. 당시 그녀는 뭘 하고 있었는지 지금도 모르겠다. 그녀는 곤란한 일에는 일절 관여하지 않았다. 그게 그녀의 원칙처럼 보인다. 인솔자라면 여행객들의 권익과 기분을 위해 노력해야 하건만, 귀찮은 일에는 항상 뒤로 빠졌다. 사태가 진정되면 다시 나서는 그런 사람이었다. 누구를 탓해야 무슨 소용이 있겠는가? 이미 사건은 벌어지고, 상황은 종료되고 말았는데. 얼마간 시간이 흐르면 오늘 일은 단순한 해프닝으로 기억 속에서 지워질 것이라 자위해 본다. 하지만 오늘의 수치스러운 광경들이 내 기억 속에서 그렇게 쉽게 사라질 것 같지 않다.

나로서는 잊기 어려운 역사적 사건이었지만, 잠시 후 일행들은 아무 일 없었다는 듯 다시 버스를 타고 우수아이아 식당으로 갔다. 대게집(La Cantina Fueguina De Freddy)이었다. 원래 우수아이아는 대게 요리로 유명한 지역이다. 여행 오기 전에 인터넷을 통해 대게 맛집을 몇군데 물색해 놓았는데 오늘 점심에 가니 굳이 다시 갈 필요는 없었다. 식당에 자리를 잡으니 12시 가까이 되었고, 곧 사람들이 몰려들었다. 메뉴 주문을 미리해서 그런지 바로 음식이 나오기 시작했다.

우리 4인에게만 대게탕이 먼저 나왔다. 맛은 좋았다. 탕을 먹으면서

대게집 전경 및 메뉴(구글)

일행의 식사가 나오지 않아 이상한 생각이 들었다. 다른 일행의 요리는 대게탕을 다 먹은 후에 나왔다. 그런데 대게탕이 아니고 대게 다리와 볶음밥, 국물 등이었다. 잠시 후 우리에게도 일행에게 나온 메뉴가 다시 나왔다.

왜 우리에게만 대게탕이 더 나왔는지 의아했다. 일행이 불평하지 않을지 걱정도 되었다. 인솔자를 불러 물으니 대게탕은 시키지 않은 메뉴인데 잘못 나왔다고 한다. 다 먹었는데 어찌하나? 주인에게 물으니 별도로 계산해야 한단다. 예약된 점심 메뉴는 여행사에서 부담하지만, 추가 메뉴는 각자 부담해야 한다. 무엇을 시켰는지 우리는 몰랐으니 주는 대로 먹을 수밖에 없지 않은가. 기분은 안 좋았으나 그냥 대게탕까지 계산했다. 일행 분위기도 있고, 일단 먹은 음식이니까. 그런데 생각보다 비쌌다. 한국 돈으로 탕 하나에 1,7000원 가까이 된다. 잘못 나온 대게탕 덕분에 대게 다리와 볶음밥까지 대게 요리를 실컷 먹었다.

점심을 먹고 나오자 비가 조금씩 내리기 시작했다. 우수아이아는

선착장 안내표지판(blog 해파랑)

오후 한 차례 거의 매일 비가 내린다고 한다. 3시 30분부터 비글해협 투어(Canal Beagle Navegacion)가 있으니 자유시간을 보내다가 3시까지 식당 앞으로 오라고 한다. 일행과 헤어져 커피숍을 찾았다. 비가 내리고 바람이 불어 다소 춥고 구질구질했으나 걷기에는 크게 불편하지 않았다. 얼마쯤 가다가 탄타(Tanta)라는 카페에 들렀으나 손님이 많아 근처에 있는 어거스트(August Ushuaia) 카페에서 커피를 마셨다. 그러고도 시간이 남아 아내와 기념품 가게를 구경했다. 아래에서부터 위쪽으로 기념품 가게를 돌아보면서 소품 몇 개를 샀다.

3시 가까이 되어 일행들이 다 모이자 인솔자가 바다 쪽으로 난 선착장으로 안내했다. 3시 30분쯤 유람선에 올랐다. 2시간 30분 동안 유람선을 탈 예정인데, 문제는 펭귄섬(Isla de las Pinquineras)까지는 멀어서 가지 않는다고 한다. 순간 일행들에게서 실망의 목소리가 터져 나왔다. 나도 펭귄이 보고 싶기는 한데, 사실 비글해협 투어에는 관심이 없었다. 이 투어는 남극 주변에 사는 생물과 남쪽 끝에 있는 등대를 보는 것이 주목적이다. 그런데 그것이 무슨 관광의 가치가 있을까?

가마우찌가 온 섬을 뒤덮고 있다

'남쪽 끝'이라고 만든 이야기에 의미를 두고 여행객들이 찾는 모양이
지만, 다른 육지에 사는 동물들과 여기 남쪽 섬에 사는 동물이 뭐가
다른가? 그리고 여기 등대나 한국 동해에 있는 등대나 다를 게 뭐 있
느냐가 기본 생각이었다. 그래서 향해 도중 대부분 배 안에서 편히 쉬
기로 마음먹었다.

　일행들이 섬을 지나면서 섬 위에 있는 새들을 바라보며 손짓하면 나
도 쳐다보고, 멀리 등대가 보이면 같이 바라보는 것이 전부였다. 일행들
은 남쪽 섬의 동물들을 보고 신기해하며 환호했다. 사진도 많이 찍었
다. 그런데 가마우찌(Cormorant)는 정말로 신기했다. 멀리서 봐서 그런
지 처음에는 정말 펭귄인 줄 알았다. 하나의 섬을 가득 덮고 있었다.

세상의 끝 등대

　아! 그런데 잘 날았다. 펭귄이 난다는 말은 못 들었는데. 자세히 보
니 날개가 있고 펭귄치고는 너무 작았다. 가마우찌라 불리는 새라고
한다. 꼭 펭귄처럼 생겼다. 크기는 작고 날개가 달린 펭귄이었다.

　얼마를 더 가니 등대가 하나 나타났다. 그저 평범한 등대였다. 지
구 남쪽 끝이라는 의미의 '세상의 끝 등대(Faro Les Eclaieurs)'라는 스토
리에 방문객이 끊이지 않는다고 한다. 세상의 끝 국립공원, 세상의 끝
우체국, 세상의 끝 박물관 모두 여행객을 끌기 위한 비슷한 이야기다.

사실 우수아이아는 위치로 보아 남쪽 끝 도시가 아니다. 비글해협 남쪽으로 칠레 영토인 푸에르토 윌리암스(Puerto Williams)라는 큰 섬이 있다. 이 도시가 실제로 세계 최남단에 있는 도시로 알려져 있고, 남극을 방문하는 관광객들이 주로 찾는다고 한다. 이 도시는 1953년 푸에르토 루이사(Puerto Luisa)라는 이름으로 건설되었기 때문에 남쪽 끝 도시라는 스토리를 우수아이아에게 내주고 만 것이다. 아르헨티나에서는 오래전부터 우수아이아를 '남쪽 끝'이라는 이야기로 엮어 관광지로 개발하여 오늘에 이르고 있다.

우수아이아에 100년 된 카페가 아직도 성업 중인 것을 보더라도 이곳의 역사가 매우 오래되었음을 가늠해 볼 수 있다. 그 결과 실제로 남쪽 끝에 있는 칠레 영토 푸에르토 윌리암스는 아직도 개발이 안 돼 교통이 불편해 남쪽 끝 마을의 이점을 살리지 못하고 있는 것이다.

비글해협 투어를 마치고 배에서 내리자 오후 6시가 지나고 있다. 여전히 보슬비가 조금씩 내린다. 버스를 타고 뒷산 중턱에 있는 호텔로 향했다. 시내를 한 바퀴 돌아 공장지대를 지나니 산으로 오르는 진입로가 있다. 그 길을 지나자 도로가 나선형으로 이어져 있다. 올라가는 도중에 인솔자가 저 아래 공장지대에 삼성전자 공장이 있다고 했다. 여기까지 삼성전자가 진출해 있다니 대단하다. 한국, 한국인이 대견한 생각이 들었다. 외국에 나오면 애국자가 되나? 한국에 대한 애국심인가? 오전에 있었던 수치심이 다소 희석되는 느낌이 들었다.

숙박할 아르쿠로 우수아이아 호텔(Arkru Usuaia Resourt & Spa)은 작은 산봉우리를 등지고 있고 앞은 바다 쪽으로 확 트여 있다. 한마디로 전망이 훌륭했다. 5성급 호텔로 시설도 꽤 좋았다. 이런 장소에 어떻게

아르쿠로 우수아이아 호텔(구글)

호텔 건축 허가가 나올 수 있었는지 의아할 정도로 멋진 조망을 갖춘 곳이다. 로비에서 내려다보니 우수아이아 시내와 비글해협이 한눈에 들어왔다. 그런데 인솔자가 자기는 여기 숙박비가 너무 비싸서 다른 호텔로 간다고 한다.

체크인을 끝내고 배정받은 방으로 올라가 짐을 풀었다. 저녁은 호텔 식당을 이용하기로 했다. 전망도 좋고 고급 호텔이어서 음식 맛도 좋을 것 같았다. 오후 8시쯤 식당으로 내려오니 모두 예약이 되었고 한 자리 남았다고 한다. 창가 쪽에 자리를 잡았다. 그런데 노원 부부가 자리가 없다고 그냥 올라가려고 해 종업원에게 일행이라고 하니 좀 넓은 자리로 합석하라고 했다. 잠시 후 전주 부부도 합류하여 8명이 함께 저녁을 먹었다.

아르헨티나는 소고기가 좋다고 해서 스테이크 위주로 주문했다. 일행 부부도 비슷한 메뉴를 골랐다. 와인도 한 병 시켰다. 두 아들은 역시 콜라였다. 전주 남편 분이 와인에 관해 얘기를 많이 하는 것으로 보아 와인 애호가인 듯했다. 식사 도중에 부산 부부가 식당으로 내려왔다. 다른 자리가 모두 예약되어 있어 식사를 못할 줄 알았는데, 처음 우리가 앉았던 자리에 가서 앉는다. 예약이 꽉 찼다는 말뜻을 잘 모르겠다. 창원 부부는 자리가 없다고 해 룸서비스를 시키겠다고 올라갔는데 말이다.

식사를 마치고 식사비를 따로따로 계산하자고 한다. 그분들도 그게 서로 편하다고 했다. 환전한 페소가 없어서 달러로 가족 식사비를 내려고 했으나 달러 결제가 안 된다고 한다. 카드로 결제하면 공식환율을 적용해 1달러당 200페소다. 너무 비싸다. 식사비는 룸 계산으로 올리고 내일 암환율로 환전해 페소로 결제하기로 했다.

방으로 돌아오니 밤 10시다. 내일 일정은 '세상의 끝' 우수아이아 티에라 델 푸에고 국립공원(Parque Nacional Tierra del Fuego) 투어가 예정되어 있다. '세상의 끝'이라는 이야기에 얽매이고 싶지 않았다. 국립공원은 아담하고 아름다운데 별다른 특징은 없는 듯하다. 우리 가족은 국립공원 투어를 생략하기로 하고 인솔자에게 통보했다. 내일은 아침 일찍 서두르지 않아도 되었기에 마음 편히 잠자리에 들었다.

3월 6일 월요일이다. 오늘 우리는 자유 일정이다. 아내와 함께 일찍 지하 1층에 있는 호텔 식당에서 아침을 먹었다. 두 아들은 어제 늦게 잠들었는지 아직도 자고 있다. 호텔 음식은 깔끔하고 종류도 다양했다.

식사하고 나오면서 보니 오른쪽 밖에 헬스장과 수영장이 있고, 한쪽 편에 마사지숍도 있다. 이제까지 여행하느라 피곤한데 마사지를 받으면 좋겠다는 생각이 들었다. 잠시 주변을 돌아본 후 방으로 올라왔다.

호텔 창문을 통해 찍은 외부 전경(산쪽)

좀 쉬고 나서 아내와 함께 호텔 뒤에 있는 산책로를 걷기로 했다. 9시쯤 되자 호텔 앞에 서 있는 버스가 보인다. 일행들이 버스를 타고 국립공원으로 출발하는 모양이다.

　호텔방에 누워 창밖을 바라보니 전망이 기가 막히다. 방은 바다 반대 조망이다. 바다 반대쪽에 있는 산을 누워서 올려다본다. 호텔 정문 위쪽에 크게 자란 정원수와 멀리 보이는 설산 꼭대기가 오버랩되면서 한 폭의 산수화가 그려진 병풍을 보는 듯했다. 창문을 통해 사진을 찍어 액자로 넣어 보관하고 싶은 마음이 들었다. 그런데 아내 말대로 사진 찍는 솜씨가 없어서 어떻게 나올지 모르겠다. 다행히 아내도 이 사진은 잘 찍었다고 평가해 주었다. 나중에 큰애가 자기가 더 잘 찍은 사진이 있다고 말해 다시 한번 분위기에 초를 쳤다.
　9시 40분 아내와 함께 1층으로 내려와 호텔 프런트에서 산책로 안내지도를 받아들고 주변 하이킹에 나섰다. 두 아들은 쉬겠다고 해

내버려 두었다. 어제는 비바람이 많이 불었는데 오늘 날씨는 화창했다. 바다 쪽 호텔 앞마당을 지나 왼쪽으로 돌아 나가자 하이킹 코스 입구에 세 코스의 안내표지판이 있다. 40분, 1시간 10분, 2시간 코스 중에 1시간 10분 코스가 무난해 보였다.

두 번째 코스를 따라 산책로를 걸었다. 길은 작은 야산 봉우리에 조성되어 있어 완만했다. 다만, 나무가 우거져 그늘이 지고 아직 이른 시간이라 다소 추위가 느껴졌다. 처음 산 방향으로 조금 오르막길을 오르니 멀리 설산이 보이고, 설산 밑으로 구릉을 따라 마을이 형성되어 있다. 우수아이아 시내에서 좀 떨어진 시골 마을처럼 보인다. 주변에서 말을 키우는지 산책로 곳곳에 말똥이 굴러다녔다.

산책로를 거의 한 바퀴 돌자 전망대가 나왔다. 우수아이아 시내 전경과 시내 앞바다, 바다 건너에 있는 산들이 한눈에 들어왔다. 아름다운 항구도시다. 세상의 끝이란 이야기가 없어도 항구도시로서 여행객들을 끌기에 충분히 아름다운 풍경을 가진 도시란 생각이 들었다. 다만, 자국 수도 부에노스아이레스에서도 비행기로 3시간 20분 걸리는 너무 먼 도시다. 단순히 예쁜 항구도시만을 보기 위해 여기까지 오기는 너무 멀다. 그래서 세상의 끝이란 이야기로 여행객들을 끌어들이는 것 같다. 시내, 바다, 산으로 펼쳐진 그림 같은 전망을 눈 아래 바라보면서 한순간 무념무상에 젖어 보았다.

얼마간 시간이 지난 후 돌아가기 위해 등산로로 다시 올라왔지만 호텔로 돌아가는 등산로가 뚜렷하게 보이지 않고 몇 갈래로 길이 갈라져 있다. 위로는 봉우리 끝이고 아래로는 절벽인데, 아내가 자꾸 아래쪽 길을 고집했다. 내 생각은 정반대다. 방향을 잃었을 때는 위쪽이다.

북쪽 산악지역과 산책로

그런데 위쪽으로 계속 올라가도 한동안 뚜렷한 산책로가 보이지 않았다. 뒤에서 아내가 계속 뭐라고 하는데 무시하고 조금 더 올라오자 전방 쪽으로 눈에 익은 호텔 끝자락이 보였다. 내 말대로 등산로가 봉우리 제일 위쪽에 있었다. 잠시 후 처음 시작했던 둘레길 초입 안내판이 보였다. 산책로를 한 바퀴 돌아 무사히 호텔로 돌아온 셈이다.

호텔방으로 돌아오니 오전 11시쯤 되었다. 목욕탕에서 등산화에 묻은 진흙을 씻어내고, 두 아들을 깨웠다. 12시에 셔틀을 타고 시내로 가기로 했었다. 작은애는 인터넷 학교 수업이 있다고 호텔에 있겠다고 한다. 큰애와 함께 지하 1층 헬스장에 가서 저녁 8시 마사지 예약을 했다. 저녁에 아내와 마사지를 받고 자기들은 수영을 하기로 했다. 마사지 비용은 10만 원 정도, 수영장 이용은 무료다.

12시 좀 지나서 셔틀을 타고 시내에 갔다. 우선 깜비오(Cambio)를 찾아야 했다. 여기서는 암환율을 적용하여 달러를 페소로 환전해 준다.

펭귄 벽화를 배경으로

어제 먹은 호텔 음식값도 계산해야 하고, 저녁에 받기로 예약한 마사지 비용도 계산해야 해서 환전이 꼭 필요했다. 카지노에서 환전해 준다는 말을 듣고 그곳을 찾아갔다. 가는 도중에 도로 벽에 펭귄이 줄지어 걸어가는 벽화가 보여, 맨 앞 펭귄 앞에 서서 비슷한 자세를 취해 보았다. 사진을 보니 실제 펭귄과 비슷해 보인다. 아내와 사진을 놓고 서로 비슷하다고 우겼다.

조금 더 올라가니 언덕 한쪽에 카지노가 보였다. 낮이라 내부는 텅 비어 있었지만, 더 안쪽으로 들어가자 환전은 가능하다고 한다. 1불에 350페소, 암환율 그대로다. 300불을 건넸는데 약간 구겨진 100불짜리 한 장은 거절해 결국 200불만 환전했다. 페소 최고 금액이 1,000인데 지금은 500짜리만 있다고 한다. 그래서 200불=70,000페소를 500페소짜리 140장으로 바꿔주었다. 달러 2장에 페소 140장, 한 뭉치다. 100장 5만 페소는 깊숙이 챙기고, 40장 2만 페소는 아들이 챙겨 오늘 비용으로 쓰기로 했다. 모두 합해 200달러면 25만 원 정도, 우리 돈으로 5만원권 5장인데, 페소로 140장을 받으니 큰 부피다. 페소의 가치가 그 정도로 하찮다.

마리아 롤라 리조또 식당에서

그런데 이 나라 경제는 외견상 잘 돌아간다. 사람들이 잘 먹고 잘 즐기고 잘 산다. 신기하기만 하다.

환전을 하고 나오니 벌써 오후 1시 가까이 되었다. 어제 큰애가 찾아 놓은 식당은 시내 도로에서 산 쪽으로 언덕 위에 있었다. 언덕을 오르자 뒤편으로 문이 나오고 식당은 작은 봉우리 정상에 있어 앞쪽으로 바다가 보이고 조망권이 훌륭했다. 식당 이름은 마리아 롤라 리조또(Maria Lola Resto)다. 젊은 애들이 좋아할 퓨전 음식점 같다. 중심 상권에서 다소 외곽에 있어서 이곳 지리를 모르는 사람들은 찾기 쉽지 않을 듯하다. 일단은 좋은 식당을 찾았다고 생각했다.

식당에 손님은 많지 않았으나 종업원들은 젊고 깨끗했다. 리조또와 몇 가지 음식, 그리고 맥주도 한 병 주문했다. 잠시 후 음식이 나왔는데 짜도 너무 짰다. 좋은 음식점에서 짠맛 때문에 맥빠진 점심이 되고 말았다. 다른 것을 시켜도 비슷했다. 어찌하랴! 여행을 하다 보면 이런 경우도 있다. 어쨌든 남미 음식은 기본적으로 식성에 잘 맞지 않는다. 지금까지 맛있게 마음껏 먹은 식사는 몇 번 안 된다. 그리고 소화가 잘 안 돼 하루에 서너 번 화장실을 드나들곤 한다. 이번 여행에서 고산증이 해결되고 나니 음식이 문제였다.

점심을 먹고 밖에 나오니 여전히 비가 내리고 있었다. 오전에 멀쩡하던 날씨가 정오를 지나면서 흐려지더니 비가 내리고 바람이 불기 시작했다. 여기 날씨는 변화무쌍하여 하루에 한 차례 꼭 소나기가 내린다는 말이 실감난다. 구질구질한 날씨를 탓하며 근처 카페에 갔다. 손님이 많았다. 오래 기다려야 할 것 같아 다른 몇 곳을 들르니 맥주도 파는 탄테 사라(Tante Sara)라는 바가 있다. 1977년부터 영업을 한 것으로 표시되어 있다. 홀 안 중앙 큰 테이블에 자리를 잡고 아내와 큰애는 차를, 나는 맥주를 주문했다. 여기서 30~40분 잔소리를 하면서 시간을 보냈다.

그런데 불현듯 저녁에 마사지 받는 것이 귀찮다는 생각이 들어 큰애에게 말해 아침 예약을 취소했다. 아내가 기념품 가게를 돌아보자고 해 밖으로 나가려는데 입구에서 노원 부부와 광주 분을 만났다. 오전에 국립공원 투어를 마치고 돌아와 자유시간을 갖고 있다고 한다. 국립공원 투어도 좋았다고 덧붙였다. 하지만 미련은 없다. 호텔 주위를 한 바퀴 돌고 호젓하게 가족끼리 시간을 보내는 것도 의미가 있었기 때문이다.

탄테 사라 바에서

　몇 군데 기념품 가게에 들렀다가 우수아이아 마스코트인 펭귄 모형
의 자석 달린 기념품을 샀다. 주류 가게에서는 아내가 고급 양주를
가리키면서 암환율로 사면 한국보다 싸게 살 수 있다고 했다. 글쎄,
달러 베이스 가격 책정이라면 그렇지 않을 수도 있다. 사더라도 문제
는 어떻게 한국까지 가져가느냐였다. 그냥 돌아나왔다.

　몇몇 가게에는 신기한 기념품이 있었다. 영화 빠삐용의 주인공이 입
었던 죄수복 디자인 티셔츠가 전시되어 있다. 예전에 이 도시에 감옥
이 있어서 그때 입었던 죄수복을 기념품으로 만들었다는 얘기다. 그렇
다고 사람들에게 혐오감을 주는 죄수복 디자인을 사용할 필요가 있었
을까 하는 생각이 든다. 누가 살까 하는 생각도 들었다. 도로를 따라
끝까지 올라가니 우수아이아 해양&감옥 박물관(Museo Maritimo y del
Presidio de Ushuaia)이 보인다. 이곳이 옛날에 감옥으로 쓰이던 건물이
라고 한다.

우수아이아 해양&감옥 박물관(구글)

　가던 길을 다시 내려왔다. 골목길을 돌아 바다 쪽으로 내려가니 한국인 옷가게가 있는데 문은 닫혀 있다. 오후 4시 셔틀버스가 오려면 아직 20분 정도 남아 있어, 정류장 안쪽에 있는 100년 된 카페를 찾아가 보기로 했다. 이곳 라모스 헤네랄레스(Ramos Generales El Almacen) 카페 안은 만원이어서 빈자리가 없었다. 다시 나오는데 전주 부부가 우리를 발견하고 뒤쪽에 자리가 있다고 한다. 유명세를 타서 그런지 손님이 늘자 무질서하게 건물을 확장한 듯했다. 뒤쪽 자리는 영 분위기가 아니라며 아내가 밖으로 나가자고 이끈다.

　카페에서 나와 주변을 서성거리다 셔틀버스 타는 곳으로 돌아오니 노원 부부도 기다리고 있었다. 4시 조금 지나서 버스가 왔다. 그런데 아침 분위기와 달라 이상했는데, 직원용이었던 모양이다. 잠시 후에 다른 셔틀이 오자 직원이 그 차를 타라고 알려 주었다.

　호텔에 돌아오니 4시 30분. 저녁을 먹기에는 일렀다. 방에서 쉬고 있는데 큰애가 칵테일 한잔하자고 한다. 1층으로 내려가자 어제 식사한 식당에 큰애가 앉아 있었다. 구슬비가 내리는 바닷가 조망이 근사

291

100년 된 카페(구글)

했다. 간단한 안주와 칵테일을 주문했는데, 원액을 많이 탔는지 독하기도 하고, 식사 전이라 얼마 안 되어 취기가 올랐다.

　방으로 올라와 한숨 자고 8시쯤 깨어 밖을 보니 어둠이 깔려 있었다. 아들이 햄버거를 룸서비스로 주문해서 같이 먹고 아내와 두 아들은 수영장에 갔다. 혼자 방에 남아 두 아들과의 관계를 곰곰이 생각해 보았다. 지난 20일간 불편했던 관계 때문만은 아니다. 아들이 아빠를 존경하거나 권위를 인정해 주지 않아 자존심이 상했기 때문만도 아니다. 내가 아들 나이에 부모님을 어떻게 생각했는가를 돌아보고 아들의 존재를 평가한 다음 거기에 맞게 앞으로 두 아들과의 관계를 다시 정립해야겠다고 생각했다. 나는 지금까지 살아오면서 아들에게 내가 어떻게 비칠 거라고 생각한 모습과 아들이 실세 나를 바라보는 모습이 다르다는 사실을 모르고 있었던 것 같다.

　나는 어려운 환경에서 열심히 공부해 행정고시에 합격하였고, 주위 도움 없이 공무원으로 어느 정도 성공했다는 고위직까지 올랐다. 두 아들은 어려서 미국 초등학교 생활도 경험했고, 강남에서 중고등

호텔 카페에서

학교를 다녔으며, 큰애는 특목고, 명문대, 로스쿨까지, 작은애도 소위 SKY 대학까지 경제적 어려움 없이 공부했다. 이것으로 부모로서 할 도리를 다했다고 생각해 왔다. 공무원을 퇴직한 지금도 직장에서 소득을 받고 있고, 연금과 얼마간의 부동산이 있어 앞으로도 아들에게 부담이 되지 않을 것이다. 그러니 두 아들은 나에게 감사해야 하고, 아빠에 대해 자부심을 가져도 되지 않겠느냐고 생각해 왔던 것이 사실이다.

그런데 두 아들은 아빠가 노력한 것은 아빠 일이고, 지금까지 자기들에게 해 준 것은 부모로서 당연한 의무라고 생각하는 듯하다. 앞으로가 중요한데, 지금 두 아들에게 아빠는 그저 공무원만 오래해서 구태의연한 권위에 의존하는 나이 든 꼰대의 모습으로 비칠 뿐이다. 자신들의 가치관에 비추어 보면, 아빠가 꼰대처럼 말하고 행동하는 것은 분명히 잘못된 것이다. 그러니 잘못된 아빠의 말과 행동을 자기들이 지적하는 것은 당연한 것으로 여긴다. 이렇게 생각해 보면 지금까지 여행하면서 두 아들이 내 말과 행동에 지적을 가했던 일이 이해될 수 있다. 두 아들은 자기의 행동에 대해 지적받기를 원하지 않을 뿐

293

아니라 잘못된 아빠의 행동을 지적해야 하는 것을 의무로 생각하는 것이다.

물론 아들이 옳을 수 있다. 반대일 수도 있다. 문제는 누가 옳고 그르냐가 아니다. 적어도 두 아들은 자기들의 가치 기준이 이 시대에 아빠보다 더욱 부합한다고 생각하는 것이다. 그러니 아빠의 충고는 두 아들에게 이제는 의미가 없다는 것이다. 이미 자기들이 아빠보다 현실을 잘 판단한다고 생각하기 때문이다. 이것을 인정해야만 앞으로 문제를 풀어갈 수 있다.

냉정히 생각해 보자. 큰애 동인이는 29세, 취직이 확정된 성인이다. 어느 정도 충분한 돈벌이도 예정되어 있다. 이제 남은 로스쿨 일 년만 제외한다면 부모의 도움이 전혀 필요 없는 아이다. 학교도 에이스 코스만 밟았다. 친구도 모두 엘리트들이다. 장래도 보장받았다. 무엇이 아쉽겠는가? 아빠를 바라보는 시각도 그렇다. 공무원이라는 권위주의적이고 폐쇄적인 환경에서 30년을 지내다가 퇴직한 아빠. 사고방식이 경직되고 고루하고 권위주의적이며 시대에 뒤떨어진 꼰대 모습으로 비쳐지는 게 당연할 것이다. 그래서 내가 얘기를 하면 그게 아니라고 늘 제동을 건다.

옛날 직원들은 상하관계였기 때문에 내 말에 할 수 없이 동의한 것이라고 평소에도 상투적으로 말하곤 했었다. 자기는 아빠 눈치 볼 필요가 없으니 할 말 하는 셋이라고 한다. 지난 얘기를 한번 하려고 치면, 서두부터 10번째, 100번째 듣는 얘기라고 말을 가로막는다. 큰애 말이 다 맞고 큰애의 판단이 모두 옳을 수 있다. 큰애에 대한 서운한 마음이 들지 않는 것은 아니지만 그것과는 별개의 문제다.

이제부터 큰애에게 진로에 대한 충고는 정말 아무 의미가 없을 것이다.

스스로 더 잘 판단할 수 있다. 경제적 도움도 일 년 후면 더 필요 없다. 이제 모든 것이 자기 인생이다. 자기가 좋은 방향으로, 가치 있는 방향으로 결정하고 가면 된다. 필요 이상의 감정이입도, 기대도 부담일 것이다. 자기 인생을 살아가도록 묵묵히 지켜보기만 하면 된다. 혹시나 잘못되지 않을까 걱정되더라도 자기 일에 책임질 나이가 되었고, 그만큼 현명하기도 하다. 재산적인 문제도 이제는 선을 그어야 한다. 품안의 자식이 아니다. 본인이 도움을 청하기 전에는 무슨 일을 하더라도 절대 관여해서는 안 된다.

작은애 동민이 문제도 같은 맥락이다. 나이는 27세지만 이제 대학교 4학년, 미래에 대해 아무것도 결정된 게 없어 장래가 걱정되는 것은 사실이다. 한동안 경제적인 문제가 남아 있는 것도 사실이다. 우선, 대학 졸업하고 무엇을 할 것인가? 대학원에 갈 것인지, 취직을 할 것인지, 진로를 확정해야 한다. 대학원이나 의전원에 간다면 한동안 경제적 도움이 필요하다. 이제까지는 부모로서 방향을 제시하기도 했고, 노력하라고 닦달하기도 했다. 아내와 함께 의전원에 가라고 권유도 하고 학원에 가서 정보를 가져다주기도 했다. 열심히 공부하라고 수없이 잔소리도 했다.

그러나 앞으로 그럴 필요가 없다. 동민이도 미래가 보장되어 있지 않을 뿐이지 생각하는 방식이나 판단 능력은 큰애와 다르지 않다. 혼자 충분히 앞길을 생각하고 헤쳐 나갈 수 있다. 큰애만큼 엘리트 코스를 밟지 않아 그만큼 미래에 대한 확신이 들지는 않으나, 평균 이상 상위권의 삶을 살아갈 수 있을 거란 생각이 든다. 모든 것은 본인이 충분히 결정할 수 있다고 생각하고, 실제 능력도 있다. 아들한테 맡기자. 일 년 동안 열심히 공부해 의전원이나 대학원에 간다면 졸업할 때까지

수영장에서 바라본 야경

도와줄 것이고, 그러지 못하면 그것도 자기 책임이니 취직해서 살도록 밀어내야 한다. 경제적 문제도 본인이 책임져야 한다. 앞으로 더 이상의 간섭과 잔소리는 필요 없다.

　이런저런 생각을 하는 중에 시끄러운 소리가 들려왔다. 수영장에 갔던 아내와 두 아들이 돌아왔다. 수영장이 너무 좋았다고 한다. 야경이 너무 멋지다고 찍어 온 사진을 내민다. 어둠을 밝히는 시내 불빛, 출렁이는 바다, 바다 건너 어두운 산의 윤곽, 산봉우리 능선을 따라 빛나는 노을, 하늘에 흩어진 어두운 구름 세 조각 등이 사진 속에서 멋진 조화를 이루고 있다. 상투어를 한마디 덧붙인다면, '세상의 끝 도시 우수아이아의 멋진 밤 풍경'이다.

3 _ 남미의 파리, 부에노스아이레스

아르헨티나의 자존심, 국립미술관을 찾다

3월 7일 화요일, 우수아이아를 떠나 부에노스아이레스(Buenos Aires)로 가는 날이다. 아르헨티나의 수도 부에노스아이레스는 유럽 문화의 영향을 강하게 받아 '남미의 파리'로 불리는 도시다. 넓은 평야에 자리한 도시 중심가에는 유럽의 대도시 못지않게 고풍스러운 양식의 건물들이 늘어서 있고, 거리 곳곳에서 탱고 음악이 흐르고 댄서들이 춤을 춘다. 특히 세계적으로 유명한 콜론 극장(Teatro Colon)이 도심 한복판에 있고, 이 근방에는 역사와 미술, 조각, 장식, 대중음악이 성행하고, 여기에 유명한 예술가, 작가, 작곡가들이 몰려 있다.

또 거대한 오벨리스크(Obelisk)가 서 있는 세계에서 가장 넓은 7월 9일 대로(Avenida 9 de Julio), 오페라 하우스를 개조한 아름다운 서점 엘 아테네오(El Ateneo Grand Splendid), 에바 페론을 비롯한 아르헨티나의 유명 인사들이 잠들어 있는 레콜레타 묘지(Comenterio de Recoleta), 그리고 형형색색의 건물들이 늘어선 보카 지역(Barrio Boca) 거리 등 볼거리가 많은 관광도시이기도 하다. 오늘 이 도시를 방문한다.

우수아이아와 같은 나라에 있는 도시라서 부에노스아이레스까지는 얼마 걸리지 않을 것으로 생각했는데, 비행기로 3시 20분 거리라고 한다. 이틀간 머문 멋진 아르쿠르 우수아이아 호텔을 떠나는 것이 아쉽긴 하다. 이른 아침을 먹고 6시 50분 버스를 타고 호텔을 떠나 공항에 도착하니 7시 20분이다. 8시 55분 비행기이니 1시간 30분 기다리면 출발이다. 대기시간이 짧아서 좋았다. 우수아이아 공항은 작아서 그런지 수속 절차가 매우 빠르다. 승객들도 대부분 백인으로 깔끔해 보이고 공항 분위기도 쾌적했다.

탑승 절차가 끝나고 비행기에 올랐다. 예정시간보다 5분 빠른 8시 50분인데도 비행기가 출발했다. 아르헨티나 국내선이지만 3시간 30분 비행 끝에 12시 20분 부에노스아이레스에 도착했다. 이곳 호르헤 뉴베리(Jorge Newberry) 공항에 내려 도착 수속을 밟고 짐을 찾으니 1시가 넘었다. 숙박 호텔이 공항에서 멀지 않은 곳에 있어 일단 체크인을 하고 점심을 먹을 예정이라고 한다.

공항에서 버스를 타고 호텔로 가는 길은 부에노스아이레스 시내를 관통한다. 이곳은 역시 남미의 유럽다운 풍모를 자랑하고 있었다. 고풍스러운 빌딩들이 유럽의 건축양식을 그대로 본뜬 듯하다. 아르헨티나는 16세기 초 스페인 정복 이후 오랜 동안 스페인의 식민지배를 받아 왔으며, 19세기 초 나폴레옹이 스페인을 침략했을 때 스페인 왕이 부에노스아이레스로 피신하여 여기서 한동안 왕조를 유지했었다. 이 도시가 스페인 등 유럽 도시와 다를 바 없는 이유다. 더욱이 부에노스아이레스 시내에는 큰 나무들이 많아 녹음이 짙고 공기가 쾌적하다. 그래서 이 도시를 좋은 공기라는 의미의 부에노스(좋다)-아이레스(공기)라고 부른다고 한다.

차창으로 보이는 도로, 건물, 공원 모두 잘 정비되어 있다. 그래서 도시가 깨끗하고 상쾌하다. 맑은 하늘과 우거진 나무들, 잘 정비된 도로망,

공항 인근 도로와 시내 건축물(구글)

멋지게 유럽풍으로 지어진 건축물, 거리를 활보하는 활기찬 사람들, 모
든 것들이 잘 어우러져 세련된 도시 모습을 연출하고 있다. 비록 국가
경제는 망가졌어도 부에노스아이레스는 살아 숨 쉬고 있고 시민들은
과거의 전성시대를 그대로 구가하고 있는 것처럼 보였다.

 1시 40분, 도심 북쪽에 있는 부촌 상권에 자리 잡은 최고급 호텔
(Palladio Hotel Buenos Aires MGallery)에 도착했다. 다른 건물들 사이에
있어서 사방이 탁 트이거나 부지가 넓지는 않았지만, 정문 건너편에
도시공원이 있어서 답답하지는 않았다. 정문 앞 도로에 차들이 많이
달리고 있고, 주변 인도와 교차로에는 사람들이 활보하고 있어 번화
가란 생각이 들었다. 그리고 정문에서 가드가 항상 출입자에게 문을
열어 주며 안내하고, 짐도 친절하게 방까지 들어다 주었다.
 체크인을 끝내고 방에 올라가 짐을 푼 후, 1층 로비 안쪽에 있는 식
당으로 내려왔다. 2시가 넘어 모두들 배가 고픈 모양이다. 옆 테이블
에서도 늦은 점심인 듯 주문을 서두르고, 우리 일행들도 서둘러 음식

숙박호텔 전경 및 야경(구글)

을 주문했다. 주문 받는 데 꽤 시간이 걸렸다. 배가 고파서 더 더딘 것처럼 느껴졌는데, 한참을 기다려도 음식이 나오지 않았다. 옆 외국인 테이블도 마찬가지였다. 그래도 외국인들은 기다리면서 자기들끼리 잘도 떠들고 있는데, 우리 일행은 불만이 가득한 표정이다. 아침부터 이동하느라 힘들고 식사가 너무 늦어 배가 고프니 짜증이 날 수밖에 없다. 3시 가까이 되어 주문한 음식이 나왔다. 맛도 모르겠고, 모두 20~30분 만에 식사를 마쳤다.

이제부터 내일 아침까지 자유시간이다. 큰애가 부에노스아이레스는 치안도 문제없고 산책하기도 좋으니 걸어서 시내 투어를 하자고 한다. 작은애는 인터넷 수업이 있다고 호텔에 남겠다고 한다. 피곤해서 핑계를 대는지 실제 강의가 있는지 모르겠다고 아내가 한마디했다. 4시쯤 큰애, 아내와 셋이서 호텔을 나섰다.

먼저 국립미술관(Museo Nacional de Bellas Arts)에 가기로 했다. 호텔을

나서자 도로변에 가로수가 즐비하고 고급스러운 5층 빌딩들이 줄지어 서 있다. 1~2층은 상가들이고 그 위엔 아파트인 듯했다. 날씨는 더웠지만 바람은 시원했다. 가는 길에 깜비오(Cambio) 간판이 보여, 우수아이아에서 환전한 돈은 호텔 식사비로 거의 썼기 때문에 200불을 환전했다. 암환율은 1달러에 350페소, 비슷했다.

좀 더 걷자 명품 가게들이 나타났다. 롤렉스(Rolex) 가게 두 곳을 지나니 에르메스 매장이 나왔다. 아내와 큰애가 들어가 보잔다. 칠레 산티아고 매장에서 찾던 핸드백을 묻자 재고가 없다고 한다. 에르메스 백은 너무 귀해서 돈이 있어도 못 산다는 말이 맞는 것 같다. 이 도시 어디에 또 에르메스 매장이 있느냐고 묻자 여기가 유일하다고 한다. 맞는 말인지는 모르겠다. 검증해 볼 수도 없고.

매장을 나와 조금 더 걸으니 큰 도로 건너편에 공원이 있다. 큰 도로를 따라 걷는데 인도에 가로수가 없어서 햇볕이 무척 뜨거웠다. 우수아이아에서는 좀 쌀쌀해 출발하면서 긴 옷을 입었는데, 여기는 무척 더웠다. 공원 옆을 지나 10분쯤 걸으니 국립미술관이 보였다. 큰애가 입장표를 사러 갔다오더니 무료라고 한다. 미술관 안은 에어컨 시설이 잘 되어 있었다. 더위를 피할 수 있어서 일단 '여기 잘 왔다'는 생각이 들었다.

전시실을 돌아보니 전시 작품 작가들이 예사롭지 않았다. 고갱, 피카소, 샤갈, 루벤스, 로댕, 고야, 드가 등 세계적인 화가의 작품이 몇 점씩 있다. 신고전주의부터 낭만주의, 사실주의, 인상주의에 이르기까지 프랑스 회화의 사조를 따라 시기별로 대표작가의 주요 작품들이 대부분 소장되어 있었다. 20세 초반 아르헨티나가 부자 나라이던 시절에 사 모은 작품이라고 한다.

국립미술관 건물 및 전시실(구글)

한편엔 아르헨티나 출신 화가들의 작품을 전시해 놓았는데, 단일 미술관으로 가장 많은 자국 화가 작품을 보관하고 있다고 한다. 이 정도 유명한 작가의 작품들을 전시하고 있는데도 무료로 박물관을 운영하다니, 아르헨티나 정부의 국민에 대한 예술적 배려가 엿보이는 대목이다. 큰 기대를 하지 않고 왔는데 뜻밖에 거장들의 작품을 한 전시관에서 볼 수 있는 행운을 얻게 되었다. 우리 일정에는 빠져 있는데, 누가 이 도시에 온다면 이곳 국립미술관을 반드시 관람하도록 추천한다.

30분 정도 작품을 관람하고 나오니 밖은 아직도 무척 더웠다. 오후 4시 30분이어서 한낮 시간은 지났는데도 햇볕이 강했다. 오던 길을 돌아나오니 공원 옆으로 멋진 무지개다리가 있고, 다리 왼쪽에 르네상스 양식의 석조건물이 있었다. 부에노스아이레스대학교 법과대학이라고 한다. 큰애가 그 건물을 배경으로 무지개다리 위에서 기념사진을

법대 건물이 보이는 브리지 위에서

찍었다.

다리 앞쪽 아래로 멀리 스타벅스 표지판이 보여, 나는 더워서 저기 가서 기다리겠다고 했다. 다리에서 내려와 다시 돌계단 한 층을 내려가자 안쪽 구석에 있는 스타벅스 앞으로 지하철 입구가 연결되어 있었다. 스타벅스에서 시원한 냉커피를 마시며 10분쯤 기다리자 큰애와 아내가 왔다.

더위가 조금 가신 것 같아 밖으로 나오자, 큰애가 버스를 타고 일본 정원에 가자고 한다. 버스정류장에서 10분 정도 기다리니 버스가 왔다. 큰애가 버스에 올랐다가 내리더니 현금을 받지 않는다고 한다. 내일 교통카드를 사서 버스를 타기로 했다.

호텔로 돌아가는 길에 덥고 피곤해서 택시를 타고 갔으면 했으나 아내가 운동하라고 걷자고 한다. 좀 두꺼운 바지를 입은 탓인지 나만 유독 더위를 많이 느끼는 것 같다. 아내와 큰애는 그리 힘들어하지 않는데 나는 무척 힘들다. 가까스로 걸어서 호텔로 돌아온 정말로 힘든 여정이었다.

호텔로 돌아와 잠시 쉬고 저녁은 한식을 먹기로 했다. 엘 칼라파테와 우수아이아에는 한식당이 없어서 일주일간 한식을 먹지 못했다. 사실 부에노스아이레스에 도착해 인터넷으로 호텔에서 멀지 않은 곳에 있는 한국식당을 찾아보았다. 그 중 파송송(Pa Song Song)이라는 분식과 스낵을 파는 집이 20분 거리에 있었다. 저녁엔 그 식당에 가기로 예정하고 있었다. 창원 부부도 거기로 간다고 했다.

1시간 정도 쉬고 나니 다소 피로가 풀려 6시 30분쯤 우리는 파송송으로 출발했다. 식당으로 가는 도중에 창원 남편이 광주 분과 이미 파송송에서 식사를 하고 있다는 문자가 왔다. 7시쯤 도착해 보니

한식당 파송송에서(구글)

식당에 손님이 꽉 차 있었다. 창원 부부 일행은 안에서 식사를 하고, 우리 앞에 한 팀이 기다리고 있어서 밖에서 대기했다.

　10분 후 차례가 되어 식당 안으로 들어가니, 문 앞쪽에 낯익은 젊은 여자가 보였다. 누구더라? 우선 종업원이 안내하는 자리에 앉은 다음 라면, 김치찌개 등 넷이 6인분을 주문했다. 그리고 곰곰이 생각해 보니 문 앞쪽에 있던 젊은 여자는 다른 여행팀 인솔자였다. 비행기를 탈 때마다 마주쳤고 늘 활기찬 모습으로 손님을 인솔하는 모습이 인상적이었다. 가족끼리 왔는지 네 사람이 한 테이블에서 식사하고 있었다.

　나중에 우리 인솔자에 물으니 남미 출신이라고 한다. 스페인어를 사용하는 남미 출신 젊은이들은 한국에서 취직하는 데 경쟁력이 약하고, 상대적으로 유리한 남미 여행 인솔자 일을 많이 한다는 설명이다. 이해가 간다. 한국에서 스페인어를 잘한다고 해서 별다른 장점이 없을 것이다. 얼마 후 주문한 식사가 나왔다. 양이 꽤 많았다. 거기에다 맥주까지 한잔하고 나니 배가 너무 불렀다. 오랜만에 한식과 분식 모두 만족스러웠다.

식사를 거의 마칠 무렵 옆 테이블에 앉았던 일본 손님이 나가고 나이 지긋한 한국 노숙녀(할머니) 한 분이 앉았다. 그리고 익숙하게 비빔밥을 한 그릇 시켰다. 당연히 현지 한국인이라고 생각했다. 지나가는 소리로 비빔밥이 맛있어 보인다고 했더니, 들으셨는지 조금 주겠다고 한다. 아니라고, 배부르다고, 농담이라고 하면서 얘기가 시작됐다. 70세쯤 되었고 한국에서 오늘 여기에 온 첫날이라고 한다. 그 연세에 한 달씩 수시로 남미를 혼자 여행한다면서, 부에노스아이레스에서 일주일 정도 머물 예정이라는데 비행기표, 호텔 예약 등 모든 것을 직접 한단다. 위험하지 않느냐고 물으니 "위험하다"고 대답하며 늘 조심해야 한다고 한다.

할머니가 대단해 보였다. 한편으론 무모해 보이기도 했다. 혼자, 왜, 무슨 재미로 그 위험한 남미대륙을 다니실까? 참으로 모를 일이다. 그 비용이면 한국에서 편하게 친구들과 잘 먹고 재밌게 보낼 수 있을 텐데…. 잠시 불필요한 생각을 해 보았다.

8시쯤 식당을 나와 조금 지났는데 큰애가 뒤에서 "아빠 먼저 가게 두고 보자"는 소리가 들렸다. 이제 자기가 여행을 주도하고 싶어서인지, 아니면 내가 자기들 없이도 제대로 호텔로 돌아갈 수 있는지 시험해 보는 건지 모르겠다. 뒤를 돌아보지 않고 계속 걸었다. 기분이 묘했다. 한참을 걷고 나니 뒤에서 따라오지 않고 결국 혼자 걷고 있었다. 돌아오는 길이 어두워 위험해 보이는 곳도 있었다. 공원 곳곳에서는 젊은이들이 모여 행사를 하는 모습도 보였다. 역시 부에노스아이레스는 젊음의 도시다.

20분 정도 걸어서 호텔로 돌아오니 피로가 확 몰려왔다. 조금 있으니 두 아들과 아내도 아무 일 없었다는 듯 돌아왔다. 아들이 컸다고

기 싸움을 하자는 것 같다. 거기에 부화뇌동하는 아내의 행동도 영 거슬린다. 한편으론 속 좁게 대응하는 내 모습도 실망스럽기 그지없다. 오늘 하루는 참으로 길고도 힘든 일정이었다.

부에노스아이레스는 예술의 도시다

3월 8일 수요일, 벌써 한 달 여행일 중 3주가 지나고 이제 한 주만 남았다. 어제 부에노스아이레스에 온 이후 어려운 남미 여행은 사실 모두 끝난 것처럼 생각되었다. 이 나라는 남미라기보다는 유럽에 가까운 분위기다. 페루와 볼리비아에서 고원지대 사막길을 달리고, 고산 도시를 매일 이동하면서 무척 힘들었는데, 이제 여행이 편안해지니 시간이 훨씬 빠르게 가는 것처럼 느껴졌다.

오늘은 부에노스아이레스 시내를 관광하는 날이다. 아침 일찍 식사를 마치고, 9시쯤 호텔에서 시내로 출발한 버스가 10분도 되지 않아 정차했다. 서점 앞이었다. 엘 아테네오(El Ateneo Grand Splendid) 서점은 옛 오페라 하우스를 개조해서 만든 곳으로 세계에서 가장 아름다운 서점 중 하나라고 한다.

서점에 들어서니 기본 골격은 호화로운 오페라 하우스 그대로다. 관람석, 무대, 천장화 모두 그대로 보존되어 있다. 남은 공간을 활용하여 책을 진열하고 VIP 관람석에는 앉아서 책을 읽을 수 있도록 편안한 자리가 마련되어 있었다. 무대에는 간단한 식사나 커피를 마실 수 있도록 간이식당으로 꾸며 놓았다.

이처럼 도심 중앙의 고급스러운 건물에서 책을 팔아 과연 수지를 맞출 수 있을까 하는 쓸데없는 의문이 들었다. 그래서 이 서점의 유래를

엘 아테네오 서점에서

확인해 보았다. 이곳은 1903년에 국립극장으로 문을 열었지만, 1919년 5월 오스트리아 사업가 막스 글루크스만(Max Glucksmann)이 리모델링을 해서 1,050석 객석을 갖춘 오페라극장으로 재탄생했다. 이후 탱고를 비롯한 많은 공연이 상연되다가 1929년 라디오 방송국으로 사용되기도 했다. 그리고 2000년 엘 아테네오(El Alteneo)와 예니(Yenny)라는 서점 브랜드를 가진 기업(Grupo Ilhsa)이 이 건물을 인수하면서 오늘의 서점으로 바뀌었다.

이 서점은 개관 때부터 국내외 유명작가들의 출판기념회와 낭독회 등 행사를 열어 독자와의 만남을 주선하고, 새로 음반을 낸 음악가에 겐 서점의 무대에 오르는 기회를 준다. 이렇게 대중에 가까이 가려는 전략을 통해 여가를 즐기는 시민과 명성에 이끌린 관광객들로 이 서점은 늘 붐빈다. 여기서 수입원을 얻고 서점을 유지하고 있다고 한다.

서점을 돌아보고 나와 10분 정도 걸어서 유엔광장 서편에 있는 꽃 조각공원에 도착했다. 공원 입구에 들어서니 꽃봉오리 모양의 거대한 조형물이 공원 중간에 위풍당당하게 서 있다. 유명한 꽃 조형물 플로라리스 헤네리까(Floralis Genérica)다. 2002년 아르헨티나의 건축가 에두아르도 카타라노(Eduardo Catalano)가 만든 작품으로 현재 부에노스아이레스를 대표하는 금속 조형물이다. 세계에서 가장 큰 꽃 조형물로도 유명하다. 하나의 큰 꽃봉오리를 이루고 있는 이 거대한 조각품은 해가 뜰 때는 꽃이 넓게 피고, 밤이 되면 봉오리에서 빛이 나며, 자정이 되면 꽃이 닫힌다고 한다. 봉오리 안쪽에 꽃 홀씨 몇 개가 보인다. 정말로 특이한 조형물이다.

관광객들이 꽃 조형물 근처로 몰려들고, 이 조형물을 배경으로 기념사진을 찍고 있다. 일행들도 가까이 또는 멀리서 다양한 포즈를 취하며 기념사진을 찍느라 분주하다.

그런데 어느 순간 우리가 있는 공원 반대편에 과감한 드레스 차림으로 탱고 포즈를 취하고 있는 커플이 나타났다. 결혼사진이나 작품사진

310   폴로라리스 헤네리까 조형물 앞에서

을 찍는 것으로 생각하고 지나쳤으나, 공원을 한 바퀴 돌아오자 의문의 드레스 여인이 우리 일행 남자들에게 사진을 찍자고 권하고 있었다. 일행들은 모두 피했다. 돈을 받고 함께 탱고를 추면서 파트너가 돼 주는 거리 모델이라는 생각이 머리를 스쳤다. 멀리서 큰애가 피하는 모습을 보고, 젊은 날의 추억으로 기념사진을 한 컷 찍어도 괜찮을 것 같은 생각이 들었다. 큰애에게 권하기 위해 다가가다가 오히려 내가 볼모로 잡혀 버렸다.

그녀는 준비해 온 옷을 나에게 억지로 입혔다. 평생 공무원만 한 숫기 없는 내가 감히 어찌 한낮에 공원에서 의문의 여인과 탱고 자세를 취하고 사진을 찍을 수 있겠는가? 평소 같으면 상상조차 어려운 사건이 벌어졌다. 몇 번 거절하다가 얼떨결에 강제로 옷을 입었다. 이제는 어찌할 도리가 없지 않은가? 엎질러진 물이었다. 긴장한 탓인지 머리가 멍하고 정신이 혼미했다.

드레스의 여인이 네 가지 탱고 포즈를 잡아 주었다. 생각보다 어렵지는 않았다. 그 여인은 프로였다. 시키는 대로 탱고 자세를 취하자 그럴듯하게 사진이 나오는 것 같다. 인솔자와 아내가 열심히 사진을 찍었다. 일행들이 지켜보고 있어 긴장감으로 얼굴에는 땀이 계속해서 흘러내렸다.

끝나고 나니 여유가 생겼다. 가이드에게 얼마를 주면 되냐고 물으니 10달러란다. 아내는 비싸다고 했지만, 10달러로 만든 추억치고는 괜찮다는 생각이 들었다. 잠시 후에 아내와 인솔자가 보내 준 사진을 보니 추억이 될 만한 사진들이다. 오래 여행하다 보니 생각지 못한 특이한 경험을 다 했다. 두 아들이 이런 경험을 해 보면 좋은 추억이 될 텐데 하는 생각이 들었지만,·아들들 성격이 나를 닮아 쑥스럽고 멋쩍은 모양이다.

공원에서 탱고 댄서와 함께

꽃 조각공원을 나오자 어제 보았던 르네상스식 석조건물이 보인다. 부에노스아이레스 법과대학 건물이다. 여기서 버스를 타고 10분 정도 북쪽으로 돌아가자 레콜레타 공원묘지(Cementerio de la Racoleta)가 나왔다. 이 묘지는 아르헨티나의 유명인사들이 잠들어 있는 곳으로, 묘지 하나하나가 생전에 쌓은 고인의 업적이나 생애를 표현한 대리석 조각으로 장식되어 있다.

정문을 지나 묘지들 사이로 난 좁은 길을 걸으니 묘지를 걷는 것이 아니라 대리석으로 만든 조각공원을 걷는 것 같은 느낌이다. 대리석에는 고인의 이름과 출신, 행적 등이 기록되어 있다. 대리석 밑 투명한 창을 통해 안을 들여다보니 고인의 관이 그대로 보인다. 시신을 방부처리하여 관과 함께 이곳에 안치한 것이다. 가족묘인 듯 몇 개의 관이 함께 대리석 방안에 안치된 곳도 있다.

얼마쯤 지나자 사람들이 웅성거린다. 그 유명한 에비타(Evita)의 무덤이다. 후한 페론(Juan Peron) 대통령의 부인으로 30대 초반 젊은 나이에 운명한 에바 페론(Eva Peron). 그녀를 기린 뮤지컬 영화 '에비타'에서, 현직 대통령 부인으로 "Don't cry for me Argentina"라는 노래를 부른 가수로도 유명하지만, 개인적으로는 비운의 여인이었다. 그녀는 가난한 사람들을 돕는 데 노력을 많이 했고, 여성 투표권 확대에도 중요한 역할을 했으나, 1952년 33세에 암으로 생을 마감했다. 그녀는 죽어서도 아르헨티나 국민의 마음을 뒤흔들어 놓았으니, 한 달간 그녀의 장례행사가 이어졌다고 한다.

그러나 남편이 대통령에서 물러나 스페인으로 망명하자, 그녀의 시신마저도 이탈리아로 보내져 외국을 떠돌다가 1976년 이곳 가족 무덤에 안치되었다. 에바의 묘지 역시 다른 묘지와 다름없었다. 듀아르테

레콜레타 공원묘지 정문과 내부

에비타 묘지

가족묘지(Familia Duarte)에 조용히 잠들어 있다. 우측 대리석 벽에 에 바의 모습과 생애를 그린 동판들이 줄지어 있다. 너무 화려하지 않고 전반적으로 소박한 느낌이었다.

　레콜레타 공원묘지를 돌아보면서 장례문화를 생각해 보았다. 시신을 터부시하는 우리와 이곳의 장례문화는 180도 다르다. 우리의 유교식 장 례문화는 시신을 되도록 집에서 멀리 매장해야 하고, 아이에게는 보지 못하게 할 정도로 무서운 존재로 보고 있다. 하지만 서구의 천주교식 장례문화는 시신은 영혼이 떠난 육체일 뿐이다. 산 사람의 몸이나 다르 지 않다. 무서울 게 전혀 없는 존재다. 그래서 성당 지하에 매장하거나 집 근처에 매장해 항상 가까이 두고 정신적 지주로 삼고 있다. 일본도 비슷하다. 집 근처에 매장해서 보고 싶을 때 언제라도 묘지를 찾아볼 수 있도록 하고 있다.

　그런데 우리는 산속 깊이 매장하는 풍속을 아직도 유지하고 있다. 이제 시신에 대한 인식을 바꾸고 장례문화를 과감히 바꿔 나가야 한 다. 부모가 돌아가시더라도 묘지를 가까이에 모시고 평소 정신적 지주 로 삼아야 한다. 물론 지금 그 추세로 가고 있는 건 다행스러운 일이다.

또한 음식을 만드느라 부담만 주는 제사는 없애고, 특별한 제례 행사 없이 가족들이 모여 고인을 기리는 추모의 날로 바꾸어야 한다. 죽은 사람 제사가 산 사람에게 지나친 부담을 주어서는 절대 안 된다. 최근 제사 때문에 이혼하는 부부도 늘고 있고, 명절 때문에 스트레스를 호소하는 주부가 많다. 모두 시대에 맞지 않는 제사 탓이다. 명절도 상징적인 의미로 바꾸고 형편에 따라 자손들이 만나는 축제의 날로 바꿔 나가야 할 것이다. 개인적인 생각임은 물론이다.

레콜레타 공원묘지를 나와 버스를 타고 잠시 북쪽으로 올라가니, 레콜레타 지역만큼이나 부유한 팔레르모 지역(Barrio Palermo)이 나왔다. 나무들이 잘 가꾸어져 있고, 한적한 거리를 따라 예쁜 카페와 가게, 근사한 식당들이 늘어서 있다. 얼마 후 멀리 큰 나무가 숲을 이루고 있고 우측으로는 호수가 보이는 공원 입구에서 버스가 멈췄다. 이 일대가 팔레르모 공원(Bosques de Palermo)이다.

이 공원은 거대한 호수와 숲으로 이루어져 있고, 규모는 7만8,000㎡에 이른다. 세계 3대 공원으로 불릴 정도의 크기라고 한다. 처음 아르헨티나의 독재자 로사스(Juan Manuel de Rosas)의 사저였다가 공원으로 조성하여 1875년 11월 11일 개장했다. 이후 조경 전문가 샤를 타이스(Carlos Thays)가 동물원과 식물원, 장미정원을 설계해 지금의 모습으로 만들었다. 현재 이 공원에는 대규모 장미원과 동·식물원이 있고, 테니스클럽과 골프클럽 등 여러 스포츠 시설이 있다.

그런데 아쉽게도 팔레르모 공원을 돌아볼 시간이 없었다. 공원 입구 근처를 잠시 산책한 것이 전부다. 버스정류장 우측에 넓은 호수와 호수 주변에 산책로가 멀리까지 이어져 있고, 산책로 양쪽에는 정원수

팔레르모 공원의 여러 전경들(구글, blog 해파랑)

일본 정원(구글)

가 잘 정비되어 있다.

갑자기 주위가 '꽥꽥'거리는 소리로 시끄럽다. 호수 주위를 맴돌던 오리 떼들이 우리 일행을 보고 소리를 내면서 몰려왔다. 먹이를 주는 줄 알고 착각한 모양이다. 덩치가 큰 오리 떼 40~50마리가 한동안 주위를 맴돌며 돌아가지 않았다. 시간이 흐르면서 오리 떼들이 흩어졌다. 호수 전경을 바라보며 산책로를 한 바퀴 걷는 것도 좋겠다는 생각이 들었다. 하지만 시간이 부족하다고 한다. 동·식물원이나 장미공원을 가기에는 더더욱 시간이 부족했다.

잠시 호수 반대편으로 눈을 돌리자 그리 멀지 않은 곳에 일본 정원(Jardin Japones)이 있다. 어제 아내와 큰애와 함께 가려고 버스를 탔다가 버스카드가 없어서 가지 못한 곳이다. 작은 호수와 그 둘레에 산책로가 아름답게 꾸며져 있어 관광객들이 많이 찾는 곳이라고 한다. 하지만 외곽에 담이 둘러있어 공원 내부를 볼 수가 없었다. 오늘은 큰애도 공원에 들어가 보고 싶은 생각이 없는 듯 보였다.

여기서 한 가지 특이한 것은 거목 끝에 작고 붉은 꽃이 핀다는 점이다. 이 도시에 온 이후 키가 100m는 넘어 보이는 큰 거목들을 많이 보았는데, 대부분 나뭇잎이 무성하고 끝에는 수많은 붉은 꽃이

국립미술관 인근에서 찍은 라파초

피어 있다. 현지 가이드에게 이름을 물으니 라파초(Lapacho)라고 한다. 인터넷에는 '남미와 중미에 주로 서식하는 식물로 껍질을 약초로 사용함'이란 설명뿐이다. 더는 정보가 없다. 이름만이라도 기억하기로 하자. 그리고 이곳은 늘 더워서 나무가 빨리 자란다고 한다. 이 도시에서 공원 어디를 가든 키가 큰 나무들이 많이 있는 이유가 궁금했는데, 이제 궁금증이 풀렸다.

팔레르모 공원을 떠나 5월광장(Plaza de Mayo)에 왔다. 이곳은 부에노스아이레스의 중앙광장으로 1810년 독립을 쟁취하기 위한 5월혁명(La Revolucion de Mayo)이 시작된 곳이다. 광장 입구에 들어서자 무척 더웠다. 공원 안은 야자수 몇 그루만이 한낮의 따가운 햇볕을 가려줄 뿐이다. 일행들이 야자수 나무 그늘로 모여들었다.

현지 가이드가 유명 건축물과 아르헨티나의 역사를 설명하는데, 책에

319

5월광장 전경(구글)과 대통령 관저

다 나오는 내용이라고 듣는 둥 마는 둥한다. 동쪽에 있는 대통령 관
저 카사 로사다(Casa Rosada)도 힐끗 보고 지나쳤다. 중앙광장 한쪽에
는 1811년 5월혁명 1주년을 기념하여 세운 5월의 피라미드(Pyramide de
Mayo)가 우뚝 서 있다. 특이하게도 탑 아래 깔아놓은 작은 조약돌에
는 코로나로 숨진 사람들의 이름이 새겨져 있었다.

▲ 부에노스아이레스 대성당(구글) ▼ 산 마르틴 장군 묘지(구글)

　　중앙광장을 한 바퀴 돌아보고 광장을 가로질러 북쪽의 대성당
(Catedral Metropolitana)으로 걸음을 옮겼다. 이곳에는 호세 데 산 마르
틴(Jose de San Martin) 장군의 무덤이 있다. 무덤 입구 양쪽에 가드가
서서 지키고 있었다. 아르헨티나의 독립 영웅 산 마르틴에 대한 존중
과 위엄의 표시인 듯하다. 무덤은 산 마르틴에 의해 해방된 칠레, 페
루, 아르헨티나 세 나라를 상징하는 세 개의 여인상이 삼면을 에워싼
가운데, 그의 시신이 안치된 검은색 석관이 드높여진 모양을 하고 있
다. 1880년 프랑스에 있던 장군의 시신을 아르헨티나로 옮겨 와 이곳
대성당 오른쪽 통로와 연결된 이 자리에 안치했다.

평화로운 5월광장 시위

　다시 대성당 정문으로 나오자 갑자기 크게 구호를 외치는 소리가
들렸다. 플래카드를 든 시위대가 광장 옆 도로를 가득 메우고 행진하
고 있었다. 광장 외곽에는 바리케이드를 치고 경찰들이 광장 출입을
막아섰다. 현지 가이드가 시위대는 두 부류로 노동 인권과 여성 인
권 옹호를 주장하고 있다고 설명했다. 3월 8일 오늘은 바로 국제여성
의 날이기 때문에 특히 여성 인권을 주장하는 시위라고 한다. 한국
에서 출발할 때는 페루 시위를 걱정했는데, 막상 남미에 와 보니 페
루는 조용했고 이곳에서 시위 현장을 처음 목격했다. 걱정과는 달리
시위는 평화롭고 질서 있게 진행되었다. 경찰들이 시위대가 지나고
있는 광장 진입을 막고 있어 일행은 대성당 뒤편으로 돌아서 나왔다.

라 보카 지역 모습

   5월광장을 떠나 라 보카 지역으로 향했다. 5월광장 바로 옆부터 산
텔모 시장이 시작되고 시장 남쪽에 라 보카 지역이 있다. 과거 부두노
동자를 중심으로 형성된 도시로 레콜레타나 팔레르모 지역과 대비되
는 지역이다. 주로 빈민들이 거주하며, 큰길을 조금만 벗어나면 대낮
에도 치안이 좋지 않은 지역으로 알려져 있다. 라 보카 지역에 도착하
여 버스에서 내리니 벌써 12시 40분이다.

   잠시 걸어 도시 안으로 들어서자 형형색색의 건물들이 있다. 이탈리
아 베네치아를 여행할 때 본 색색의 건물들과 비슷했다. 과거 노동자

323

들이 배에서 쓰다 남은 페인트를 가져다 조금씩 칠하다가 지금처럼 되었다는 이야기가 있다. 여기저기서 스케치를 하는 거리 화가들의 모습이 눈에 띄었다. 여행객들의 초상화를 그려 주고 돈을 받는 것 같다.

좀 더 안쪽으로 들어가니 항구가 보이는데, 지금은 사용하지 않는 옛날 라 보카 항구 자리다. 여기서 20분 자유시간을 줘 근처에 있는 시장 건물로 들어가니 잡화상들이 즐비하다. 조잡스럽지만 없는 게 없을 정도로 다양한 기념품을 팔고 있다. 건물 안을 한 바퀴 돌아보고 밖으로 나오니 거리에 음식점들이 늘어서 있다. 우리나라 시장 주변의 음식점 분위기와 비슷했지만, 굳이 사서 먹기에는 꺼려지는 음식들이다. 주변을 기웃거리다가 예정된 시간에 버스 타는 곳으로 돌아왔다. 길이 막혀 타고 온 버스가 돌아오는 데 시간이 걸린다고 한다. 주변에 여행객도 많고 도로에 차들도 많아서 매우 혼잡했다.

오후 1시에 점심을 먹을 비원에 도착 예정이었다. 그런데 버스가 20분 정도 지나서 도착했다. 예정된 다음 투어는 마데로 항구(Puerto Madero)다. 이곳은 항구로서 기능이 없어지면서 폐허가 된 지역인데, 20여 년 전부터 정부의 성공적인 재개발을 통해 새롭게 탄생한 소위 핫 플레이스다. 기업, 금융권, 쇼핑센터, 레스토랑, 아파트 등이 들어서면서 현대적인 상가, 주거지역으로 바뀌었고, 영화관과 디스코텍, 산책로, 요트장 등 다양한 문화 레저시설들이 들어서자 새로운 관광명소로 변모하고 있다.

하지만 투어 일정이 너무 지연되어, 버스를 타고 마데로 항구 옆을 지나면서 차창을 통해 항구도시를 조망하는 것으로 대신했다. 일행들은 배가 고파서 그런지 이 도시에 별다른 감흥이 없어 보였다. 현지

마데로 항구 지역(구글)

가이드의 설명도 귀에 들어오지 않았다.

마데로 항구를 지나쳐 한식당 비원 앞에 도착하니 2시가 넘었다. 호텔에 남아 있던 작은애가 식당 앞에서 기다리고 있었다. 식당은 비교적 깔끔하고 규모가 컸다. 점심 시간이 지나서인지 손님은 거의 없었다. 다행히 음식을 미리 주문해 놓아 도착하자마자 바로 나왔다. 불고기전, 생선구이, 김치찌개 등 다양한 음식이 차례로 나왔다. 다른 건 별로인데 불고기전은 괜찮았다. 불고기전을 추가 주문해서 허겁지겁 먹었다. 식사를 마치고 나니 2시 30분이 조금 지나고 있었다.

지금부터 오후 8시 탱고 관람까지 자유시간이다. 아내와 큰애는 백화점에 가기로 했다. 노원 부부도 친척 선물로 축구선수 메시(Lionel Messi)의 유니폼을 사러 백화점에 간다고 한다. 나머지 일행도 각자 출발했다. 나는 쉬기로 하고 20분 정도 걸어서 호텔로 돌아왔다.

호텔방 책상 위에 메모지가 놓여 있었다. 여행사 사장이 감사의 마음으로 와인 한 병씩을 선물한다는 내용이었다. 아마도 오늘 오후가 자유시간이라서 디데이로 택한 것 같았다. 그런데 이벤트는 완전 실패였다. 점심을 늦게 배불리 먹어서 지금 당장 와인을 먹을 수는 없었다. 또 오늘 저녁 탱고 공연에서도 와인을 무제한 제공한다고 했다. 나중에 마실 수도 있으나, 내일은 비행기를 타고 브라질로 가는 날이고, 비행기 수화물 중량 허용 한도가 15kg이라서 와인을 가져갈 수도 없다. 호텔에 두고 갈 수밖에 달리 방법이 없었다. 날짜를 잘못 선택해 아쉽게도 비싼 와인을 모두 낭비한 것이다. 노원 부부가 그 와인 한 병을 탱고 공연 시간에 가져와 맛이라도 음미한 것이 그나마 다행이었다.

　　호텔에서 혼자 2시간을 쉬고 나니 지루했다. 호텔을 나와 운동 겸 30분 정도 걸었다. 5시가 넘었는데도 햇볕은 여전히 따갑다. 건물 사이 긴 그림자를 따라서 걷다가 어제 봐 두었던 스타벅스에 가서 냉커피를 주문했다. 창가에 앉아 커피를 마시며 밖을 내다보니 거리가 유럽과 같다. 지나가는 사람들도 유럽인과 다르지 않아 보인다. 커피를 마시고 나니 더위도 가시고 한결 시원해졌다.

　　다시 호텔로 돌아오니 오후 7시가 다 되었다. 아내와 큰애도 돌아와 있었다. 백화점에 살 만한 물건이 없어서 아무것도 사지 못했다고 한다. 노원 부부도 메시 유니폼이 없어서 못 샀단다. 메시 정품 유니폼은 10만 원이 넘는 고가인데도, 여기 백화점에서도 살 수 없다는 점이 이해가 안 됐다.

와인을 마시며 탱고의 진수를 엿보다

　　오후 7시 50분 호텔에서 버스를 타고 탱고 공연을 관람할 수 있는 카페 데 로스 안젤리토소(Cafe de los Angelitos)에 도착했다. 식당은 아직 이른 시간이어서 텅 비었다. 전면에 무대가 있고, 2층으로 된 200~300석 규모의 식당이다.

　　일행은 1층 무대 앞에 자리를 잡고 식사를 주문한 다음 종업원이

▲ 탱고 공연장 외부 및 내부 무대(구글) ▼ 공연 전 식사와 와인 한잔

따라주는 와인을 마시면서 기다렸다. 한 팀 한 팀 좌석을 채우더니 얼마 안 되어 거짓말처럼 식당 전체가 꽉 찼다. 음식이 나오자 와인과 함께 식사를 시작했다. 와인은 계속 리필해 주었다. 몇 순배 돌면서 술기운이 돌자 일행들이 건배를 했다. 모두가 흥겨워했다. 다만, 두 아들은 여전히 콜라다.

9시 30분쯤 탱고 공연이 시작되었다. 춤은 열정적이었다. 상대 여자를 리드하는 남자의 춤동작이 도발적이고 힘이 있다. 여자도 그에 호응해 섹시한 자세로 응답한다. 탱고는 옛날 유럽인이 남미로 이주하여 힘든 부두노동을 끝내고 저녁에 부둣가 살롱에 모여 회포를 풀기 위해 추던 춤이다. 특히 이주 초기에는 여성이 부족해 파트너 여성의 호감을 얻기 위해 적극적인 구애의 표시로 탱고춤이 발달했다. 그래서 지금도 남자의 탱고 동작이 열정적이고 도발적으로 보이는지 모르겠다. 이처럼 당시 어렵던 부두노동자의 삶의 애환이 깃들어 탄생한 춤이 바로 탱고다.

2시간에 걸친 탱고 공연(blog 해파랑)

공연은 2시간 동안 이어졌다. 끝날 때까지 자리를 뜨는 손님은 한 사람도 없었다. 처음에 일행은 11시 30분에 공연이 끝난다고 해 10시 조금 넘어 적당히 자리를 뜨기로 합의를 보았었다. 그런데 조용한 분위기를 깰 수 없어 모두 끝날 때까지 기다렸다. 아니, 공연이 너무 열정적이어서 공연장을 떠나는 것이 싫었을 수도 있다. 특히 아내가 공연마다 환호성을 지르기도 했다. 일행들 모두 어울린 활기찬 저녁이었다. 예정대로 11시 30분쯤 공연이 모두 끝났다. 호텔로 돌아오니 12시가 가까워지고 있었다.

탱고 공연에서 한 가지 마음에 걸리는 일이 있다. 식당에서 우리 일행은 팁을 내놓지 않았다. 와인을 몇 번 리필 주문까지 하고도 종업원

팁을 주지 않은 셈이다. 사실 우리는 팁 주는 것을 의식하지도 못했는데, 나중에 알아보니 테이블에 놓고 오는 것이 예의라고 한다. 인솔자가 사전에 얘기해 주었더라면 좋았을 텐데! 하는 생각이 든다. 그들에게 예의 없는 아시안(Asian), 몰지각한 코리안(Ugly Korean)으로 각인되지 않았을까 걱정도 된다. 볼리비아 우유니 사막 투어 때 지프차 기사 팁을 제대로 챙겨 주지 못한 아쉬움이 다시 떠오르며 마음 한구석이 개운치 않았다.

3월 9일 목요일 이른 새벽이다. 오늘은 녹음이 짙은 남미의 파리, 아르헨티나의 수도 부에노스아이레스를 떠나는 날이다. 이 나라를 떠나면서 많은 생각을 하게 된다. 한때 남미 최고의 부자 국가가 왜 이렇게 국가 경제가 파탄나게 되었을까? 의문이 든다. 좌파정권의 지속적인 포퓰리즘 정책에서 그 원인을 찾기도 하고, 지나친 농업부문에 의존해 온 경제구조 속에서 찾기도 한다. 이론적으로 모두 맞는 말일 것이다.

이론을 떠나서, 개인적으로는 사회구조적인 측면도 무시하기 힘들 것 같다는 생각이 든다. 최근 계속되는 아르헨티나 화폐가치의 급락 속에 국가 경제는 망가져 가고 있는데, 여기에 사는 사람들은 호사롭기만 하다. 똑같은 음식을 먹고도 신용카드로 결제하면 공식환율을 적용해 100달러에 2만 페소로 계산되는 반면, 암환율로 결제하면 3만5천 페소로 환산된다. 더구나 100달러 한 장에 페소 최고 화폐 1,000페소짜리 35장이다. 손님들이 호텔에서 비용을 정산하는 데 페소 뭉치를 내놓는다. 이중환율 때문이다. 신용카드로 결제하면 공식환율로 환산되고 암환율보다 1.6배 비싸게 계산된다. 그래서 암환율로 환전한 페소 뭉치로 계산하고 있다. 현대사회에서 이렇게 기이한 상거래 결제구조가 유지

되고 있는 것 자체가 이상하다. 이 문제를 그대로 두고는 이 나라 경제가 정상화되기는 어렵겠다는 생각이 든다.

그런데도 아르헨티나 상류층들은 호화생활을 하고 있다. 스페인의 상류 문화를 그대로 복사해 놓은 사회문화구조가 변화를 어렵게 하고 있다. 다른 남미 국가와는 달리 백인이 지배층 주류를 형성하면서 인종적으로 백인 우월의식이 강하다. 이런 의식의 바탕 위에서 백인들은 부유했던 시대의 문화적·예술적 전통에 걸맞는 호화로운 소비생활을 지속하고 있다.

농업 중심의 대다수 국민과 소비 중심의 소수 지배층의 이중적 경제구조가 국가 경제의 큰 틀 속에 통합되지 못하면서 좌파정권의 계속된 포퓰리즘과 맞물려 아르헨티나 경제를 점점 더 뒷걸음질치게 만들고 있다. 이 나라의 발전을 위해서는 사심 없이 이를 추진할 진정한 애국자, 진정한 리더가 필요하다는 생각이 든다. 우리나라도 마찬가지다. 지금이 바로 국가 발전을 위한 진정한 리더가 필요한 시기다.

아침 7시 30분 호텔을 출발한다. 이번 비행기도 수화물 규정이 15kg 이내다. 호텔 종업원이 저울로 수화물을 측정해 주었다. 15kg 가방에 고리를 걸어 들어올리는데 무척 힘겨워한다. 안타까워 팁을 주니 종업원이 감사해한다.

출발에 앞서 1층 현관에 일행들이 모였다. 두 사람, 두 아들만 아직 내려오지 않았다. 다른 날처럼 정확히 정해진 시간에 내려온다. 정확한 것도 좋지만 나이 많은 어른들이 먼저 와서 기다리는데, 그게 아니라는 생각은 든다. 뭐라 하겠는가! 뭐라 하면 꼰대다. 자기들이 알아서 한다고 말할 것이다. 또 분위기만 어색해지겠지.

호텔을 출발한 버스는 8시에 공항에 도착했다. 이틀 전과 같이 버스가 공항과 가까운 차도에 정차하지 못하고 옆길을 따라 3~4분 정도 떨어진 거리에 멈췄다. 짐을 옮기는 일이 쉽지 않았다. 짐을 부치기 위해 줄을 서 있는데 스카이팀 라인이 별도로 있었다. 우수아이아 공항에서도 스카이팀 줄이 있어 모닝캄 회원인 우리는 이용 가능할 것으로 생각했었다. 아내가 별나게 굴지 말라고 할 것 같아 그냥 이코노미석 줄에서 기다린 적이 있다.

아르헨티나 항공은 대한항공과 스카이팀 회원사로 마일리지 우대 혜택을 공유하고 있다. 인솔자를 불러 이 내용을 물으니 잘 모른다고 한다. 여기서는 이코노미석 줄이 너무 길어 허탕 치는 셈치고 일단 스카이팀 라인으로 갔다. 여권을 제시하니 직원이 몇 가지를 묻고는 수화물 접수가 가능하다고 했다. 기다리지 않고 가족 수화물 4개를 부쳤다. 다만, 여기서도 15kg 이상 수화물은 초과요금을 내야 한다.

이어 부산 부부도 모닝캄 회원이라고 줄을 옮겨 진행했다. 초과요금 납부장소는 별도 창구가 있었다. 이번 일을 겪으면서, 인솔자가 모닝캄 회원제도도 모른다는 것이 의아했다. 반면, 인솔자에게 내가 너무 많은 것을 기대하는 것은 아닌가 하는 생각이 들기도 했다. 초과요금은 페소로 내면 가방 두 개에 2~3만 원 정도, 신용카드로 내면 4~5만 원이다. 여기도 이중환율이 적용된다. 큰 금액이 아닌데도 신용카드 결제는 불필요하게 돈을 더 내는 것 같아 아깝다는 생각이 들었다.

보안 검색까지 마치고 탑승 대기석으로 나오니 오전 8시 30분, 출발까지 2시간이나 남았다. 대기실 앞에 맥도널드 햄버거집이 있고, 맞은편에는 편리한 좌석이 마련되어 있다. 아침을 먹지 않은 두 아들은

공항 카운터와 내부 햄버거집(구글)

햄버거를 주문하고 아내와 나는 콜라를 마신 다음 1시간 정도 눈을 감고 쉬었다. 얼마 후 창원 분이 보낸 '마사지 1,000페소'라는 문자가 떴다. 거기로 가 보니 진동 안마의자 마사지였다. 일행들이 모여 안마보다는 대화에 열중이었다. 함께 잡담을 하며 시간을 보냈다.

이번에도 비행기가 30여 분 연착이라고 한다. 10시 20분 비행기가 10시 50분이 돼서야 이륙했다. 8시에 공항에 도착했으니 결국 3시간 가까이 대기한 셈이다. 국내선이고 1시간 30분 비행시간에 3시간 대기다. 그나마 부에노스아이레스 공항은 쾌적하고 시설이 좋아 다행이었다.

10시 50분에 이륙한 비행기는 12시 30분 아르헨티나 이구아수 국제공항(Aeropuerto Misiones)에 도착했다. 공항 주변은 비가 막 개인 화창한 날씨였다.

4 _ 악마의 목구멍 폭포, 푸에르토 이구아수

호텔은 브라질에 있다

아르헨티나 이구아수 공항에 도착해 수화물을 찾아서 나오니 12시 50분이다. 오늘 호텔은 이웃 나라 브라질에 있어 곧 버스를 타고 브라질 국경으로 출발했다.

오후 1시 30분 아르헨티나 출입국사무소에서 출국 수속을 하고 조금 이동하니 브라질 출입국사무소다. 우리는 차에 남고 현지 가이드가 여권을 들고 갔다. 인솔자는 코로나 예방접종증명서가 필요하다고 하더니 서류 없이 무사히 입국 절차가 종료되었다.

오후 2시가 가까워지자 배고프다고 여기저기서 불만이 터져 나왔다.

아르헨티나 이구아수 국제공항(구글)

브라질 현지 식당(구글)

다행히 버스를 타고 10분쯤 가니 대로변에 큰 식당이 있었다. 간판
(Rafain Churrascaria Show)을 보니 쇼를 겸한 식당인 듯했다. 점심 시간
이 지나서 그런지 1,000석은 될 것 같은 식당 안은 한산했다. 중앙에
공연무대도 있었다. 아르헨티나 탱고 공연 식당처럼 이곳은 브라질 삼
바 공연 식당이었다.

점심은 뷔페식이었다. 이곳을 통과해 가는 여행객들을 위해 점심을
준비한 듯하다. 다행히 음식 종류가 다양하고, 한국식 국수도 있고 감
자튀김도 있어 아쉽게나마 배를 채울 수 있었다. 남미에 온 이후 입에
맞지 않는 음식에 대한 불만은 여전히 남아 있다.

바람을 쐬러 밖으로 나오니 인디언 할머니가 식당 정문 앞에 자리
를 펴놓고 뜨개질을 하고 있었다. 완성한 소품은 앞에 진열해 놓고 팔
았다. 하나 살까 했으나 아내가 필요 없는 물품이라고 나를 잡아끌었
다. 주차장으로 내려와 버스가 오지 않아 30분 정도 더 기다렸다. 현
지 여행사에서 오늘 잠시 쓴다고 낡은 차와 보조 가이드를 배치했는
데, 인솔자가 교체를 요청했다고 한다. 물론 여성 일행이 불결한 차량
에 대한 불만을 제기하기도 했다.

갑작스러운 차량 교체로 시간이 걸린다고 한다. 버스를 기다리는 동안 주변을 걸으면서, 브라질은 아르헨티나와 차이가 많이 난다는 생각이 들었다. 사람 체형이나 색깔도 다르고 성격도 다른 것 같다. 아르헨티나는 세련되고 여성적인데, 브라질은 거칠고 남성적이다. 아마도 문화적 차이 때문인 듯하다. 아르헨티나는 스페인의, 브라질은 포르투갈의 영향을 많이 받았기 때문일 것이다.

오후 3시 20분이 되어서야 버스가 도착했다. 20분 거리에 있는 호텔(Recanto Cataratas thermas resort & Convention)은 브라질 이구아수 시내에 있는 대규모 리조트다. 수영장이 여러 개 있고, 대규모 연회석도 있다. 객실도 본관, 별관으로 수십 동, 수백 실은 되는 듯하다. 이곳 별관 룸에서 이틀간 머물 예정이다.

리조트 수영장과 부대시설(구글)

    2층 방에 올라와 짐을 풀고 5시쯤 슬리퍼를 사러 본관 숍으로 갔다. 내일 이구아수 폭포를 가는 데 필요하다고 한다. 체크인할 때 잠시 들러 보아 둔 것이 있는데 40헤알(1만 원)이라고 한다. 하지만 숍은 닫혀 있었다. 저녁 휴식 시간이라고 한다.

    나중에 사기로 하고 옆에 있는 카페에 들렀다. 카페는 호텔 중앙 마당에 있는 대규모 수영장을 정면으로 바라보고 있어 전망이 좋았다. 큰애와 아내 셋이서 음료수를 한 잔씩 주문해 마시면서 호텔 전망을 감상했다. 그러고 나서 주변을 한 바퀴 돌아보러 혼자 나갔다. 호텔과 수영장, 곳곳에 바비큐 식당들을 갖춘 가족형 휴양시설이었다.

    특이한 시설을 하나 발견했다. 수영장 한쪽에 바가 있는데 의자가 수영장 안쪽에 있다. 테이블은 수영장 벽에 설치하여 벽 밖의 바에서 제공하는 음식과 칵테일을 수영장 안에 있는 의자에 앉아서 즐기는 구조였다. 기발한 아이디어였다.

    다시 카페에 가서 아내와 함께 호텔 별관으로 향했다. 돌아오는 길에 보니 리조트 둘레는 울타리가 쳐져 있고 밖은 주택가였다. 이 주변은

이 지역의 주택들(구글)

포스 두 이구아수(Foz do Iguazu) 지역이라 한다. 이 지역은 인구가 30만 에 이르는 큰 도시로 대형 호텔, 식당, 바가 많다. 그래서 이구아수 폭포를 찾는 관광객들이 아르헨티나보다는 이 지역에서 머물게 된다. 저녁 식사 장소로 호텔 밖 한식당을 찾았으나 브라질에 한식당이 없었다. 호텔 밖으로 나가 식당을 찾아보려 했으나 치안이 불안하다고 큰애가 반대했다.

호텔 통로에서 보니 호텔 건너편 주유소 옆에 Max라는 큰 간판이 보였다. 아내가 한국의 큰 슈퍼 같다고 거기에 가서 저녁을 해결하자고 한다. 호텔 별관 쪽문에서 나와 도로 하나를 건너니 바로 한국의 코스트코(Costco)와 같은 대형 유통몰 Max가 있었다. 과일, 생필품, 식료품 등 없는 게 없는 대형 쇼핑물이었다. 그러나 물건은 조잡했다. 브라질식 대형 슈퍼다. 과일을 조금 바구니에 담고, 라면 비슷한 것이 있었으나 조잡스러워 담지 않았다. 그리고 호텔 숍에서 사지 못한 쪼리를 바구니에 담았다.

계산을 하려면 브라질 화폐 헤알이 필요했으나 환전한 돈이 없었다. 사는 것을 포기하려는데 입구에 깜비오가 있어 100달러 환전을 요구하니 여권을 보여 달라고 한다. 아르헨티나에서는 여권이 필요

호텔 건너편에 있는 Max(구글)

없었는데. 여권을 호텔에 두고 와 환전을 포기했다. 깜비오를 나와 Max 종업원에게 신용카드 결제가 되느냐고 물으니, 잘못 알아들었는지 "No"라고 했다. 줄을 서 있던 큰애가 물건을 도로 진열대에 갖다 놓았다. 브라질은 포르투갈어를 사용하고 있어 스페인어보다 소통이 더 어렵다. 이곳 역시 지방 도시라서 영어가 잘 통하지 않는다. 막 나오려는데 매니저급 종업원이 옆으로 다가왔다. 다시 아메리칸 익스프레스 카드 결제가 가능하냐고 물으니 "Yes"라고 답했다. 처음부터 가능했는데 의사소통이 문제였다.

큰애에게 카드 결제가 가능하다고 하니 언제 다시 줄을 서느냐고 짜증을 냈다. 아내가 딱히 할 일도 없는데 다시 가져와 줄을 서자고 해 다시 줄을 섰다. 계산은 정말 느렸다. 앞에 5~6명이 줄을 서서 기다리는데 20분 정도가 걸린다. 특히 중년 여인은 애를 하나 데리고 과일, 작은 식재료까지 하나하나 낱개로 포장하면서 계산한다. 계산하는 종업원도 재촉하지 않고 기다려 준다. 왜 브라질이 그 많은 땅과 자원을 갖고도 선진국이 되지 못한 이유를 알 것 같다.

가까스로 계산을 마치고 입구에 식사 코너가 있어 저녁을 해결하려고 했으나 구미에 당기는 음식이 없다. Max를 나와 도로를 건너는데 아르헨티나와 다른 점이 있다. 브라질이 모든 면에서 아르헨티나보다 거친데, 차들은 건널목에서 사람이 접근하자 모두 정차했다. 좁은 2차선 도로에 신호가 없는데도 차들은 사람들을 배려했다. 아르헨티나는 유럽처럼 교통신호를 잘 지키지 않지만, 브라질은 교통신호를 잘 지켰다. 이것 역시 문화적 차이로 보인다.

호텔에 도착하니 저녁 7시다. 저녁 식사가 아직 해결이 안 되었다. 큰애가 인터넷으로 수제 버거 배달이 가능한 곳을 찾았다. 주문하고 카드로 결제하는데 카드 사기에 대한 우려가 들기도 했다. 주문 후 1시간쯤 지나 햄버거가 배달되었다. 햄버거 맛은 좋았다. 쇼핑몰에서 사온 과일과 햄버거로 저녁을 해결하고 하루를 마무리했다. 피곤했다. 오늘도 하루 종일 이동하면서 보냈다. 남미 여행은 이동 시간이 전체 여행 시간의 반은 되는 것 같다.

악마의 목구멍 폭포를 보러 가다

3월 10일 오늘부터 본격적인 이구아수 폭포 투어다. 이구아수 폭포는 아르헨티나-브라질-파라과이 3국의 국경을 맞대고 있다. 오늘 투어는 아르헨티나에서 폭포를 가까이 관광하고, 내일 브라질에서 멀리 전체적인 조망을 할 계획이다. 그래서 오늘 아침 일찍 호텔에서 아르헨티나로 넘어가야 한다. 국경을 통과하므로 여권을 꼭 챙기라고 한다. 오전 7시 14분 호텔을 출발한 버스가 30분 정도 달려 어제 통과했던 아르헨티나 출입국사무소에 도착했다. 출입국 절차는 5분 만에 끝났다. 관광지역이라서 그런가 보다.

다시 출발한 버스가 8시 20분 푸에르토 이구아스 국립공원 안내소

푸에르토 이구아수 국립공원 입구와 기념품 가게(구글)

트램을 타고 '악마의 목구멍 폭포'를 보러 간다(구글)

에 도착했다. 이구아수 목포의 절정이라고 할 수 있는 '악마의 목구멍'으로 가는 트램(Tram)이 근처에 있는 중앙역(Estacion Central)에서 9시에 출발한다. 일행은 중앙역에서 9시까지 대기했다. 대기시간이 좀 지나자 여행객들이 몰려왔다. 날씨는 맑았으나 무덥고 습했다. 근처가 습지이고 밀림 지역이기 때문이란다.

9시가 가까워지자 좋은 자리를 차지하기 위해 사람들이 트램으로 서둘러 이동했다. 우리도 앞자리에 앉았다. 자리는 충분한데, 순방향인지 역방향인지 방향만 선택하면 된다. 폭포까지 30~40분 정도 걸린다고 한다.

10분쯤 지나자 정류소가 나왔다. 카라타라스 역(Estacion Carataras)이다. 일부 손님들이 다시 탔다. 악마의 목구멍 역(Estacion Garganta del

'악마의 목구멍 폭포'로 이어지는 입구 풍경

Diablo)으로 가는 길은 작은 밀림 속으로 난 좁은 길이다. 트램 옆으로 야생화가 피어 있다. 트램과 산 사이에 좁은 트레킹 길도 있다. 걸어서도 갈 수 있게 길을 만들어 놓았다. 오늘은 날씨가 더운 탓인지 걷는 사람이 별로 보이지 않았다. 9시 40분쯤 트램이 역에 멈추자 모두 내렸다. 악마의 목구멍으로 가는 여행객들이다.

악마의 목구멍(Garganta del Diablo) 폭포로 대표되는 이구아수 폭포는 세계 3대 폭포, 그중에서도 세계에서 가장 큰 폭포다. 브라질 내륙에서 출발한 이구아수강은 파라나강과 합류하기 전 거대한 폭포 무리를 만들어 낸다. '큰물'을 뜻하는 이구아수(Iguasu) 지역에는 모두 270개의 크고 작은 폭포가 있는데, 전체 폭은 무려 2.7km, 평균 낙차는 60~80m에 이른다. 이들 폭포 중 최고가 '가장 깊고 웅장한 곳이

'악마의 목구멍 폭포'로 이어지는 산책로에서 보이는 풍경

라는 뜻의 '악마의 목구멍'이다. 이 폭포는 80m 높이를 자랑하는데, 여기서 초당 무려 6만 톤의 물이 쏟아진다. 우리처럼 산책로를 통해 근처에 있는 전망대에서 폭포를 감상할 수 있다. 하지만 주위를 에워싼 물보라와 흩날리는 포말, 그리고 악마를 소환하는 듯한 굉음에 방문객들은 압도당하고 만다. 트램에 탄 여행객들은 모두 여기 전망대로 이동한다.

악마의 목구멍 역에서 내리니 작은 공원이 나오고 바로 앞에 악마의 목구멍으로 향하는 길이 보인다. 입구에 안내표지판이 있고, 표지판 밑으로는 작은 동물들이 사람들의 소리에 놀라 나무와 산속으로 급히 달아났다. 우거진 숲에서는 새들이 이 나무 저 나무 위로 날아 다녔다.

악마의 목구멍 입구 역에서 내린 여행객들이 이구아수강에 설치된 산책로 나무다리를 건너 이구아수 폭포로 향한다. 산책로 밑을 흐르는 강은 깊지 않은 것 같다. 강에는 물고기가 노니는 모습도 보인다. 약 2km쯤 산책로를 건너가자 전망대가 있고, 근처에 사람들이 몰려 있다. 전망대 앞쪽에서 우렁찬 폭포 소리가 울려 퍼지고 물안개가 하늘을 향해 산산이 부서지며 솟아오른다.

사람들이 전망대 쪽으로 접근했다. 기념사진을 찍기 위해 좋은 위치를 선점하기 위해서다. 잠시 기다리자 순서대로 먼저 온 사람들이 빠지고 다시 온 사람들이 그 자리를 차지했다. 앞에 온 사람들이 빠져나가자 우리도 좋은 위치에 섰다.

저기 보이는 폭포가 바로 그 유명한 악마의 목구멍 폭포다. 전망대에서 가장 가까이 볼 수 있는 위치까지 이동해서 보고 있으니 그 속으로 빨려들 것 같은 환각이 느껴졌다. 실제로 폭포 속으로 빨려들어가는 환각을 느끼며 자살한 사건이 여러 번 있었다고 한다. 얼마나 많은 물이 한꺼번에 쏟아지는지, 상상을 초월한다. 직접 보지 않고서는 말로 설명할 수 없는 광경이다. 힘차게 쏟아지는 물줄기를 바라보면서 상상할 수 없는 물의 힘을 느껴본다. 미국프랭클린 루스벨트 대통령의 부인 엘리너 루스벨트가 이곳을 방문하여 압도적인 이 폭포의 경관을 보고 오죽했으면, "오! 불쌍한 나이아가라!!(Oh! Poor Niagara!!)"라고 말했겠는가?

전망대에서 사진 찍기 좋은 포인트를 선점하고 있던 전문 사진사가

악마의 목구멍 폭포 전경

우리 가족에게 다가와 가족사진을 찍으라고 권했다. 가격은 10달러다. 가족사진을 먼저 찍고 개인사진도 여러 컷 남겼다. 사실 브라질(아르헨티나)은 이구아수 폭포를 보러 왔다고 해도 과언이 아니다.

10분쯤 전망대 근처에 있다가 다시 도착한 사람들에게 자리를 양보하고 산책길로 돌아 나왔다. 길지 않은 시간이었지만 방금 본 악마의 목구멍 폭포의 웅장함과 엄청난 힘은 짜릿한 기억으로 영원히 남을 것 같다.

산책로를 건너 트램 역으로 돌아오니 10시 30분이다. 10시 50분에 돌아가는 트램을 탈 예정이어서 20분 정도 자유시간이 주어졌다. 아침이 지나면서 햇볕이 강해지고 날씨가 무더워지고 있다. 근처 매점에서 음료수를 마시고 스낵을 하나 샀다. 트램 입구 그늘 벤치에 앉아 휴식을 취하는데, 주변 숲에서 한 떼의 동물들이 몰려나왔다. 너구리 과인 코아티(Coati)다. 코아티는 종종 먹이를 빼앗기 위해 날카로운 이빨로 사람을 해치기도 한다고 한다. 이를 우려하여 매점 벽에 특히 코아티를 조심하라는 끔찍한 광고사진이 붙어 있다. 코아티가 몰려들지 않도록 먹은 음식을 치우고 장소를 옮겨 트램을 기다렸다.

10시 50분 트램을 타고 다시 중간 정류장 카타라타스 역에서 내렸다. 걸어서 이구아수 폭포를 보는 코스로 로어 서킷(Lower Circuit)과 어퍼 서킷(Uper Circuit)이 있는데, 우리는 40분 정도 걸리는 어퍼 서킷을 걷기로 했다. 카타라타스 역에서 숲 쪽으로 난 산책로를 걸으면서 위쪽에서 발아래로 쏟아지는 폭포를 조망하고 돌아오는 루트였다.

악마의 목구멍 폭포를 배경으로

어퍼 서킷 폭포 전망도 좋다

  어퍼 서킷에서는 산 마르틴 폭포(Salto San Martin)와 몇 개의 작은 폭포
을 위쪽에서 측면으로 보기 때문에 폭포의 웅장함을 느끼기는 어려웠
다. 다만, 폭포의 배경을 이루고 있는 밀림과 어우러진 풍경은 무척 아
름다웠다. 산책로 곳곳에서 바라보는 전체적인 전망이 다채로운 풍경을

어퍼 서킷에서 본 이구아수 폭포

제공해 주었다.

어퍼 서킷을 한 바퀴 돌아오니 11시 50분이다. 약간 낮은 지역을 한 바퀴 돌면서 몇 개의 폭포를 보게 되는 로어 서킷은 이번 여행에서 빠졌다.

카타라타스 역에서 공원을 가로질러 5분 정도 걸으니 라 셀바라는 식당(Restaurante La Selva)이 나왔다. 시간이 좀 이른 탓에 식당은 비어 있었다. 준비된 음식은 뷔페식으로 어제와 비슷했다. 마땅히 먹을 음식이 없어 대강 때웠다.

잠시 후 다른 여행객들이 들어왔다. 고기를 추가로 시킬 수 있는 고기 라인에 많은 사람들이 줄을 서 있다. 브라질 사람인지 다른 나라 관광객들인지는 모르지만, 정말로 고기를 좋아하는 사람들 같았다. 점심을 먹고 식당 한쪽에 있는 옷과 기념품들을 구경했다. 마땅히 살 만한 것이 눈에 띄지 않았다. 밖으로 나오니 날씨가 여전히 무더웠다.

몸은 흠뻑 젖었지만 스릴 있는 유람선 투어

오후에는 2시간짜리 그레이트 어드벤처(Great Adventure) 유람선(보트) 투어가 예약되어 있다. 이 투어는 트럭을 타고 숲속을 20분 정도 달린 후 보트로 갈아타고 강을 거슬러 올라가 폭포 밑을 통과해 지나는 코스다. 특히 보트가 폭포 밑을 지날 때 폭포에서 쏟아지는 강한 물세례를 받게 되며, 이때 온몸이 물에 젖게 되고, 이 과정에서 짜릿한 스릴을 맛보게 된다. 물에 젖는 것을 싫어하는 사람은 이 투어를 선호하지 않는다. 전주 부부와 광주 분 등 세 분이 그랬다. 이분들은 여객선 투어에서 빠졌다. 나머지 일행 11명은 여객선을 타기 위해 선착장으로 가야 했다.

2시 30분 예약 시간까지 1시간 이상이 남아 있어 식당과 야외를

안내표지판과 선착장으로 이동하는 모습

오가며 시간을 보내다 보니 우리를 태울 트럭이 도착했다. 트럭에는 20~30명이 이미 타고 있었다. 그들과 함께 트럭을 타고 20~30분 밀림을 달려 선착장으로 갔다. 모두 같은 여객선을 탈 예정이다. 트럭 뒷자리는 뜨거운 햇빛이 비쳐 모자와 수건으로 가려 보지만 역부족었고, 도로는 밀림길이라 요동이 심했다. 여러 가지로 피곤했다.

선착장 가까이서 내려 5분쯤 계단을 걸어 내려가자 입구에서 방수팩을 하나씩 나눠 줬다. 소지품을 넣어 보관하란다. 계단에 들어서자 사람들이 수영복으로 갈아입었다. 부산 부부와 앞에 선 외국인들은 미리 옷 속에 수영복을 입고 왔다. 우리는 여객선을 탄 후에 젖은 옷을 갈아입기로 했다. 다만, 작은애만 수영복을 입고 왔는지 윗옷을 벗었다. 모두 준비를 마치자 구명조끼를 받아들고 유람선에 오른다. 진행이 무척 더뎠다. 우리는 맨 뒤에 있어 20분 정도 순서를 기다려야 했다.

배에 올라 보니 좋은 자리는 모두 차지하고 1층 뒷자리만 남았다. 역시 부산 부부는 뒤쪽 2층 자리에서 사진을 찍기에 여념이 없다. 비행기를 타거나 버스를 타거나 식당에 가거나 어디를 가든 항상 앞서서 자리를 잡고 사진을 찍는 데 열심이다. 늘 적극적으로 행동하고 여행하는 모습이 활기차 보였다. 그 모습이 부럽기도 했다.

유람선이 곧 출발했다. 폭포를 향해 거슬러 올라갔다. 배 옆으로 손을 내밀자 물결이 거셌다. 10분쯤 별다른 요동 없이 달려 폭포에 접근하자 배가 요동치기 시작했다. 안내원이 마이크를 잡고 정신없이 얘기하면서 사진을 찍었다. 흔들리는 배는 폭포에 접근할 듯하면서도 이쪽저쪽으로 기웃거리만 했다. 이미 접근해 폭포 밑을 지나 돌아 나오는 유람선에서 사람들이 와! 하고 소리를 지르며 손을 흔들었다. 이쪽에서도 소리를 지르고 손을 흔들었다.

잠시 후 세차게 물을 쏟아붓는 폭포 아래로 들어갔다. 처음에는 악마의 목구멍 폭포 아래로 알았으나 산 마르틴 폭포라고 한다. 좌측은 악마의 목구멍 폭포, 우측은 산 마르틴 폭포인데 좌측 폭포는 멀리서 조망만 하고 우측 폭포 아래로 들어간 것이다. 부서져 내리는 엄청난 폭포 물이 눈앞을 때리면서 앞이 잘 보이지 않았다. 간간이 실눈을 뜨고 위에서 쏟아지는 물줄기를 볼 수 있다. 엄청난 물세례에 온몸이 흠뻑 젖었다. 처음에는 떨어지는 물 폭탄을 피하려고 움찔했으나 소용이 없었다. 온몸이 물에 잠긴 것처럼 다시 한번 흠뻑 젖었다. 유람선이 몇 번인가 폭포 라인을 가로질러 넘나들자 여행객들이 환호성을 질렀다. 외국인이나 한국인이나 손을 올리고 탄성을 지르며 시원하게 물세례를 받았다. 10분 정도 물세례 속에서 열광했던 것 같다. 폭포 아래에서 빠져나오자 배 안이 갑자기 조용해졌다.

유람선 투어를 마치고 배에서 내려 구명보트를 반납했다. 타기 전에 한참 내려온 계단을 올라가는데 무척 힘들었다. 입고 있는 옷이

유람선 어드벤처 모습들

흠뻑 젖어 입구에 있는 간이탈의실에서 옷을 갈아입었다. 트럭에 올라 버스가 기다리고 있는 곳으로 돌아오니 오후 5시가 가까워지고 있다. 다시 브라질 이구아수 출입국사무소를 지나 호텔로 돌아오니 오후 6시다.

　너무 피곤해서 저녁은 호텔 룸서비스를 이용하기로 했다. 햄버거 3개를 시켜 어제 길 건너 쇼핑몰에서 사 온 바나나와 함께 저녁을 때우고 잠자리에 들었다. 정말 피곤한 하루였다.

브라질

Brasil

1 _ 아마존과 폭포의 조화, 포스 두 이구아수

아마존 속의 폭포, 헬기를 타고 본 이구아수

3월 11일, 오늘은 오전에 브라질 포스 두 이구아수(Foz do Iguazu)를 관광한 후, 오후에 브라질의 또 다른 관광도시 리우 데 자네이루(Rio de Janeiro)로 떠나는 날이다. 비행기 시간은 오후 2시 50분이고, 이구 아수 투어가 1시간이면 가능하다고 하여 아침에 좀 여유가 있을 것으 로 기대했다. 사실 어제 아르헨티나 이구아수 관광이 무척 힘든 일정 이었기 때문이다. 하지만 인솔자는 아침에 헬기 투어가 예정되어 있다 면서 일찍 출발해야 한다고 한다. 아침 7시 50분, 피곤한 몸으로 버스 에 올랐다. 버스는 30분 후 이구아수 국립공원 정문 근처에 있는 헬 리술(Helisul) 헬기장에 도착했다.

우리 가족은 헬기 투어를 하지 않기로 했다. 남미 입국 후 비행기 를 너무 많이 타서 더는 타고 싶지 않고, 하늘에서 본 이구아수가 지 상에서 본 모습과 크게 다르지 않다고 생각했기 때문이다. 일행들 이 헬기 투어를 하는 동안 우리는 국립공원 정문 앞에 있는 새 공원 (Parque das Aves)에 가려고 했다.

그러나 인솔자가 투어 시간이 2시간 이상 걸려 안 된다고 한다. 지 금까지도 이 말이 이해가 잘 안 된다. 위치도 가까이 있고 돌아보는 데

헬리술 헬기장에서 날기 시작하는 헬기(blog 해파랑)

1시간이면 충분한데, 더 걸리면 일찍 나오면 되는 것이고. 인솔자가 번거로워서 핑계를 댄 것처럼 보인다. 개별 행동하는 것이 싫은 건지, 개별행동에 따르는 추가적인 일들이 번거로운 것인지 모르겠다. 인솔자가 책임질 일은 절대로 하지 않고 피한 경우가 한두 번이 아니다. 늘치안 문제가 있으니 밖으로 나가지 말라고 하고, 문제가 발생할 듯하면 본인은 뒤로 한발 물러나 있다. 한마디로 여행객들을 위해 본인을 희생하려는 책임감이 없다고 생각된다.

어제 유람선 투어에는 세 분이 배를 타지 않았는데, 오늘 헬기는 우리 가족을 제외한 일행 전원이 타기로 했다. 헬기 투어는 1시간이면 가능하다고 한다. 근처에 있는 새 공원 투어도 안 된다고 하니 주변에서 기다릴 수밖에 없었다.

일행들이 헬기 탑승 수속을 하는 동안 헬기장 건물에 있는 가게에 갔다. 남미에 도착한 후 내가 같은 모자만 쓴다면서 아내가 모자

헬기에서 본 이구아수 폭포

하나를 골랐다. 가격표를 보니 생각보다 비쌌다. 120헤알, 한국 돈으로 3만 원 가까이 된다. 너무 비싸서 그냥 나왔다. 길 건너에 식당이 보이고 그 앞에 노점상이 있었다. 길을 건넜다. 여행 동안만 쓰고 버릴 것이니 저기서 사는 것도 괜찮을 것 같은 생각이 들었다.

　다행히 마음에 드는 모자를 골랐다. 80헤알, 2만 원 정도였다. 아내도 하나 골랐다. 가격을 깎아 두 개에 120헤알, 3만 원을 주고 샀다. 아내와 모자를 사서 쓰고 헬기장으로 돌아오니 아직도 일행 일부는 헬기를 기다리고 있었다. 준비 시간이 좀 걸리는 듯하다. 투어는 출발부터 10분 정도 걸린다고 한다. 두 아들은 핸드폰으로 인터넷을 들여다

보고 있다. 9시가 지나자 가게 옆에 있는 커피숍이 문을 열었다. 여기서 커피를 마시며 기다리기로 했다.

잠시 후 먼저 출발한 일행 몇 명이 커피숍으로 왔다. 노원 부부다. 헬기 투어는 대체로 좋았다는 평이다. 역시 이번에도 부산 남편이 앞자리에 앉아 사진을 찍느라 분주했다고 한다. 언제나 열심인 부산 남편이 헬기를 타고 동영상을 찍어 일행 단톡방에 올려 주었다. 후에 그 동영상을 편집하니 아주 훌륭한 사진이 완성되었다(앞의 사진). 그분께 감사한 일이다.

9시 30분쯤 일행이 모두 돌아왔다. 버스를 타고 바로 근처에 있는 이구아수 국립공원 안내소로 이동했다. 줄을 서서 표를 끊고 공원 입구로 걸어 들어갔다. 모든 절차는 여행사 측에서 미리 준비했기 때문에 프리패스였다. 통로를 따라 공원안내소 안으로 들어가자 조금 전에 내린 버스가 대기하고 있었다. 여기서 이 버스를 타고 10분 정도 공원 안으로 들어갔다. 버스는 투어가 시작되는 지점에서 정차했다.

포스 두 이구아수는 또 다른 전망이다

오늘은 브라질 이구아수 국립공원 산책로를 걸으면서 어제 본 아르헨티나 쪽 이구아수 폭포를 관람하는 일정이다. 어제와는 달리 멀리서 폭포를 바라보며 주변 풍경과 어우러진 폭포들을 전체적으로 조망할 계획이다. 2km 정도를 걸어서 악마의 목구멍 전망대를 거쳐 폭포 바닥 근처까지 경사로를 따라 내려갔다가, 그곳의 또 다른 폭포 전망대에서 엘리베이터를 타고 올라온 후 처음 산책로로 되돌아오는 코스다.

이 코스는 다행히 그늘이 져서 여행객들이 걷는 데 불편함이 덜했다.

▲▶ 산책로 입구에서 본 이구아수 폭포

산책로 입구에 들어서자 여행객이 많아 혼잡했다. 일행도 앞서거니 뒤서거니 투어를 시작했다. 입구를 지나자 폭포의 멋진 파노라마가 눈앞에 펼쳐졌다. 산책로 우측 아르헨티나 쪽으로 7개의 폭포가 병풍을 이루고 있다. 푸른 나무로 둘러싸인 병풍 중앙에 각각의 폭포를 그려 넣고 병풍을 펼쳐 세워 놓은 듯하다. 위쪽으로 2개의 큰 폭포가 넓게 퍼져 흘러내리고, 폭포 바로 위 하늘엔 일곱 색깔 무지개가 선명하게 떠 있다. 마치 중간에 있는 무지개가 원근감을 주면서 두 개의 층을

이루는 폭포를 갈라놓은 것처럼 보인다.

　이 광경을 바라보는 이들에게서 탄성이 절로 나왔다. 도인들이 사는 무릉도원이 있다면 이런 모습이 아닐까? 사진 찍는 솜씨가 없어서 잘 찍지 않았는데, 이 광경을 그냥 흘려보낼 수 없어서 나도 모르게 카메라 셔터를 눌렀다. 기록을 남기지 않고 머릿속에만 담기에는 너무나 멋진 풍경들이었다.

　산책로를 따라 10분 정도 더 내려가자 나무다리로 연결된 전망대가　**359**

산책로 입구에서

나왔다. 브라질 이구아수에서 '악마의 목구멍 폭포'를 조망할 수 있는
전망대다. 전망대로 가는 길은 200m 정도 되는 나무다리로 연결되어
있는데, 그 위로 주변 폭포에서 흩어져 내린 물 입자들이 공중을 뒤
덮고 있다. 나무다리를 지나는 동안 하늘에서 날리는 물 입자가 옷을
촉촉하게 적신다. 옷 젖는 게 싫다고 일행 몇몇은 나무다리를 건너지
않고 다리 입구에서 전망대 풍경을 감상했다. 나무다리를 건너니 삼
면이 폭포로 둘러싸인 또 다른 풍경이 펼쳐져 있다.

전방으로 올려다보이는 악마의 목구멍 폭포와 산 마르틴 폭포에

악마의 목구멍 전망대에서 본 이구아수 폭포

악마의 목구멍 전망대를 배경으로

이르는 주변 풍경이 압권이었다. 낮은 하늘에 또 하나의 무지개가 보이고, 좌우 주변을 둘러싸고 떨어지는 다른 폭포도 웅장했다. 주변 폭포들의 물소리도 무척 컸다. 잊지 못할 추억의 사진 한 컷을 남겼다.

나무다리를 다시 건너 돌아오니 겉옷이 흥건히 젖었다. 이제 폭포 바닥까지 내려왔다. 바로 옆 위층으로 올라가는 엘리베이터 건물이 보이고, 그 건물 1층 앞에 또 하나의 전망대가 있었다. 전망대 가까이 가자 마치 옆에서 천둥이 치는 듯한 굉음이 들렸다. 전망대에 너무 근접하여 크기를 가늠하기 어려운 거대한 폭포 하나가 엄청난 물줄기를 쏟아붓고 있었다.

전망대에 들어서니 10m 정도 될까, 너무 근접한 거리라서 온몸이 폭포 속으로 빨려 들어가는 기분이었다. 전망대 위치가 폭포가 시작되는 지점으로부터 바닥까지 거리의 약 1/3 지점이다. 폭포 중간 허리에서 폭포 위아래를 동시에 보는 것도 색다른 풍경이었다. 머리 위에서 내려와 발아래로 떨어지는 거대한 물덩어리의 엄청난 힘이 느껴졌다. 어마어마한 폭포를 이렇게 가까이에서 감상한 것은 처음이다. 여기서만 가능할 것이다.

엘리베이터 앞 전망대에서 본 이구아수 폭포

엘리베이터 앞 전망대에서

　엘리베이터를 타고 올라와 산책로를 따라 조금 걸으니 버스가 기다리고 있다. 아직 11시가 되지 않았으나, 브라질 리우행 비행기를 타야 하므로 점심을 일찍 먹기로 했다. 우리가 찾은 곳은 공원 입구와 헬기장 사이에 있는 현지 식당(Restaurante Pingo de Ouro)이다. 날씨가 좋아서 그런지 숲속에 테이블이 마련되어 있었다.

　일행 몇 사람이 맥주를 시켰다. 우리 부부와 전주 부부, 노원 부부, 부산 부부가 함께했다. 잠시 후 스테이크가 나오고 팥죽 비슷한 요리가 추가로 나왔다. 인솔자가 팥죽 모양의 후식을 브라질 사람들이 즐겨 먹는 음식이라고 먹어 보라고 했다. 달콤하고 맛있었다. 고기는 남기고 팥죽 요리는 다 먹었다. 그런데 이것이, 이틀 뒤 상 파울루 가이드 말에 의하면 돼지코, 비계 등 온갖 것을 혼합해 만든 한국의 꿀꿀이죽과 같은 것이라고 한다. 어려운 시절에 먹던 브라질의 구휼 식량인 셈이다. 기분은 찝찝했지만 위생상 문제는 없다고 한다.

포스 두 이구아수를 떠나면서(구글)

점심을 먹고 바로 공항으로 향했다. 브라질 이구아수 국제공항은 국립공원 근처에 있다. 이구아수 지역에는 아르헨티나와 브라질 공항이 각각 따로 있다. 공항에 도착하니 12시가 조금 넘었다. 오후 2시 50분 출발이니 다시 3시간을 기다려야 한다. 대기시간에 익숙해지기도 하련만 불필요한 시간 낭비에 짜증이 났다. 꼭 이렇게 일찍 와서 기다려야 하는가? 2시간 전에만 도착하면 될 것 같은 생각이 다시 든다.

여행사에서는 남미 공항은 출발 3시간 전에 도착해야 안전하다고 말한다. 반드시 개선해야 하는 문제다. 여행사가 만일의 사태를 우려해 지나치게 일정을 길게 잡은 것인지, 실제로 현실이 그런지는 모르겠다. 이번 남미 여행에서 탑승 절차에 실제 1시간 이상 걸린 적이 없다. 2시간 전에 도착하면 충분하다. 물론 다른 사람들은 그 이상 걸린

365

적이 있는지는 모르겠다. 그래서 3시간 전 도착을 고집할 수 있다. 사실이 그렇다면, 남미에 있는 공항 측에서 개선해야 한다. 관광을 주수입원으로 하는 이쪽 나라들이 개선하지 않고는 발전이 어려울 것이다. 진지하게 생각해 볼 문제다.

이번 여행부터 편리해진 점도 있다. 다시 라탐 항공을 이용하기 때문에 수화물 한도가 23kg으로 늘어난 것이다. 이제부터는 수화물 초과요금 없이 비행기를 이용할 수 있다. 얼마 되지는 않지만 초과요금 내는 것이 아까운 기분이 든다. 그래서 짐을 줄여 비용을 조금이라도 아끼려니 짐 싸는 데 어려움이 많았다. 이것을 생략하니 무척 편하다.

이구아수 국제공항은 작아서 탑승 절차가 예상보다 빨리 끝났다. 탑승 대기실에 들어가니 2시간 이상 남았다. 기다리기가 지루해 대기실 안을 반복해서 1시간 정도 걸었다. 비행기는 오후 2시 50분 정시에 출발했다. 이구아수여, 안녕!

2 _ 세계인이 찾는 관광도시, 리우 데 자네이루

리우에 도착해 이별 회식을 했다

오후 2시 50분 이구아수 국제공항을 출발한 비행기는 4시 50분쯤 리우 데 자네이루 갈레앙 국제공항(International Airport Galeao Rio de Janeiro)에 도착했다. 정시 도착이다.

버스를 타고 1시간 정도 리우 시내를 통과해 달렸다. 내일 관광하게 될 리우 예수상을 멀리 바라보면서 리우 해변에 왔다. 코파카바나(Copacabana) 해변도로를 지날 때 인솔자가 "브라질은 치안이 위험하니 저녁에 절대 해변에 나오지 말라"고 신신당부했다. 얼마나 무서운지는 자기가 브라질에서 실제 겪은 일을 나중에 얘기해 주겠다고 했다. 해변에는 늦은 저녁인데도 사람들이 인산인해를 이루고 있다.

코파카바나 해변을 지나 잠시 내려오니 저녁을 해결해 줄 식당(Churrascaria Palace)이 나왔다. 여기서 유명한 식당인 것 같다.

오늘은 이번 여행의 마지막 저녁이어서 여행사에서 특별히 준비했다고 한다. 일행은 내일(12일) 오후, 리우 공항에서 헤어져 각각 상 파울루, 유럽을 경유해 한국으로 돌아가기 때문에 일행 모두 함께하는 저녁은 오늘이 마지막인 셈이다. 본래 저녁은 개인 부담인데, 여행사에서 저녁을 사겠다는 얘기다. 그동안 가족 단위, 부부 단위로 식사를 했는데, 오늘은 남자들끼리 한잔하기로 했다. 여자들도 그들끼리

코파카바나 해변에 어둠이 깃들고 있다(구글)

한잔 또는 얘기를 하기로 하고, 남녀 테이블을 구분하니 남자 5명, 여자 7명 그리고 두 아들, 세 테이블로 나누어 앉았다.

식사는 뷔페식이다. 식단에는 소고기, 닭고기, 회, 샐러드 등이 기본으로 준비되어 있고, 테이블마다 와인도 한 병씩 놓여 있었다. 뷔페 음식을 가져와 와인과 함께 먹는데 종업원이 직접 와서 고기 서빙을 해주었다. 처음에는 한두 가지 특선 요리를 서빙하는 것으로 생각했다. 그게 아니었다. 각종 요리가 계속 나왔다. 열 가지쯤 가져온 것 같다.

▲ 마지막으로 저녁 식사를 한 식당(구글)　▼ 남자끼리, 여자끼리 와인 한잔씩!

남자들 테이블의 고기는 남고 와인은 계속 줄어들어, 다른 테이블 와
인도 가져다 마시고 추가로 더 주문했다. 여행 마지막 밤에 처음으로
자유롭게 많은 얘기를 나눴다. 그러나 특별히 인상에 남는 얘기는 없
었다. 여자 테이블에서도 무슨 얘기를 나누는지 시끄럽다.

　분위기가 무르익자 기념사진을 찍자고 한다. 남자끼리 여자끼리 사
진을 찍었다. 별도 테이블에서 콜라를 마시면서 식사하는 두 아들만
사진에서 빠졌다. 아들이 같이 어울렸으면 하는 생각이 들기도 했다.

여행 마지막 밤, 마지막 저녁 식사, 취한 분위기 속에서도 개인 신상에 관해서는 누구도 말을 꺼내지 않았다. 영혼 없이 "저희 사는 동네에 들를 기회가 되면 연락 주세요" 하는 정도였다. 내가 나중에 골프 약속 한번 잡아 보는 게 어떠냐고 하자, 아내가 그쪽에서 먼저 얘기하기 전에는 얘기하지 말라고 한다. 모두 비슷한 심정인가 보다. 먼저 얘기하는 것이 결례라 생각하는지 먼저 청하는 사람이 없다.

신상 얘기를 하지 않으니 대화가 언저리만 빙빙 도는 느낌이었다. 요즘 얘기로 쿨하게 만나 함께 여행하고 쿨하게 헤어지는 것이다. 우리가 쿨하게 만났다가 헤어지는 그런 세대도 아니고, 한 달 동안 소중한 만남의 인연을 이렇게 흘려보내는 것이 못내 아쉽긴 했다.

우린 가족끼리라서 적극적으로 나서기가 힘들고, 다른 분들도 접근하기 쉽지 않았을 것이다. 내가 나서면 아내와 아들이 자랑처럼 들린다고 할까 봐 나서지 못했다. 그렇다고 적극적으로 나설 분도 없었다. 모두 연륜이 있는 점잖은 분들이기 때문이다. 물론 개인적으로 보면 조금씩 성향의 차이가 있지만 모두 좋은 분들이었다. 다만, 대체로 연세가 많고 나이 차가 있어서 전체가 하나로 어울리는 데는 어려움이 있었다. 인솔자가 중간 역할을 해 주길 기대했으나 그것은 무리였다. 결국, 2시간 동안 마지막 식사를 하면서도 인연의 끈을 이을 수 있는 연결고리는 아무도 만들지 못했다.

식사를 마치고 나오니 오후 8시다. 밖엔 여전히 비가 내리고 있었다. 근처에 코파카바나 해변이 있어서 주변은 사람과 차들로 혼잡했다. 버스에 오르자마자 가까이 있는 미람마 호텔(Miramar Hotel by Windsor Copacabana)에 바로 도착했다. 아직 늦지 않아 코파카바나 해변을 걷는 것도 좋을 듯한데 인솔자가 위험하니 절대 가지 말라고 강조했다.

브라질의 그 유명한 코파카바나 해변 호텔에서 리우의 밤도 호텔방에 갇혀 조용히 보냈다. 앞으로 이 해변을 걸을 기회가 다시 올까?

코르코바두 언덕에 올라 예수상을 만나다

3월 12일 리우의 아침이다. 어젯밤에 비가 내려 날씨를 걱정했는데, 자고 일어나니 햇살이 눈부시다. 어제 이구아수에서부터 이동해 단체 회식까지 해서 그런지 좀 피곤했다. 일정을 좀 늦게 잡았으면 했으나, 인솔자가 시간이 늦으면 예수상 지역에 사람이 많아 일찍 출발해야 한다고 한다. 호텔 시설이 꽤 좋아 보였는데 그저 잠만 자고 떠나는 게 아쉬웠다. 관광지의 혼잡만 고려하여 투어 일정을 여유 없이 몰아가는 것이 여행의 목적에 적합한 것인지 생각해 본다.

리우의 유명한 예수상을 보는 것 자체가 여행의 목적이 아니다. 예수상을 보고 왔다는 사실 자체가 중요한 것은 아니라는 의미다. 그것보다는 예수상을 보면서 여행을 즐기는 과정이 중요하다. 여행을 즐기는 것이 우선이고 예수상을 보는 것은 하나의 소재일 뿐이다. 그렇다면 여행을 즐기는 데 시간적 여유도 중요하다. 특급호텔에 숙박하면서 여유를 갖고 아침을 즐기며 호텔시설을 이용하는 것도 여행이 주는 즐거움이다. 이것을 희생하면서 혼잡도만 고려해 일정을 서두르는 것은 목적과 수단이 뒤바뀐 것이다. 시간을 조금 늦춘다고 예수상 방문이 어렵다거나, 일정 진행이 안 된다면 모르지만 말이다.

모두 아침 일찍 출발하는 데 불만이 가득했으나 입을 꾹 다물고 있다. 얘기해 본들 들어주지 않을 뿐더러, 괜히 불만분자로 지목될 것이기 때문이다. 호텔에서 나와 버스에 올랐다. 근방에 코파카바나 해변이 있는데 치안 문제로 가 보지 못한 것이 안타깝다. 노원 부부는 새벽에 다녀왔다고 한다. 하지만 인솔자, 두 아들은 절대 안 된다는 주장이다.

인솔자는 자기 경험담을 얘기했다. 10년 전 브라질 리우축제가 끝나고 새벽 4시에 혼자 돌아가는데 칼을 든 강도를 만났다고 한다. 주변에 사람이 많았는데도 누구 하나 도와주지 않았으며, 심지어 경찰도 주위에 있었는데 자신이 동양인이라는 이유로 방관했다는 것이다. 결국 강도로부터 심각한 상처를 입었고, 이 사건이 브라질 언론 뉴스에 헤드라인으로 나왔다고 한다. 이를 겪어 보지 않은 사람은 그 위험을 절대 모를 거라고 덧붙였다. 인솔자에게는 그 사건이 트라우마로 남아 브라질 치안에 너무 민감한 것 같다. 두 아들도 만에 하나 사고가 발생하면 끝장이라며 치안 문제를 크게 강조했다. 99% 안전하더라도 1% 사고가 발생하면 사고를 당한 그 사람에게는 100% 안전하지 않다는 의견이다.

나와 아내는 어디에나 다소의 위험은 존재하기 마련이고, 어느 정도 위험은 감수할 수밖에 없다는 의견이다. 1%의 위험 때문에 움츠리다 보면 생활 반경이 축소되어 의미 있는 경험을 하기가 어렵다. 그리고 특별하고 예외적인 그런 위험은 미국에서도 한국에서도 늘 존재하며 실제로 그 이상의 사건사고도 발생하고 있다. 그렇다고 우리가 미국을 여행하거나 다른 나라 사람이 한국을 여행하면서 호텔에만 머물러 있는 것이 무슨 의미가 있느냐는 것이다. 여행하면서는 다소간의 위험을 감수해야지 1%의 위험도 감수하지 못한다면 집에 있지, 뭐하러 돈 써가면서 해외여행을 하는가. 물론 조심해야 하는 것은 맞다. 낯선 타국에서 술을 먹고 밤늦게까지 혼자 다니는 것은 피해야 한다. 이것은 한국이나 미국이나 여기 남미에서도 당연한 일이다.

코파카바나 해변에 그 많은 사람이 활보하고 있는데, 동양인이라는 이유로 절대 가지 말라는 인솔자의 의견은 지나치다고 생각한다. 늘 조심하라고 강조하는 의미라면 좋다. 그리고 혼자서 늦은 시간에 술을 마시고 가는 것은 안 된다. 하지만 서너 명이 함께 걷는 것도 막는 것은 기우다. 브라질의 치안 문제에 대해 어떤 주장이 옳은지 단언할 수는 없으나, 무사고만을 지나치게 추구하는 인솔자의 의견에 동의하기 어렵다. 두 아들도 너무나 모험을 회피하는 보수적인 모습으로 보여 못마땅하다. 조심을 강조하는 측면에서는 옳은 말이다. 그러나 치안을 지나치게 강조해서는 안 된다. 지나치면 여행의 의미가 크게 줄 수밖에 없다.

7시 50분 이른 아침에 버스를 타고 호텔을 출발해 잠시 후 코파카바나 해변을 지났다. 이 시간에도 많은 사람들로 혼잡했다. 특이한 점은 비슷한 사람이 거의 없다는 것이다. 피부 색깔도 체형도 모두 달라 보였다. 그 많은 사람이 이렇게 다를 수 있는가? 세계 어디를 가도 백인이면 백인, 흑인이면 흑인, 비슷한 사람끼리 보이게 마련인데, 이곳은 10명 중에 7~8명은 제각각이다. 다양한 인종 집합소 같다. 그 이유는 브라질이 대표적인 다인종 국가이기 때문이라고 한다.

브라질인은 대부분 유럽, 아프리카, 원주민인 인디언 혼혈이다. 흑백 혼혈(물라투, Mulato), 인백 혼혈(메스티수, Mestiço), 인흑 혼혈(카푸주, Cafuzo) 등으로 계속 섞이면서 순수한 백인, 흑인, 인디언은 거의 없고 조금씩 모두 다른 다양한 인종을 구성하게 되었다는 설명이다. 하지만 한국인이 보이지 않는 것이 이상스럽다.

코파카바나 해변을 지나 버스는 리우 시내를 통과해 예수상이 있는

아침에 본 코파카바나 해변

코르코바두 언덕(Morro de Crocovado)을 향해 달렸다. 리우의 예수상
(Cristo Redentor)은 높이 약 700m에 이르는 코르코바두 언덕 꼭대기
에 있다. 1931년에 완공된 것으로 기단 높이는 8m, 예수상 높이는
30m에 달하는 거대한 건축물이다. 예수상이 있는 곳까지 언덕 아래에
서 트램을 타고 갈 수 있으나 우린 버스를 타고 오르기로 했다. 두 번
을 갈아타야 하는데, 버스는 시내를 통과해 8시 10분쯤 정차한다. 1차
환승 지역이다. 교회 앞에 있는 작은 광장(Square Largo do Machado)이
다. 광장 옆 가로수 나무 기둥에 박처럼 생긴 둥근 열매가 주렁주렁
달린 것이 신기했다.

광장에서 20분 정도 머물다가 두 대의 셔틀에 올랐다. 관광 수입을
위해 여기서부터 요금을 받고 셔틀을 운행하는 게 아닌가 하는 생각
이 든다. 셔틀 기사는 정장을 입고 기품 있게 행동했다. 셔틀은 언덕
위로 난 주택가 골목길을 돌아서 언덕 위쪽으로 올라갔다. 언덕이 너
무 가팔라서 나선형으로 올라가는 것 같다. 30분쯤 오르니 중간 기착

코르코바두 언덕 예수상

지인 예수상 관광안내소(Painerias Corcovado) 앞이다. 여기서 내려 다시 한번 셔틀을 갈아타게 된다. 일행은 안내소 건물을 통과해 환승장으로 갔다. 입구에 대형 예수상 그림이 세워져 있고, 그 앞에서 입장객들은 차례로 기념사진을 찍었다. 나중에 돈을 내고 사야 하지만, 우리도 가족사진을 찍었다.

사진을 찍는 곳에서 조금 이동해 대기하고 있는 셔틀을 탔다. 10분 정도 나선형으로 꾸불꾸불 난 길을 올라가 예수상 가까이 있는 주차장에서 내렸다. 여기서는 엘리베이터를 타든지 계단을 걸어서 올라가면 된다. 일행은 엘리베이터를 타고 예수상 전망대에 올랐다.

전망대에는 사람들로 인산인해를 이루었다. 예수상은 생각보다 훨씬 컸다. 밑에 받침 기단을 포함하면 38m 높이라고 한다. 처음 상을 만들 때 너무 커서 한 번에 전체를 제작하지 못하고 부위별로 만들어 조립했다고 한다. 예수상은 너무 크고 전망대는 좁아서 거대한 예수상을 카메라에 담기 위해 온갖 자세가 등장한다. 손바닥 위에 올리는 모습으로 찍는 사람, 누워서 찍는 사람, 좀 멀리서 팔을 옆으로 벌리고 찍는 사람도 있다. 주변이 매우 혼잡해서 좋은 사진 포인트는 차례를 기다려야만 했다. 나는 인솔자가 알려 주는 대로 전망이 좋은 포인트에서 예수상의 자세를 취했고, 인솔자가 직접 찍어 주었다. 하지만 무슨 일인지 끝내 사진을 보내 주지 않았다.

오늘은 날씨가 맑아서 전망대에서 바라본 리우의 전망도 좋았다. 예수님이 바라다보는 전방은 잘사는 부촌이고 후방은 어렵게 사는 빈촌이란다. 사진을 찍고 나서 예수상 후면을 찬찬히 살펴본 다음, 올라갈 때와 달리 계단을 통해 내려왔다. 잠시 후 일행들도 셔틀 주차장으로 내려왔다.

셔틀을 타고 안내소로 내려오니 오전 10시쯤 되었다. 어디선가 사진을 들고 어떤 사람이 다가왔다. 예수상에 오르기 전 예수상 그림 앞에서 찍은 가족사진이다. 예수상 실물이 아니고 그림 앞에서 찍은 것이라고 살 필요 없다고 아내가 말려 사지 않았다. 그때는 인솔자가 실재 예수상 앞에서 찍은 사진을 보내 줄 것으로 생각해서 그 사진을 사지 않았으나, 이것이라도 사야만 했다. 아직까지 인솔자가 찍은 사진을 보내 주지 않아 예수상과 찍은 내 사진은 한 장도 없다.

코르코바두 예수상 앞에서

빵 데 아수카르산 전경

바위산, 빵산에서 코파카바나 해변을 보다

관광안내소에서 셔틀을 갈아타고 골목 주택가를 돌아 내려오니 아침에 도착했던 작은 광장이다. 다시 버스를 타고 두 번째 목적지 빵 데 아수카르산(Pao de Açucar, Sugarloaf Mountain, 빵산)으로 향한다. 이 산은 브라질에서 전망이 가장 아름답고 장엄한 곳으로 유명하며, 세계적 관광명소 중 하나다. 매년 브라질을 찾는 많은 관광객이 꼭 방문하는 장소다. 돌 모양이 설탕 덩어리를 닮아 Sugarloaf Mountain이란 이름으로 불리기도 한다.

이곳에 도착하려면 곤돌라를 두 번 타야 한다. 일행은 1차 곤돌라 승차장에 도착하여 15분 정도 기다렸다가 11시 10분에 곤돌라를 타고 중간 기착지에 도착했다.

곤돌라 아래로 바다가 보이고 수평선 쪽으로 바위산이 보인다. 빵산을 향해 반대 방향으로 매우 가팔라 보이는 바위산에서 등반훈련을 하는 사람들도 보인다. 무척 위험에 보였다. 1차 중간 기착지에서 2차 곤돌라 승차장까지 걸어가서 다시 곤돌라에 올랐다. 발밑에 펼쳐진 바다 전경이 아찔해 보였다. 전방을 보니 여기도 정상을 향해 줄을 매고 빵산 벽을 올라가는 등산객이 있다. 빵산은 설탕 덩어리, 또는 계란 모양의 가파른 절벽이다. 여기에 줄을 매고 올라가는 것은 보기만 해도 아찔하다. 그 사람이 정상 20~30m을 남겨두고 있을 때, 곤돌라가 빵산 정상에 도착하면서 등산객은 시선에서 사라졌다.

빵산은 리우 전체를 조망할 수 있는 전망대다. 리우의 바다 모습, 예수상이 있는 코르코바두 언덕, 주변 호수, 시내까지도 사방이 훤히 트여 있어 어느 방향이든 쉽게 조망할 수 있다. 오늘은 날씨도 좋아 막힘이 없었다. 다만, 햇볕이 따갑고 날씨가 무척 더웠다. 정상에 도착하자마자 매점을 찾아 음료수로 목을 축였다. 좋은 전망이지만 오래 머물기에는 햇볕이 너무 따가웠다.

10분쯤 머물다가 다시 곤돌라를 타고 1차 기착점으로 내려왔다. 이곳에 오히려 전망대, 레스토랑, 바, 동물원, 헬리콥터장 등 다양한 시설이 있었다. 인솔자가 여기서 기념품도 사고 30분 정도 자유시간을 보내라고 한다. 리우 전망이 너무나 멋져 멀리 빵산을 배경으로 기념사진을 찍고, 바다를 배경으로도 포즈를 취했다. 그리고 나서 주변을 산책했다. 자유시간이 지나 곤돌라 승차장으로 내려가니 일행들이 하나 둘 모였다.

전망대에서 찍은 기념사진

    곤도라를 타고 처음 출발했던 승차장으로 내려오니 12시가 다 되었다. 오늘은 우리 가족과 노원 부부, 전주 부부 8명이 1차로 5시 40분 비행기를 타고 상 파울루로 출발한다. 나머지 6명은 2차로 오후 9시 출발이다. 상 파울루에서 유럽으로 출발하는 항공 시간이 각기 달라 리우에서 그 시간에 맞춰 출발하는 것이다. 우리는 상 파울루에서 하루 더 머물고 모레 출국한다.

    오늘 점심은 1차, 2차 팀 송별 오찬이다. 1차 팀은 점심을 먹고 2시쯤 공항으로 이동하고, 2차 팀은 리우 시내를 관광하고 저녁에 공항으로 이동해 밤에 출발한다.

코파카바나 해변에서의 점심과 이별

12시 30분 코파카바나 근처에 있는 식당에 갔다. 오랜만에 중국 식당이다. 맥주도 한잔하며 석별의 아쉬운 마음을 달랬다. 어제 만찬에서 말을 많이 해서 그런지 분위기가 차분했다. 식사 후 인솔자가 시간이 좀 남는다고 출발 전에 해변을 30분 정도 산책하라고 권한다. 누구도 일어나지 않았다. 피곤하기도 했지만, 밖은 그야말로 뙤약볕이었다. 아침 일찍 서두르더니 이제 시간이 남는다고 뙤약볕에 해변 산책을 하라니 말이 안 된다. 호텔에서 좀 여유를 갖고 느긋하게 출발했으면 좋았을 텐데 말이다. 일정 진행에 대해 인솔자에게 불만이 많았는데, 마지막 날까지 너무했다는 생각이다.

중국 식당에서 2시에 인사를 나누고 1차 팀은 현지 가이드와 함께 공항으로 출발하고, 2차 팀은 시내 투어를 떠났다. 공항에 도착하니 2시 30분이다. 5시 40분까지 3시간 10분이나 남았다. 또 긴 시간 대기해야 하는데 피로감이 몰려왔다. 공항에 천천히 와도 되는데 하는 생각이 든다.

공항에서 수화물 위탁 및 발권 수속을 했다. 우리는 상 파울루에서 1박을 하므로 국내선이어서 20분도 안 되어 간단히 끝났다. 하지만 노원 부부와 전주 부부는 오늘 라탐 항공을 타고 상 파울루를 경유해 파리를 거쳐 서울까지 가야 한다. 두 부부의 항공권을 발권하는데 일부 항공권에 문제가 발생했다. 항공권 발권기에서 라탐 항공 구간인 상 파울루와 파리까지는 출력이 되는데, 나머지 아시아나 항공 구간인 파리에서 서울까지는 발권이 되지 않았다. 그러면 파리에서 입국 절차를 밟고 들어가 파리-서울 간 항공권을 발권한 다음 다시 출국 절차를 밟아야 한다. 단순히 공항 내부에서 환승 절차만 밟으면 될 일이 무척 번거롭게 되었다.

브라질 현지 가이드에게 물어보니 문제가 있는 승객들이 줄을 서는 별도의 창구에서 수화물을 위탁하고 항공사 직원에게 알아보라고 한다. 일반 줄은 빠르게 처리되는데 문제의 줄은 좀처럼 줄어들지 않았다. 한 사람 한 사람 문제를 해결하고 진행하니 시간이 많이 걸렸다. 두 가족을 남겨두고 우리만 탑승 대기실로 갈 수가 없었다.

기다리는 동안 큰애가 쓰고 남은 아르헨티나 돈이 7~8천 페소 남았다고 한다. 미화로 20불이 좀 넘는데, 다시 쓸 기회가 없을 것 같다. 인접국이어서 브라질 공항 내 환전소를 찾았으나 아르헨티나 화폐는 환전이 안 된다고 한다. 화폐가치가 워낙 불안정해서 그런 것 같다. 현지 가이드에게 주니 자기들도 필요 없다고 한다. 그러면서 공항에 있는 아르헨티나 사람을 찾아줄 테니 그 사람에게 주라고 했다.

가이드가 곧 아르헨티나 여자 한 명을 데려왔다. 큰애가 아르헨티나 돈을 건네자 그 여자는 어안이 벙벙한 표정이었다. 자기에게 무엇을 원하느냐며 받지 않으려고 했다. 옆에 아기가 있어 가이드를 통해 아기 선물이라고 하니 고맙다면서 받았다. 그녀도 남의 나라 공항에서 이유 없이 돈을 주니 당황스러웠던 모양이다. 얼마 후 남편인 듯한 남자와 함께 우리 곁을 지나면서 환하게 웃으며 감사하다는 말을 반복했다. 우리도 웃으면서 손짓으로 답례했다. 이런 일도 흔치 않은 경험이란 생각이 든다.

문제의 줄에서 기다리기 시작한 후 1시간이 다 되어 두 가족의 순번이 되었다. 수화물은 부쳤고 항공권 얘기를 하는데 소통이 어려운 듯했다. 큰애가 잠시 얘기하더니, 라탐 항공에서는 파리에서 서울까지

382

아시아나 항공권은 발행해 줄 수 없다는 것이다. 문제가 된 항공권을 받지도 못했으니, 결국 일반 줄에서 20분이면 가능한 수화물 위탁에 1시간 넘게 소비한 것이다. 서울행 발권 문제를 뒤에 남겨두고 모두 보안 검색을 받고 탑승 대기실로 입장했다.

아직 탑승까지는 2시간 이상 남았다. 노원 부인이 기다려 줘서 고맙다고 공항 내 스타벅스에서 커피를 샀다. 그때 전주 남편이 인솔자에게 항공권 발권 문제를 문자로 보내니, 자기는 어쩔 수 없으니 알아서 해결해야 한다고 한다. 인솔자라면 한국 귀국 시까지 책임지고 챙겨야 하는데, 무책임한 답변처럼 들렸다. 하지만 지금 상황에서 인솔자도 방법이 없을 것 같다는 생각이 들기도 했다.

그때 언뜻 우리도 한국에서 남미에 올 때 모바일 항공권을 발권 받은 기억이 났다. 그래서 모바일 발권을 받아 보라고 권했다. 노원 남편이 아시아나 항공 홈페이지에 들어가 시도해 보더니 안 된다고 한다. 큰애가 다시 해 보더니 여권번호가 잘못 기재되어 있어 안 된다고 했다. 노원 남편이 여권을 갱신하면서 여권번호가 바뀌었는데 옛날 번호를 입력한 것 같다면서 새 여권번호를 준다. 그러자 모바일 항공권이 화면에 떴다. 간단히 항공권 문제가 해결된 것이다. 전주 부부의 것도 큰애가 해결해 주었다.

모든 문제가 해결되고 이제 노원, 전주 부부와도 이별이다. 두 가족이 인사를 하고 떠났다. 우리는 공항에서 2시간을 더 기다려 5시 40분에 리우를 떠났다. 상 파울루로 가는 비행기 안에서 이번 여행에 관해 아내와 많은 얘기를 나누었다. 둘만의 대화로 생각하고 편하게 얘기했는데, 내리면서 보니 전주 남편이 바로 뒷자리에 앉아 있었다.

3 _ 한국의 강남을 닮은 도시, 상 파울루

　오후 5시 40분 리우 국제공항을 출발한 비행기가 상 파울루 국제 공항(Sao Paulo-Guarulhos International Airport)에 도착하니 오후 7시가 다 되었다.

　처음에 우리는 공항 내에 있는 윈덤 환승 호텔(Wyndham Sao Paulo-Guarulhos Airport Transit Hotel)을 예약했었다. 공항 내부에 있어서 수화물을 보관하기에 적합할 것으로 생각했기 때문이다. 며칠 전 환승 호텔 사이트를 검색하다가 호텔 설명을 보고 아차 실수했다는 생각이 들었다. 환승 호텔은 수화물을 부치고 항공권을 소지한 승객만 이용할 수 있다. 공항에서 입출국 절차 없이 단순히 환승하는 손님만 이용 가능하다는 설명이다. 우리는 하루 상 파울루에서 투숙하고 떠나기 때문에 환승 손님이 아니다. 급히 공항에서 좀 떨어져 있는 메리어트 호텔(Sao Paulo Airport Marriott Hotel)로 예약을 변경했다. 다행히 예약한 호텔은 선결제를 하지 않았고 무료 취소가 가능한 기간이라서 비용 없이 취소했다. 해외여행 중에 흔치 않은 좋은 경험을 한 셈이다.

　이것을 모르고 상 파울루까지 무작정 왔으면 환승 호텔에는 숙박도 못하고 요금의 90%를 물었을 것이다. 돈은 돈대로 내고 밤늦게 다른 호텔을 찾느라 고생했을 텐데, 도착 며칠 전에 확인해 보길 참 잘했다.

　환승 호텔 문제는 해결되었지만 메리어트 호텔까지 짐을 옮기는 숙제

상 파울루 공항과 뷔페식 피자헛(구글)

가 남았다. 짐이 6개나 되니 택시는 곤란하다. 큰애가 호텔에 전화해 공항에서 호텔까지 셔틀이 운행된다는 걸 알았다. 오후 8시 셔틀을 예약하고 저녁은 공항에서 먹기로 했다.

　짐을 찾아 출국장을 나오니 공항 내에 피자헛 간판이 보였다. 작은 그늘집 형태의 피자집인데 뷔페식이었다. 1인당 15,000원에 샐러드와 여러 종류의 피자를 골라 먹을 수 있다. 좌석 옆에 가방 6개를 수북 히 쌓아놓고 4인분 피자를 주문했다. 각자 원하는 피자를 접시에 담 아 먹기 시작했다.

　피자를 먹다 말고 큰애가 호텔 셔틀 타는 곳이 어딘지 알아보고 오 겠다며 밖으로 나갔다. 10분, 20분이 지나 식사가 끝나가는 데도 돌 아오지 않았다. 전화도 받지 않아 덜컥 겁이 났다. 브라질의 치안은 안 좋기로 유명하기 때문이다. 혹시 무슨 사고라도 생긴 게 아닐까, 불길한 예감도 들었다. 작은애와 아내가 공항 출입문을 왔다 갔다 하며 안절부절못했다. 그때 큰애가 헐레벌떡 공항으로 돌아와 셔틀 타는 장소가 멀리 있어서 빨리 나가야 한다며, 호텔 종업원의 설명만으로는 장소 확인이 어려워서 직접 확인하느라 늦었다고 한다. 여행 내내 빈정거리던 녀석이 그래도 가족에 대한 책임감은 있어서 치안 문제에도 불구하고 혼자 거기까지 다녀온 것이다. 대견한 생각이 들었다.

짐을 끌고 셔틀 탑승 장소로 가니 8시가 다 되었다. 그런데 8시가 지나도 셔틀이 오지 않았다. 어둠이 깔리고 걱정스러웠다. 큰애가 다른 셔틀버스에 가서 여기가 메리어트 호텔 셔틀 장소가 맞는지 물으니 맞다고 한다. 15분 정도 더 기다리자 셔틀이 왔다. 셔틀은 공항 게이트 E를 경유해 8시 30분 호텔에 도착했다.

체크인을 마치니 오후 9시가 넘었다. 큰애가 남미의 마지막 밤이라고 바에서 칵테일을 한잔하자고 한다. 큰애와 아내 셋이서 1층 바로 갔다. 손님들이 많았다. 칵테일을 마시면서 한 달간의 남미 여행을 회상했다. 만났던 사람들과 풍경이 주마등처럼 스쳐갔다.

한편으론 한국으로 돌아갈 내일이 기다려진다. 누구 말대로, 내려올 걸 왜 산에 올라가느냐고 하듯 돌아갈 텐데 무엇 하러 이 고생을 하면서 왔는가 하는 생각도 든다. '먼 훗날 좋은 추억거리가 되겠지' 하며 위안을 삼는다. 방으로 올라오니 10시가 조금 넘었다. 오늘도 길고도 긴 여정이었다. 갑자기 피로가 몰려왔다.

3월 13일, 상 파울루 메리어트 호텔에서 아침을 맞았다. 일행들이 모두 떠나고 우리만 남았다. 처음 발권할 때 일정에 맞는 비행기표가

수영장 벤치에서 커피를 마시며

없어서 이곳에서 하루 더 숙박하게 된 것이다. 다행히 지인의 도움으로 현지 가이드와 차량 편의를 받아 여기서 하루 더 숙박하는 데 별다른 어려움은 없었다. 그리고 한 달 동안 여행은 충분히 했으므로 오늘 하루는 여유 있게 쉬면서 가볍게 주변을 돌아보기로 했다.

11시쯤 호텔에서 현지 가이드와 만나기로 했으나, 언제나처럼 일찍 일어나 혼자 아침을 먹으러 1층으로 내려왔다. 어제 체크인할 때 아내와 두 아들은 아침을 먹지 않겠다고 해 나 혼자만 예약했다. 밥을 먹고 방으로 올라오니 8시다. 아내와 두 아들은 아직 자고 있다.

오늘은 11시 출발이니 아침 시간이 무척 여유롭다. 호텔 주변을 돌아볼 생각으로 1층으로 내려와 로비 밖으로 나갔다. 정문 앞에 수영장이 있고 한쪽에 파라솔 테이블과 안락의자가 놓여 있다. 안락의자에 앉으니 편안했다. 청명한 날씨에 바람도 시원했다. 아침이어서 주변에 사람도 없다. 무척 조용했다. 마음이 차분히 가라앉았다. 식당에 다시 가서 커피 두 잔을 들고 수영장으로 왔다.

아내에게 전화를 걸었다. 잠시 후 내려온 아내도 분위기가 좋다며 만족해했다. 아내가 커피를 마시면서 배가 고프다고 해 식당에 가서 냅킨

메리어트 호텔 주변(구글)

에 빵 두 조각과 바나나 하나를 싸서 갖다주었다. 아내가 간단히 요기를 한 후 함께 호텔 주변을 산책했다. 어젯밤에는 주변 환경이 슬럼가처럼 위험해 보였으나 아침에 보니 깨끗하고 정원도 잘 관리되어 있었다. 산책로에서 운동하는 사람도 많고, 치안 문제도 없어 보였다.

산책하고 돌아와 잠시 쉬다가 짐을 쌌다. 이제 한국으로 돌아갈 짐이다. 오늘 입는 옷은 거의 이틀 후 한국에 도착할 때까지 입어야 한다. 경유지 파리에서 잠시 여행을 할 예정이어서 그것도 고려해야 한다. 가벼운 차림에 얇은 코트를 입었다. 상 파울루 날씨가 더워서다. 10시 반쯤 짐을 챙겨 체크아웃을 하면서 1,500달러 정도가 남아 달러 결제를 원했으나 브라질 화폐만 받는다고 한다. 할 수 없이 카드로 계산했다.

11시경 호텔 정문 앞에 한국인 한 사람이 기아밴을 타고 도착했다. 직감적으로 현지 가이드란 생각이 들었다. 인사를 하고 짐을 실으며 두 아들이 아침 식사를 하지 못해 우선 한식당으로 가자고 했다. 이미 연락받았다면서 가이드가 '다래'라는 한식당으로 안내하겠다고 한다.

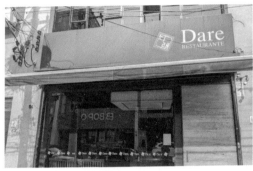

한인타운의 다래 한식당(구글)

식당으로 가면서 많은 얘기를 나눴다. 그는 아득한 옛날 한국 기아차에 다니다가 상 파울루에 이민 와서 38년째 살고 있다고 한다. 무척 건강하고 크게 나이 들어 보이지 않는데 73세라고 한다. 여기서 옷가게를 하다가 접고 한국인 가이드 생활을 한다고 했다. 주로 이구아수폭포, 리우 데 자네이루, 우수아이아 지역 현지 가이드를 하는데, 그동안 한 가족이 남미에 온 여행객은 처음 만난다고 했다. 대부분 친구나 부부들이 온단다.

12시 한인타운에 있는 다래 한식당(Restaurate Dare)에 도착했다. 1층은 뷔페식 식당이고, 2층은 100석 규모의 주문식 한식당이었다.

남미 음식에 싫증도 났고 배가 고파 불고기, 잡채, 된장찌개, 비빔밥 등 8인분을 주문했다. 두 아들은 2인분 이상씩을 먹고 밥도 두 공기나 비웠다. 폭풍 흡입이다. 참 많이 먹는다고 하자, 큰애가 한참 신진대사가 왕성한 자기들과 나이 드신 아빠를 어떻게 비교할 수 있느냐고 한다. 당연한 말이지만 어감이 듣기에 거북하다. 딱히 뭐라 반박하기도 애매했다. 그러려니 생각하자. 매사에 말 한마디 한마디 곱씹으면 무슨 대화를 할 수 있겠나?

389

봉 헤치로 상가 거리(구글)

　오랜만에 입맛에 맞는 음식을 먹다 보니 평소 양의 두 배를 먹었다. 식당을 나와 기다리고 있는 가이드의 차를 탄 채로 브라질 한인타운을 관광하기로 했다. 도로 양쪽 상가들 대부분이 옷가게였다. 이곳이 상 파울루의 동대문상가, 봉 헤치로(Bom Retiro) 지역이라고 한다. 한인들이 브라질 땅에 처음 왔을 때 옷 만드는 기술로 자리를 잡게 되었는데, 그때 옷을 만들어 팔면서 점차 자리 잡은 곳이 상 파울루 시내에 근접한 이곳 봉 헤치로 지역이란다.

　아직도 봉 헤치로 패션가는 상 파울루 최대 의류 판매 지역이다. 여기서 판매되는 의류가 상 파울루는 물론 브라질 전국으로 공급된다는 설명이다. 여기 근접한 지역에 한인들이 몰려 살면서 한인타운이 자연스럽게 형성되었고, 이 지역이 한때 브라질 사람들의 패션을 연구하고 선도하면서 한인들이 돈을 많이 벌었다고 한다. 이후 2010년 1월 상 파울루시 정부가 한인들이 밀집해 사는 봉 헤치로 지역을 '상 파울루 한인구역(Bairro Coreano em Sao Paulo)'으로 지정하였고 '봉 헤치로 한인타운(Korea Town)'이라 부르게 되었단다.

　최근 코로나 여파로 가게 문을 많이 닫았다고 한다. 거리는 크게 혼잡하지 않았으나, 사람들이 많이 왕래하고 있었다. 그런데 대부분

테헤란로를 닮은 상 파울루 시내(구글)

한인이 아니었다. 한인타운에 대부분 한인이 아니라는 사실이 의아했다. 외국인 손님들이란 설명이다. 물론 가게 주인은 한인들이다. 미국 한인타운과 다르다. 미국의 경우는 손님도 대부분 한국 사람이다. 상점가를 한 바퀴 돈 후 공원 옆을 지났다. 이 공원도 한인공원으로 불린다고 한다.

상 파울루 한인타운 투어는 교민들의 생활상을 체감할 수 있어서 좋았다. 이런 것이 여행이 아닌가 생각된다. 한인들이 브라질에 정착하여 어떻게 살아왔고, 지금은 어떻게 살아가고 있는지 보고 듣는 것이 또 하나 여행의 참맛이란 생각이 든다. 굳이 외국의 역사 유적을 보는 것만이 여행의 목적은 아니다.

오후 2시 조금 지나 한인타운을 빠져나왔다. 상 파울루 시내로 들어서니 도시 풍경이 한국의 테헤란로를 많이 닮았다. 지하철 주차장도 비슷했다. 실제로도 서울시 교통 모델을 본떠 이곳 상 파울루 교통망을 설계했다고 한다.

아내가 선물을 살 수 있는 쇼핑센터로 가길 원했다. 도심에 있는 건물 지하주차장으로 들어갔다. 1층부터 5층까지 가게이다. 지금부터 2시간 정도 자유시간이다. 우선 큰애가 친구 선물로 쪼리를 사겠다고 한다. 4층에 가게가 있다. 쪼리의 대표적인 상표 하바이아나스(Havaianas)는 브라질 고유 브랜드여서 이곳 제품이 싸고 품질도 좋다고 한다. 5층까지 둘러보았지만 살 만한 제품이 별로 없다. 결국 큰애가 쪼리 10개를 사고 우리는 그냥 돌아보기만 했다. 그리고 상가를 운동 삼아 몇 바퀴 돌았다.

도착해서 1시간 정도 시간이 흐른 후 1층 출입구를 통해 밖을 보니 비가 많이 내리고 있었다. 안쪽으로 들어와 중앙에 있는 스타벅스에 앉아 커피와 아이스크림을 주문했다. 그때 가이드가 올라와 비가 많이 내리니 일정을 좀 서두르자고 한다. 딱히 더 볼일도 없어 지하로 내려가 차에 올랐다.

재팬타운을 한 바퀴 돌고 쇼핑센터 한 곳을 더 들르기로 했다. 처음 계획은 5시쯤 브라질 식당에서 저녁을 먹고 공항으로 가려고 했는데, 점심에 과식했고 남미 음식에 싫증이 나 있던 터라 저녁은 공항에서 간단히 해결하기로 했다.

시내를 빠져나와 다소 변두리로 향했다. 재팬타운이다. 일본식 전등과 표식들이 보인다. 일본어로 쓴 일본 식당들도 눈에 띈다. 거리는 깨끗하고 잘 정돈되어 있었다. 비 때문인지 거리는 비교적 한산했다. 이민 초기 일본인들이 대거 몰려왔을 때, 일본인들은 브라질인에게 정직한 걸로 신뢰를 받으며 자리 잡았다는 설명이다. 그래서 일본인과

재팬타운 거리. 코리아 마트도 보인다(구글)

비슷한 한국인도 일본인으로 행세하며 그들 덕을 본 경우가 있다고
한다.

어느 나라에 살든 신의를 지키는 것이 무엇보다 중요하지 않을까?
문득 옛날에 들었던 얘기가 떠오른다. 미국에서 한국 사람이 가게를
열면 처음에는 좋은 물건을 싸게 팔아 어느 정도 단골을 확보하고,
그 후에는 질을 낮추든지 바가지를 씌운다고 한다. 정직하지 않은 행
동이 지속되면 언젠가 드러나게 마련이다. 신뢰가 깨진다, 깨진 신뢰
를 재구축하는 일은 처음 쌓는 만큼이나 어렵다. 사업뿐만 아니라 일
상생활에서도 명심할 단어가 바로 정직과 신뢰다. 일본도 반일 감정
으로 배척만 할 것이 아니라 이제 본받을 것은 본받아야 한다.

재팬타운을 나와 다음 쇼핑센터로 향했다. 비 때문인지 생각보다
차가 많이 막혔다. 쇼핑센터에 도착하니 오후 6시가 지났다. 7시쯤 공
항에 가서 저녁 식사를 하기로 되어 있어 시간이 빠듯했다. 가이드는
30분 정도 쇼핑하고 30분이면 공항에 도착하니 걱정 없다고 한다.

쇼핑센터는 도심에서 벗어나 한적한 곳에 있다. 주변은 트럭 주차장
처럼 슬럼 지역 비슷했다. 하지만 쇼핑센터에는 넓은 주차장이 있고,

건물 내부도 현대식으로 정비되어 있었다. 한국의 대형 아울렛과 비슷했다. 그야말로 중저가 대형 아울렛이다. 가이드가 구두가 좋다고 권했으나 맘에 드는 디자인이 없다. 한 바퀴 돌아보았으나 눈길을 사로잡는 제품을 찾지 못했다.

비가 많이 내려 길이 막힐 것 같아 좀 일찍 공항으로 출발했다. 신호마다 차들이 줄지어 서 있다. 오후 7시 도착 예정이었으나 이미 7시가 지났다. 공항까지는 아직 한참 더 가야 하는데. 비행기 시간이 늦은 10시 50분이어서 다행이다. 8시가 지나면서 마음속으로 초조했다. 한국에서도 국제선의 경우 3시간 전에 도착해야 여유 있게 절차를 진행할 수 있다. 하물며 남미의 국제공항이고 비행기 시간이 3시간도 채 남지 않았는데 도로는 여전히 막혀 있다. 가이드는 초조한 마음을 아는지 모르는지 2시간 전에만 도착하면 되니 걱정하지 말라고 한다. 우리 인솔자와 많이 달랐다. 브라질 치안 문제도 그리 걱정할 정도는 아니란다. 다행히 공항에 근접하면서 큰 도로로 나오자 정체가 풀리기 시작했다.

공항에 도착하니 8시 14분이다. 21km, 30분이면 올 수 있는 거리를 1시간 40분 이상 걸렸다. 짐을 내리고 탑승 수속을 서둘렀다. 다행히 라탐 항공 비즈니스 카운터가 바로 옆에 있었다. 기다리지 않고 발권과 수화물 위탁이 가능했다.

이제 여유가 생긴다. 인솔자가 늘 비행 시간보다 3시간 일찍 서두른 이유도 이 초조함 때문이란 생각이 든다. 그녀의 행동에 이해가 갈 듯도 하다. 그래도 남미 내 국내선인데 늘 3시간 전에 도착하도록 한 것은 아무래도 심했던 것 같다. 여기서는 상 파울루에서 파리, 그리고

남미를 떠나면서(구글)

서울 항공권까지 모두 출력해 준다. 곧 보안 검색을 마치고 탑승 대기
실에 들어갔다.

라탐 항공 비즈니스 라운지에서 저녁을 해결하기로 했다. 라운지는
넓고 시설이 괜찮았다. 수면실도 있고 음식도 좋았다. 피스코 사워를
두 잔 마시니 취기가 오른다. 1시간쯤 머물다가 탑승구로 가니 줄이
길게 늘어서 있다. 비즈니스석이어서 기다리지 않고 먼저 비행기에 올
랐다. 비즈니스석은 남미에 올 때와 똑같은 구조다. 오픈된 구조라 대
한항공과 비교해 넓은 느낌이다. 식사를 주문하고 잠을 청했다. 11시
간 이상을 날아 파리로 간다. 이제 정말로 남미를 떠난다. 시원섭섭하
다고나 할까?!

파리를 거쳐

서울로

1 _ 아, 파리다!

상 파울루에서 파리에 도착하니 이곳 시간으로 오후 2시가 조금 넘었다. 여기서 서울행 비행기 시간은 9시이기 때문에 7시간 가까이 여유가 있다. 이 시간을 이용하여 파리 시내 명소 몇 곳을 돌기로 했다.

입국 절차를 마치고 공항 밖으로 나오니 3시 30분이다. 모든 짐은 이미 서울로 보냈으니 부담이 없다. 시내 교통이 막혀서 서둘려야 한다고 큰애가 말했다. 택시를 타고 에펠탑으로 향했다. 요금은 60유로, 9만 원 정도로 다소 비싸다. 시내 길이 막혀 4시 30분 에펠탑 앞에 도착했다.

역시 유럽이다. 주변 풍경이 남미와 다르다. 건축물이 세련된 느낌이다. 에펠탑은 일단 크기에서 압권이다. 파리 전체를 조망할 수 있는 높이다. 당초 흉물스럽다고 설치하는 데 반대가 심해 일정 기간 후에 철거하는 조건으로 건립되었다고 한다. 그런데 파리를 대표하는 랜드마크가 되었다. 에펠탑 없는 파리를 상상할 수 없을 정도다.

에펠탑 주변에 사람들이 모여 있고, 일부는 전망대로 걸어서 올라가는 모습이 보인다. 한국 사람이 눈에 많이 띈다. 그런데 날씨가 너무 춥다. 섭씨 9도 정도라고 해서 가볍게 입었는데, 바람이 심해 체감온도는 완전 영하권이다. 멀리서 에펠탑을 한 바퀴 둘러보고 추위를 피해 커피 마실 장소를 찾았으나 마땅한 장소가 없다. 개선문으로 가서 커피를 마시기로 했다.

에펠탑 전경

개선문(Triuphal Arch)까지 우버 택시를 불렀다. 택시로 10분 정도 거리에 있는 개선문은 나폴레옹의 승리를 기념하여 건축된 것인데 완성된 건 나폴레옹 사후라고 한다. 형태는 우리나라 독립문과 비슷한데, 규모나 아름다운 조각작품은 비교가 안 된다. 일자형 문으로 알고 있었는데 실제 보니 정방형으로 네 방향에서 문을 통과할 수 있도록 설계되었다. 네 방향 어디서 보아도 같은 문의 형태다.

파리에서 생활한 동료 얘기를 빌리면, 네 방향으로 난 개선문을 지나 자기가 원하는 방향으로 운전해 갈 수 있으면 파리에서 운전에 숙달된 증거라고 한다. 차량이 네 방향으로 출입하고 있어 그만큼 운전이 복잡하고 어렵다는 뜻일 것이다. 개선문을 배경으로 가족과 함께 그리고 개인 사진을 찍고 주변 커피숍으로 향했다.

이곳은 파리에서도 유명한 샹젤리제 거리다. 패션의 거리답게 도로 양쪽에 화려한 건물들이 있고, 추운 날씨에도 많은 사람이 분주하게 오갔다. 길 건너편에 창문마다 멋진 패션장식을 한 빌딩이 보인다.

입구에 있는 커피숍에 들어가니 와플도 주문이 가능한 집이다. 와플과 커피를 먹고 마시며 1시간 가까이 몸을 녹였다. 파리의 카페 분위기와 남미의 분위기는 확실히 달랐다. 뭐라 딱히 말할 수 없어도 손님, 종업원, 음식맛, 분위기 모두 다르게 느껴진다. 시간 여유가 충분했으나 날씨가 추워 일찍 공항으로 출발하기로 하고 카페를 나왔다.

그때 갑자기 아내가 에르메스 핸드백 얘기를 꺼냈다. 아직 미련을 버리지 못하고 있는 모양이다. 근처 매장으로 가면서 카드로라도 큰 맘 먹고 살 듯한 기세다. 샹젤리제 거리는 춘삼월 꽃샘추위가 기승을 부리는 것 같다. 옷깃을 단단히 여미고 거리를 횡단하여 조금 걸으니

개선문과 상젤리제 거리 풍경

에르메스 매장이 나왔다. 아내가 매장 앞에서 잠시 망설이다가 그냥 가자고 한다. 공무원 아내로서의 한계라고 생각된다. 카드로 고가의 핸드백을 사기에는 부담이 되었을 것이다. 매장 앞에서 공항으로 발길을 돌렸다.

6시에 공항에 도착했다. 3시간을 또 기다려야만 한다. 상 파울루에서 받은 서울행 항공권 표기가 21시인데 9시로 잘못 표기되어 있어 파리공항의 대한항공 직원에게 수정을 요청했다. 직원이 여권을 확인하더니 수정해 주었다. 이제 다시 출국 절차를 밟아야 한다. 파리는 출국 절차와 보안 검색이 비교적 신속했다. 탑승장에 들어가 대한항공 비지니스 라운지를 찾았다. 스카이팀 항공사들과 연합 운영하고 있었는데 의외로 음식이 부실했다. 간단히 먹기로 했다. 비행기에서 제공해 주는 한식을 먹자는 얘기다.

오후 8시 30분, 드디어 대한항공에 올랐다. 이제 서울로 간다.

2 _ 드디어 서울로

　대한항공에 오르자 얼마 지나지 않아서 식사 주문을 받는다. 비빔밥과 라면을 부탁했다. 라면이 무척 먹고 싶었다. 자다가 깨기를 반복하면서 12시간 비행 후 인천공항에 도착하니 오후 5시 30분 가까이 되었다. 그리고 짐을 찾아 싣고 집에 도착하니 7시 30분이다. 이것으로 한 달간의 남미 여행은 모두 마무리되었다.

　돌이켜 생각하면 잠시 꿈을 꾼 것 같다. 죽을 때 회상하는 인생도 이런 것 아닐까? 인생이 한 번의 여행길 같았다고! 한바탕의 봄꿈 (일장춘몽) 같았다고!!

파리에서 한국을 향해(구글)

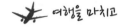

여행을 다녀와서 시차 적응을 하고 있는데 한 지인으로부터 뜻밖의 문자를 받았다. 남미 여행에서 무사 귀환을 축하하며, 이 기회에 남미 여행기를 한번 써 보라는 권유였다. 가족 기념용으로 간직하기도 좋고 사진 위주로 쓰면 품(시간)도 많이 들지 않을 거란 얘기다. 처음에는 가볍게 듣고 흘러넘겼다. 에이! 무슨 여행기야, 누가 읽는다고…. 그런데 시간이 흐르면서 한번 써 보는 것도 좋겠다는 생각이 들었다.

그래, 한번 써 보자 하고 가벼운 마음으로 글을 쓰기 시작했다. 일기를 쓰듯 하루하루 일정을 추적해 가면서 하루 일과와 느낀 점들을 중심으로 썼다. 하지만 여행기를 염두에 두지 않았기에 여행 중에 한 장의 메모도 남기지 않았다. 이런 상태에서 한 달간의 일정을 여행이 끝난 후 추적하기란 그리 쉬운 일이 아니었다. 다행히 구글앱이 있어서 가능했다. 한 달간의 일정을 추적하는 데 구글앱이 정말로 많은 도움이 되었다.

글을 쓰면서 기억이 희미한 날의 일정은 구글앱을 통해 반복적으로 확인했다. 구글앱이 전 여행 일정의 방문 장소와 방문 시간을 매일 도표로 알려 주었다. 이 글을 완성한 건 전적으로 구글앱 덕분에 가능했다고 생각된다. 다만, 볼리비아 우유니 사막부터 칠레 입국 시까지 2~3일간은 인터넷이 작동되지 않았고, 구글앱도 멈추면서 일정을 추적하는 데 어려움이 많았다.

여행기를 쓰기 시작한 지 한 달 반 만에 초안을 마무리했다. 글을 끝내고 나니 사진 편집이 문제였다. 가족 여행이어서 아내와 작은애가 주로 사진 촬영을 전담하고, 나는 단톡방을 통해 받은 사진을 보관하고 있을 뿐이었다. 사진도 체계적으로 정리되어 있지 않았고, 빠진 사진도 많았다. 먼저 날짜별로 사진을 모으고, 기억에 남을 만한 사진을 골라 정리했다. 300~400장을 선별했다. 그런데 여행기에서 언급된 장소 사진이 없는 경우가 많았다. 인터넷으로 수없이 검색을 반복했다. 일정 상황과 비슷한 사진을 골라서 직접 촬영한 것과 일자별로 함께 정리했다. 얼마 전 단체모임에서 동료로부터 배운 모바일 스캐너앱 사용법 덕분에 여기까지는 작업이 비교적 수월했다.

정작 문제는 이제부터였다. 책을 완성하기 위해서는 일자별로 정리된 사진을 여행기 속에 삽입하는 것이 필수이나, 지금까지 내 지식으로는 불가능했다. 한 달간 컴퓨터학원에 다니기로 마음먹었다. 몇 군데 전화해 보았으나 책 편집만 가르쳐 주는 마땅한 학원은 없었다. 생각 끝에 컴퓨터 사용에 능숙한 사무실 여직원에게 배우기로 했다. 업무 중엔 바쁘니 휴일에 시간을 내달라고 요청했다. 그러자 그 자리에서 사진편집 방법을 30분 정도 가르쳐 주었다. 배우고 나니 생각보다 간단했다.

그날부터 차근차근 사진 편집작업을 시작했다. 생각보다 많은 시간이 필요했다. 처음엔 매우 더디게 진행되었다. 중간에 작업한 부분을 잘못 저장하는 바람에 일주일 분량이 날아가 버려 다시 편집하기도 했다. 완벽하지는 않지만 마침내 초안 정도 편집을 마치고 나니 2개월 가까이 걸린 듯했다. 글을 쓰는 데 1개월 반이 걸렸는데 사진편집에는 2개월이나 걸린 셈이다. 사진 위주의 편집이기 때문에 품이 덜 들 거라는 지인의 말은 전혀 사실이 아니었다.

그럭저럭 글을 마무리하고 나니 벌써 7월 말이다. 남미 여행에서 돌아온 지 4개월 반이 흘렀다. 남미 여행의 추억이 아득히 멀게 느껴진다. 남미에서 한 달간의 시간이 이제 찰나의 시간처럼 생각된다. 여행 당시에는 하루하루가 길고 지루하기도 했는데, 지금은 한바탕의 꿈인 듯하다. 인생도 마찬가지리라. 우리가 사는 동안은 긴 세월 같지만, 죽는 순간에는 살아온 그 기간이 한 번의 소풍과 같이 느껴진다고 한다.

희미해지는 추억 속에서도 아직 또렷이 기억되는 말 한마디가 있다. 여행 마지막 날 상 파울루에서 만난 현지 가이드의 말이다. 자기가 38년 동안 브라질에서 살아왔고 오랫동안 가이드를 해 왔는데, '한 가족이 남미 여행을 온 경우는 처음 만나본다'고 했다. 대부분 친구나 부부끼리 온다고 덧붙였다. 내가 생각해 봐도 흔치 않아 보인다. 나 역시도 일가족이 한 달간 남미 여행을 했다는 말은 아직 들어보지 못한 것 같다.

남미를 여행하는 일은 시간적으로나 금전적으로도 부담이 크다. 현직에 있는 동안에는 여행을 가기 위해 한 달간 시간 내기가 어렵고, 젊은이나 학생들이 배낭여행을 하기에도 코스가 힘들고 비용이 많이 들기 때문이다. 그래서 주로 직장을 퇴직하고 부부가 살아온 날들을 정리하면서 해외여행의 마지막 코스로 찾는 곳이 남미다.

우리 가족은 다행스럽게도 시간적 여유가 있었다. 금전적인 문제가 남아 있었으나 다소 무리하더라도 가족이 함께하는 여행에 큰 의미를 두었기에 남미 여행을 강행하게 된 것이다. 그래서 결코 쉽지 않은 '온 가족이 함께한 30일간의 남미 여행'을 진행했다.

서울대학교 최인철 교수가 소개한 행복의 기준인 '즐거움과 의미'를 여행에 도입해 보면, 여행 역시 즐거움과 의미로 가치를 평가해 볼 수 있을 것이다. 재미있는 여행이 있을 수 있고, 의미 있는 여행도 있을 수 있다. 물론 재미 있고 의미도 있는 여행도 있을 수 있다. 주로 친구끼리 하는 여행은 재미에, 가족 여행은 의미에 방점이 놓이고, 부부간의 여행은 중간쯤으로 생각된다. 유럽 등 선진국 여행은 재미에, 남미나 아프리카 등 오지 여행은 의미에 가치가 주어질 것이다. 이렇게 볼 때 가족 남미 여행의 가치는 의미에서 찾아질 것이다.

남미 여행이 솔직히 재미는 별로 없었다. 15회 이상 항공 이동을 하면서 매번 공항에서 3시간 이상을 대기했고, 하루에도 몇 시간씩 버스를 타고 이동해야 했다. 식사는 대부분 입맛에 맞지 않았다. 게다가 일부 국가에서는 고산증세 때문에 활동하기조차 어려웠다. 날씨도 변덕스럽고 무더웠다. 재미있는 요소는 찾기 어려웠다.

그렇다고 여행이 의미가 없지는 않았다. 다시 찾기 어려운 지구 반대편 국가를 방문한다는 것 자체로도 큰 의미가 있었다. 마추픽추, 우유니 사막, 토레스 델 파이네 국립공원, 피츠로이 산, 모레노 빙하, 이구아수 폭포, 리우의 예수상과 빵산 등을 직접 보고 느끼는 일은 멋진 경험으로 죽는 날까지 기억될 것임이 분명하다. 그것도 가족과 함께라면 그 경험을 공유할 수 있어 더욱 값진 추억이 될 것이다. 우리 가족은 이처럼 아주 의미 있는 여행을 한 것이다.

한마디 덧붙인다면, 이번 여행을 통해 두 아들의 가치 기준과 사고의 차이를 명확히 확인할 수 있었다. 이전까지는 막연히 그럴 수 있겠다고 생각했는데, 한 달간 함께 여행하면서 두 아들의 확고한 가치 기준을 실제로 체험했다. 그 가치 기준이 옳다는 말은 아니다. 단지 부모가 무슨 충고의 말을 한들 이제 의미가 없게 되었다는 점이다. 앞으로 간섭은 아무런 효과 없이 갈등만 초래할 것이다. 이제부터는 알아서 자신의 길을 가도록 지켜만 봐야지, 어디로 가라고 관여하는 일은 의미가 없다. 이번 여행이 두 아들의 인생 설계에 간섭하는 미련의 끈을 놓아 버린 계기가 되었다. 이번 여행을 통해서 얻은 수확이라면 수확이다.

앞으로 다시 남미에 가고 싶지는 않다. 여행 과정이 너무 힘들고 재미도 없다. 하지만 한 번은 꼭 가 보라고 권하고 싶다. 인생에 딱 한번은 그럴 만한 가치가 있는 곳이 남미다. 가능하다면 가족과 함께 따나기를 권한다. 분명 평생토록 간직할 값진 추억을 쌓을 수 있을 것이다.

2023년 11월
서대원